성경으로
세상보기
2

성경으로
세상보기2

초판1쇄 인쇄 2009년 5월 27일
초판1쇄 발행 2009년 6월 1일

지은이 차 한
발행인 이왕재

펴낸곳 건강과 생명(www.healthlife.co.kr)
주 소 110-460 서울시 종로구 연건동 67번지 1층
전 화 02-3673-3421~2 팩 스 02-3673-3423
이메일 healthlife@healthlife.co.kr
등 록 제 300-2008-58호

총 판 예영커뮤니케이션
전 화 02-766-7912 팩 스 02-766-8934

정 가 15,000원

ISBN 89-86767-25-4 04230

'라온누리' 는 도서출판 '건강과생명' 의 새로운 출판브랜드입니다.
본서의 성경구절은 달리 언급되지 않는 한 '그리스도 예수 안에' 에서 출간된《흠정역 성경》에서 인용하였습니다.
본서의 표지 및 내지에 실린 사진 중 인물이나 뉴스 보도 등과 관련된 사진은 연합뉴스 포토서비스를 통해 구매하였습니다.

21세기 디지털 시대의 기독교 변증서
성경으로 세상보기 2
차 한 지음

✻ 목차

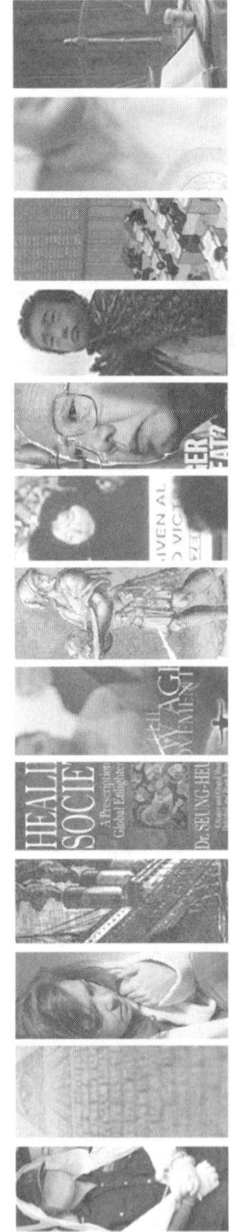

제3부 성경으로 세상科學 보기

제4부 성경으로 세상文化 보기

부록 : APPENDIX

| 서문 |

5년 전 〈성경으로 세상보기〉가 출간된 후 많은 분들로부터 분에 넘치는 격려와 사랑을 받았다. 이로 인해 필자는 진리의 말씀인 성경으로 각종 세상사들을 비춰보는 글쓰기를 계속할 수 있었다. 그리고 이제 그동안의 작업을 정리하여 감히 또 한 권의 〈성경으로 세상보기〉를 출간하게 되었다.

칼럼을 쓸 때나 또 이처럼 책으로 엮을 때나 매번 감격하며 고백할 수밖에 없는 것은 너무도 비천한 필자를 하나님께서 도구로 사용해주셨다는 사실이다. 아울러 하나님께서 여러 도움의 손길들을 허락하셔서 필자의 글쓰기가 가능토록 인도해주셨다는 사실이다.

특히 1년 전부터 필자에게 제작비를 지원하며 〈성경으로 세상보기2〉가 출간되도록 후원해준 승각이네 가족들의 사랑이 없었다면 이 책은 결코 세상에 나올 수 없었음을 밝히고 싶다.

그리고 오랜 시간 함께 월간 〈건강과 생명〉을 통해 문서선교를 하면서 필자의 세상보기를 위해 기도해주고 계시는 여러 동역자님들께도 많은 사랑의 빚을 지고 있음을 알리고 싶다. 발행인인 이왕재 박사님을 위시하여 모든 편집·자문위원님들과 이승훈 부장님, 백경화 자매님, 김란영 자매님 및 RNA의 김재욱 실장님께도 지면을 빌어 진심으로 감사의 마음을 전해드린다.

모쪼록 이 책을 통해 정치, 사회, 과학, 문화 등 각 분야별로 세상이란 척도와 하나님의 말씀이란 프리즘 사이에 극명한 차이가 있음을 깨닫고 생명의 길로 인도되는 영혼들이 많아지길 소원하며, 오직 하나님께로만 모든 존귀와 영광이 올려지길 기도한다.

WORLD through BIBLE

제1부 성경으로 세상 社會 보기

1) 연쇄살인

2) 유영철의 편지

3) 가정폭력

4) 타이타닉

5) 힐링 소사이어티

연쇄살인범 희대의 살인 용의자 유영철씨가 19일 현장검증을 위해 서울 경찰청 기동대를 출발하고 있다. 사회/2004.7.18 (서울=연합뉴스)

1
연쇄살인

1. 들머리

서울중앙지검 형사3부(이동호 부장검사)는 작년 9월부터 올해 7월까지 서울 시내에서 모두 17차례에 걸쳐 21명의 노인과 부녀자를 연쇄 살해한 혐의와 방화, 사체 유기 등 모두 11개 혐의로 8월 13일 유영철(34)을 구속 기소했다. 그런데 유영철은 경찰수사에서 확인된 21명 외에 5명을 더 살해했으며 시체 4구의 장기 일부를 먹었고 만약 검거되지 않았으면 100명도 더 살해했을 것이라는 진술을 하였다고 검찰은 밝히고 있다.

살인적인 불볕더위의 와중에 접하게 되는 이와 같은 한 연쇄살인범에 대한 뉴스는 분명 납량특집용으로 검찰이 내놓은 것은 아니었겠지만 온갖 세상사에 좀처럼 반응하지 않던 우리의 오감과 이성을 일순간에 얼어붙게 하고 말았다.

문자 그대로 '희대의 살인마' 유영철은 연계고리가 없는 부유층 노인과 출장마사지사 등을 거푸 살해하면서 불특정 다수를 향한 맹목적인 증오심을 표출하였는데 사실 이와 비슷한 연쇄살인은 그 동안 우리나라에서도 적지 않게 발생되어 왔다.

즉 1975년 17명을 살해한 김대두 사건을 위시하여 1986년부터 1991년까지 화성일대에서 발생한 연쇄살인 사건, 1994년 지존파 사건, 1994년 온보현 사건, 1996년 막가파 영웅파 사건, 2000년 정두영 사건, 2002년 용인 연쇄살인 사건 등 그야말로 끔찍하기 짝이 없는 연쇄살인 사건들이 '연쇄적으로' 발생되어 왔다. 그리고 이제 모든 과거의 연쇄살인에 대한 기록들을 삽시간에 갈아치우면서 새롭게 등장한 유영철 사건은 우리를 더욱 커다란 충격과 공포와 비탄 속에 몰아넣고 있다.

그렇다면 인간성에 대한 최소한의 바람마저도 짓뭉개 버리고 마는 이러한 연쇄살인 사건은 왜 일어나는 것이며 또 그 궁극적인 실체는 무엇인지 정신의학적 관점과 성경적 관점에서 살펴보면서 함께 영적인 유익을 구해보도록 하자.

2. 정의(definition)

'연쇄살인' 이라는 용어는 1970년대 FBI 요원으로서 요원들을 훈련하는 과정에서 범죄 프로파일링(profiling)을 가르치고 있었던 레슬러(Robert Ressler)에 의해 처음으로 만들어졌는데 이후로도 여러 사람들에 의해 다양한 정의가 제시되어 왔다.

예를 들어 에거(Steven Egger, 1984)는 강박감이나 만족감이외에는 다른 이유가 없이 서너 명의 낯선 사람들을 죽이는 것이라고 한 반면, 노리스(Joel Norris, 1988)는 한 개인이 최소한 두 명의 희생자를 한 달이나 그 이상의 기간을 두고 살해하는 경우라고 했으며, 홈즈(Holmes, R. & S. Holmes, 1994)도 최소한 한 달 이상의 기간동안 최소한 3명을 살해하는 것을 연쇄살인이라고 정의하였다.

그리고 최근 들어 미(美)법무부(Department of Justice) 내의 법무통계국(Bureau of Justice Statistics)에서는 공식적으로 다음과 같이 연쇄살인을 정의하고 있다. "연쇄살인은 세 번 이상의 독립된 사건에서 여러 명을 살해하는 것을 말하며 대개 희생자를 유혹하여 살해하는 경향이 있다. 종종 극단적인 가학적 충동에 의해 일어나는데 연쇄살인자는 사회적인 면에서 병적이라고 할 수 있으며 또한 타인의 고통에 대해서 감정이입(感情移入) 할 수 있는 능력이 결여되어 있다. 많은 경우에 연쇄살인자는 정신이상자이기 때문에 죄가 없는 것이라고 변호되기도 하지만 미국에서 이러한 변론은 거의 받아들여지지 않고 있다."

따라서 이와 같은 일련의 정의들을 요약해 볼 때, 연쇄살인이란 '한 살인자' 가 '불특정 다수' 를 대상으로 '시간적 간격(interval)' 을 두고 살인을 하여 '복수(複數)희생자' 가 나오는 경우를 다 포함한다고 할 수 있을 것이다.

3. 반사회성 인격장애(antisocial personality disorder)

유영철은 강간죄로 교도소 수감 중이던 지난 2000년 6월 모 월간지

에 보도된 '정두영 연쇄 살인 사건' 을 읽고 범행을 계획했으며, 작년 9월 출소 후 흉기를 준비한 뒤 작년 9월24일 첫 범행을 앞두고 개를 상대로 사전 연습까지 했다고 검찰은 전했다.

아울러 검찰은 그가 어린 시절 동경하였던 어느 정원이 딸린 부유한 집에 대한 좌절감이 부유층에 대한 적개심으로 변질되었으며 또 사귀던 여성이 변심하자 복수심이 생겨 연쇄살인을 하게 된 것이라고 밝혔다.

그런데 대부분의 정신과 전문의들은 유영철이 심각한 정신질환의 일종인 '반사회성 인격장애(antisocial personality disorder)' 를 갖고 있기에 이러한 엽기적인 연쇄살인을 저질렀을 것으로 추정하고 있다.

일반적으로 이 '반사회성 인격장애' 는 성장기의 문제로 인해 '초자아(superego)' 나 '양심' 이 형성되지 않아 발생하는 것으로 (검찰의 브리핑에서 보듯) 알려져 있지만, 성염색체에 변이가 있는 경우 유전적으로 잔인해질 수 있으며 뇌 속 신경전달물질인 세로토닌이 급격히 저하된 경우도 이 같은 연쇄살인을 저지를 수 있기 때문에 '유전적 취약성' 도 중요한 발생기전으로 간주된다. 즉 '위험한 환경요소' 들이 정신질환에 관해 타고난 '유전적 취약성' 과 결합하였을 때 '반사회성 인격장애' 와 같은 정신질환이 발생한다고 보는 것이 옳을 것이다.

그리고 이 질환은 극도로 자기중심적이며 의미 있는 대인관계를 형성하거나 지속해 나가는 능력이 없고 자신이 원하는 것이 좌절되면 극단적인 공격성을 보이며 몇 주 또는 몇 달은 주변의 인정을 받으며 착실하게 보내지만 주기적이고 발작적으로 반사회적 행동을 하는 등의 특징을 보이는데 이를 확실히 진단하기 위해서는 몇몇 다른 주요 정신질환들과의 감별이 필요하다.

곧 우울증, 정신분열증, '측두엽 간질' 등에서도 공격성과 충동성을 억제하지 못해 이유 없이 타인을 살해할 수 있지만 대부분 우발적이고 일회적이며 죄책감이 있는 점들로 인해 '반사회성 인격장애' 에서의 치밀하게 계획된 연쇄살인과는 구별이 될 수 있다. 그리고 '경계성 인격장애(borderline personality disorder)' 인 경우도 간헐적으로 반사회적 행동을 하지만 사회규범을 크게 해치지 않으며 죄의식이 있고 외로움을 많이 느낀다는 점에서 '반사회성 인격장애' 와 차이가 난다.

4. 공공의 적(public enemies)

엽기적인 살인행각이 벌어진 장소라고는 믿어지지 않을 만큼 깔끔한 유영철의 원룸에는 예사롭지 않은 세 편의 범죄영화 DVD가 있었다고 한다. 유영철은 마치 자신의 범죄상을 말해 주듯 설경구와 이성재가 열연한 '공공의 적', 카메론 디아즈의 '베리 배드 씽(very bad things)', 그리고 애슐리 쥬드의 '크라임 라이프(normal life)' DVD를 PC 책상 서랍 속에 간직하고 있었다고 전해진다.

그런데 이 중 유독 케이스가 닳아 보였다고 하는 '공공의 적'은 잔인한 성격의 주인공 조규환(이성재 분)이 엽기적 살인을 한 뒤 치밀하게 사건을 은폐하는 연쇄살인에 대한 영화로서 이번 유영철 사건과 여러 모로 유사한 측면이 있어 그가 이 영화로부터 많은 영향을 받은 것은 아닌가 생각된다.

즉 주인공 규환이 밤에 자신의 집에 들어가 연로한 친부모를 살해하는 패륜 장면은 유영철이 부유층 노인을 집중 타깃으로 삼은 것과 일맥상통한다. 또 유영철의 노트에는 '라이선스' 지 등에 실린 외제 나이프 세트와 고가의 손전등 소개기사도 스크랩되어 있었고 책상 서랍에서는 손전등 두 개가 발견되었다고 했는데 이것은 모두 '공공의 적'에서 규환이 애용하던 '소도구' 들이다. 그리고 유영철이 경찰조사에서 IQ가 140이 넘는다고 떠벌린 것도 어찌 보면 이 영화 속에서 똑똑하고 말끔하며 냄새의 흔적을 남기지 않았던 연쇄살인범 조규환과 자신을 동일시하였기 때문이 아닐까 하는 생각도 든다.

그렇다. 이제 '공공의 적'의 영향으로 대한민국에서 '공공(公共)의

적(敵)' 이 되어버린 유영철과 같이 세상에 속한 자들에게는 단지 눈으로 보는 것은 만족이 될 수 없으므로 그들은 쉽사리 '안목(眼目)의 정욕(the lust of the eyes)' 을 구체적으로 추구할 수 있는 것이다(전1:8; 요일2:16).

그러나 성경은 또한 말씀한다.

"악은 어떤 모양이라도 삼가라." (살전5:22)

"악한 것을 몹시 싫어하고 선한 것에 붙어 있어라." (롬12:9)

따라서 우리는 '공공의 적' 에서뿐 아니라 우리 삶 전체에서 우리의 망막을 자극하는 모든 요소들을 잘 분별하여 악을 제거해야 할 것이다. 왜냐하면 무엇을 보느냐에 따라 우리의 몸 전체가 빛으로 가득할 수도 있고 또 어둠으로 가득할 수 있는 것이기 때문이다(마6:22,23; 눅11:34,35).

5. 역사 속 연쇄살인(serial killings in history)

유영철 연쇄살인 사건이 알려진 후 언론에서는 이와 비슷한 국내외의 몇몇 연쇄살인 사건들이 보도되었지만 역사적으로 이루 헤아릴 수 없이 수많은 연쇄살인 사건들이 끊임없이 존재해 왔다.

가까이로는 수백만 명의 북한 인민들이 장군님에 의해 아사(餓死) 압제로 연쇄살인을 당하여오고 있고 또 사담 후세인과 같은 독재자들에 의해서도 그들의 뜻을 따르지 않는 수많은 인명들이 지구촌 곳곳에서 연쇄적으로 살해되고 있는 것이 21세기의 지구촌 현실이다.

그리고 1975년~1979년 캄보디아에서 폴 포트가 크메르 루즈와 더불어 자국민의 약 1/4인 이백만 명을 죽였고, 1966년~1976년 중국에서 모택동이 문화대혁명을 통해 수천만 명의 인민을 학살하였으며, 이차 세계대전 중 히틀러가 전쟁과는 상관없이 유태인을 육백만 명 살해하였고, 1929년~1939년 러시아에서 스탈린이 이천만 명 이상의 노동자들과 정적들을 학살한 것 등은 20세기에 일어난 연쇄살인 사건의 중요한 계보라 할 수 있다.

그리고 이천 년 전 예수님이 이 땅에 오셨을 때 유대 땅 베들레헴과 그 주변 땅에서 두 살 이하의 아이들이 헤롯 왕에 의해 연쇄살인을 당하였다(마2:16).

또 역사를 더 거슬러 올라가 기원전 약 1500년경 이집트에서 히브리인 노예들이 번성하자 파라오는 히브리인 중 사내아이가 태어나거든 강에 버려 죽이는 연쇄살인을 거행하였다(출1:22-2:4).

그런데 이와 같이 역사 속의 수많은 크고 작은 연쇄살인 사건들, 곧 앞서 정의한 대로 한 살인자가 불특정 다수를 대상으로 시간적 간격을 두고 살인을 하여 복수(複數) 희생자가 나오게 되는 경우 중 가장 오랜 기간에 걸쳐 가장 많은 사람을 죽인 연쇄살인 사건에 대해서는 대부분의 사람들이 알지 못하고 있는데 이 사건은 바로 인류의 시작과 더불어 시작이 되고 있다.

"뱀이 여자에게 이르되, 너희가 결코 죽지 아니하리라. 너희가 그것을 먹는 날에는 너희 눈이 열리고 너희가 신들과 같이 되어 선악을 알 줄을 하나님께서 아시느니라, 하니 여자가 본즉 그 나무가 먹음직도 하고 눈으로 보기에도 좋으며 지혜롭게 할 만큼 탐스럽기도 한 나무이므로 여자가 그 나무의 열매를 따서 먹고 자기와 함께 있는 자기 남편에게도 주매 그도 먹으니라." (창3:4-6)

6. 연쇄살인범(the serial killer)

그리하여 이 세상에는 죄와 죽음이 들어오게 되어 아담의 모든 후손들 곧 '역사 이래 존재하였던 모든 인간들' 은 죽을 수밖에 없게 되었다(요일3:8상; 롬5:12). 그래서 우리 모두가 이 옛 뱀(Satan, Devil)에 의해 연쇄적으로 죽임을 당하게 되었으므로 주님께서는 이 지상 최대의 살인자인 마귀(魔鬼, Devil)가 또한 '처음부터 살인한 자(a murderer from the beginning)' 라고 하시는 것이다(계12:9; 요8:44).

그런데 이 지상 최초 및 최대의 연쇄살인범 마귀는 에덴동산에서 그랬듯이 항상 욕망을 불러일으키는 거짓말로 우리에게 다가온다. 이는 유영철이 "이 일을 계기로 여성들이 몸을 함부로 놀리지 않고 부유층도 각성했으면 한다"고 주장하는 범행동기의 거짓된 논리에서도 발견이 되며 또한 장군님에 의해 지상낙원에서 자행되는 연쇄살인을 비롯한 역사상의 모든 연쇄살인의 기전에서도 확인이 된다.

그렇다. 주 예수님께서는 말씀하신다.

"너희는 너희 아비 마귀에게서 났으므로 너희 아비의 욕망들을 너희도 행하고자 하느니라. 그는 처음부터 살인자요, 자기 속에 진리가 없으므로 진리 안에 거하지 아니하고 거짓말을 할 때에 자기 자신의 것으로 말하나니 이는 그가 거짓말쟁이요, 거짓의 아비이기 때문이라."(요 8:44)

또한 이 역사상 전무후무한 연쇄살인범 마귀는 현재 이 세상의 군주요, 신으로서 공중의 권세를 잡은 통치자이지만 자기의 때가 조금만 남은 줄 알므로 더욱 기승을 부리며 우리들을 미혹하여 이 세상에서 연쇄살인과 같은 죄악들이 더욱 창궐하게 만들고 있다(요12:31; 14:30; 고후4:4; 엡2:2; 계12:12; 요일3:8상).

그렇지만 마귀는 곧 주님께서 다시 오실 때 하늘로부터 내려오는 한 천사에 의해 붙잡혀서 천 년 동안 바닥없는 구덩이(bottomless pit; 무저갱)에 갇히게 될 것이며 그 후 잠깐 풀려나 땅의 사방에 있는 민족들을 속이면서 다시 연쇄살인을 부추기려 하다가 또다시 잡혀 불못(lake of fire)에 던져져 영원무궁토록 고통을 받게 될 것이다(계20:1-10).

7. 마무리

유영철 연쇄살인 사건이 보도된 후 구치소에 수감된 사형수들이 공포에 떨고 있다고 한다. 사형수들은 노무현 정권에서는 사형이 이루어지지 않으리라는 믿음이 있었으나 유영철 사건이 터진 이후 사회기강을 바로잡고 범죄를 엄단한다는 의지를 보여주기 위해 사형수들의 사형이 집행될까봐 괴로워하고 있다고 하였다.

아마도 이번에는 워낙 여론이 좋지 않기 때문에 사회 경종을 울리는 차원에서 동종 범죄를 저지른 사형수와 유영철의 집행이 먼저 이루어질 가능성도 있지 않을까 생각되는데 많은 국민들은 유영철이 사형되더라도 그가 저지른 끔찍하기 짝이 없는 연쇄살인의 죄는 결코 용서받을 수 없을 것이므로 (사후세계가 있다면) 유영철은 죽어서 결코 천국에 갈 수 없을 것이라고 느낄 것이다.

그러나 (유족들에겐 죄송하지만) 성경은 유영철의 죄를 포함한 우리의 '어떠한 죄들' 이라도 다 용서받을 수 있다는 놀라운 소식을 전하고 있다. "그분의 아들 예수 그리스도의 피가 '모든 죄' 에서 우리를 깨끗하게 하시느니라." (요일1:7)

하나님의 관점에서 보면 우리 모두는 다 사형에 해당하는 갖가지 죄를 지은 사형수요, 특히 마음으로 살인을 끊임없이 행해온 연쇄살인범이다(롬1:29-32; 요일3:15). 그렇지만 하나님께서는 우리가 본래 지옥에 갈 수밖에 없는 죄인임을 자백하고 회개하여 예수님께서 우리의 모든 죄값을 십자가에서 다 치르셨다는 사실을 믿고 예수님을 자신의 구원자와 주님으로 모셔들인다면 분명 구원해 주신다고 약속을 하셨다(히9:27; 시9:17; 마13:49,50; 요일1:9; 요1:12; 마1:21; 롬10:9,10,13; 히10:10,14,19).

유영철 사건 이전까지 17명이라는 우리나라 최대의 연쇄살인 기록

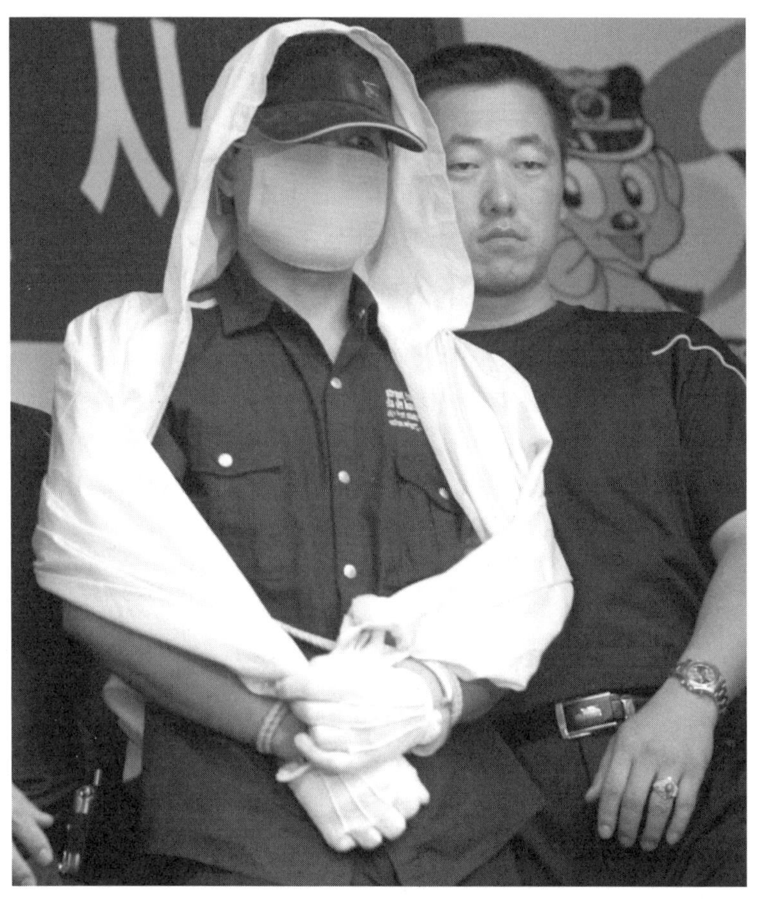

을 갖고 있던 살인마 김대두는 옥중에서 예수님을 구주로 영접한 뒤 다음과 같은 말을 하였다. "누가 저에게 어느 대회사 사장 자리를 줄 테니 예수님을 버리고 오라 하면 저는 확실하게 대답할 것입니다. 사형의 날을 기다리며 예수님과 영원히 함께 하는 기쁨을 기대하는 지금이 내게는 더욱 행복합니다." 그리고 그는 형장의 이슬로 사라질 때까지 감옥에서 300명을 주님께로 인도하였다.

그렇다. 비단 김대두뿐이겠는가. 연쇄살인범 유영철이나 혹은 그보다 더 큰 죄를 진 '누구라도' 예수님을 구주로 영접하기만 한다면 모든 죄를 용서받고 천국에 갈 수가 있는 것이다!

"하나님께서 세상을 이처럼 사랑하사 자신의 독생자(Jesus Christ)를 주셨으니 이것은 '누구든지' 그를 믿는 자는 멸망하지 않고 영존하는 생명을 얻게 하려 하심이라."(요3:16)

유영철의 편지

[특종] 살인범 유영철이 이은영 기자에게 보내온 세 통의 편지 "… 교회에 다니는 사람들을 골라 반젤리스의 음악을 틀어놓고 살인했습니다."

사회/2004.10 (월간조선)

2 유영철의 편지

1. 들머리

며칠 전 고등학교 동기동창으로부터 다음과 같은 짧은 이메일을 받았다. "월간조선 10월호에 유영철 스토리 참고하시기를… 바이! 샬롬!" 얼핏 보면 뜬금없는 내용이랄 수도 있겠지만 평소 하나님의 말씀을 뜨겁게 사랑하는 귀한 형제의 메시지인지라 퇴근한 후 곧 딸아이를 시켜 동네서점에서 월간조선 10월호를 사오게 하였다.

잡지 표지에는 여러 가지 화제의 기사들을 소개하는 각종 문구들이 굵디굵은 활자체로 빼곡히 도배되어 있는 가운데 '〔특종〕 살인범 유영철이 이은영 기자에게 보내온 세 통의 편지' 란 타이틀이 클로즈업 되었다. 그런데 그 밑에는 '나의 어린 시절을 나쁘게만 보지 않아 감사합니다. 교회에 다니는 사람들을 골라 반젤리스의 음악을 틀어놓고 살인

했습니다.' 란 부제가 붙어 있었다.

'교회에 다니는 사람들을 골라 살인을 하였다니…' 너무도 충격적인 내용인지라 밤이 늦었음에도, 그래서 오늘의 피로가 증폭되어 내일은 더욱 힘든 시간을 맞이하게 될 것을 알면서도 본문을 당장 펼쳐보지 않을 수가 없었다.

일반적으로 알려진 것과는 달리 유영철은 살인대상자들과 적지 않은 시간 동안 대화를 나누면서 상대를 파악한 후, 즉 상대의 영적 백그라운드도 확인한 후 살인을 결행한 것인데 이미 범죄심리 전문가들이 유영철의 살인 동기 중에는 종교와 기득권층에 대한 원초적이고 극단적인 반발 심리가 내재되어 있다고 분석했던 대로 그는 기독교 곧 성경의 하나님을 부정하는 관점에서 살인을 하였음을 자필 편지에서 고백하고 있었다.

그렇다면 유영철이 주장하는 신앙 논리는 정말로 그 나름대로 타당성이 있는 것인지 성경적으로 한 번 판단해보지 않을 수 없다. 왜냐하면 유영철 자신도 그렇지만 이 공개된 편지를 읽게 될 수많은 영혼들이 그의 일방적인 신앙 논리를 통해 영적인 혼동에 빠질 우려가 너무도 크기 때문이다.

따라서 이글에서는 먼저 유영철의 편지 중에서 기독교 신앙과 연관된 부분을 발췌하여 소개한 후 몇 가지 중요한 논점에 대해 언급하여 보고자 한다.

2. 세 통의 편지

"… 한때 절실히 신앙생활을 했던 제가 이렇게까지 악마의 길을 걷게 됐는지 모르겠지만 나이 서른이 되면서부터 제게 남은 건 증오와 분노심만 가득했습니다. '생사화복' 을 주관한다는 신을 부정하듯 인간이 인간을 그렇게까지 할 수 있다는 걸 보여주고 싶었고 인간을 초월한 신의 존재를 신앙으로 삼는 종교를 경멸이라도 하듯 많은 교회 주변사람들을 대상으로 삼은 것 또한 사실입니다. 오히려 나중엔 인본주의 종교, 자각의 종교라고 할 수 있는 불교 쪽으로 의지가 많이 되더군요. 그래서 범죄를 할 때마다 법당을 찾아 이 행각을 멈춰달라고 예원(禮願)하는 이중성도 보이곤 했던 못난 놈입니다. …" (첫 번째 편지 중)

"… 사람들은 나에게 피도 눈물도 없는 인간이라 합니다. 기독교 잣대로 보면 전 무조건 지옥으로 가야죠. 저라고 왜 양심이 없겠습니까. 사람의 생명을 가지고 태어난 이 못난 인간 너무나 부끄럽고 죄스러워 뭐라 형용할 수 없을 뿐입니다. …" (두 번째 편지 중)

"… 교인들에 대한 안 좋은 기억이 있나 의아해 하셨죠? 사실 전 많은 시간 성경책을 끼고 살았을 정도로 기독교를 많이 의지했었습니다. 저의 옛날 스케치 그림들을 보더라도 유난히 기도하는 모습들이 많은 것도 그런 점을 많이 나타내는 거겠죠.

제가 첫 징역을 받을 때 저는 경미하다고 생각되어 나올 줄 알았습니다. 기타 살 돈이 없어 옆집 누나의 기타를 훔쳤지만 나중에 돌려주고 용서도 받았습니다. 법정에 섰을 때 손에 조그마한 木(목)십자가를 하나 쥐고 있었습니다. 그러나 전 나오지 못했습니다. 木(목)십자가를 부러뜨리며 하나님을 등지게 되었고, 2000년 10월 강제이혼을 당하면서 『신은 죽었다』고 했던 니체의 말처럼 「저도 죽었다」고 마음먹었고 만물을 창조했다는 유일신을 부정하듯 평화로워야 할 교회 주변 사람들을 그랬던 것입니다.

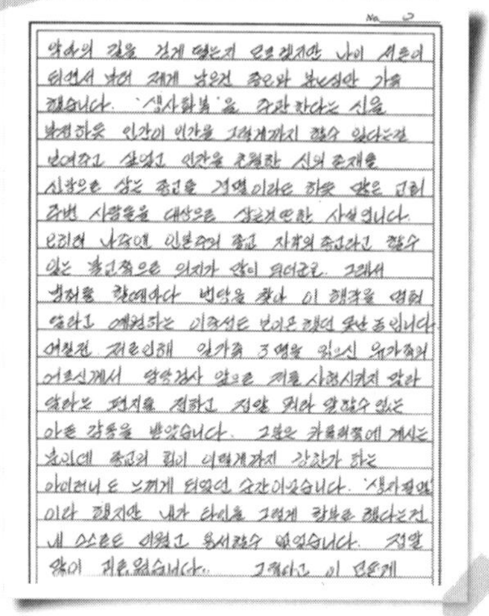

유영철이 월간조선의 이은영 기자에게 보낸 첫번째 편지 그림출처_monlthly.chosun.com

그 이후로 전 하나님에게 저의 희망을 구걸하지 않았고 진리를 찾아달라고도 하지 않았습니다. 그러다 보니 예배나 기도 같은 건 자연히 멀어졌고 전 결국 오랜 세월 믿고 의지했던 기독교를 떠났던 것입니다. …" (세 번째 편지 중)

3. 신앙생활을 열심히 하면 구원받는다?

'한때 절실히 신앙생활을 했던 제가' '많은 시간 성경책을 끼고 살았을 정도로 기독교를 많이 의지했었습니다.' 란 유영철의 말을 들으면 마치 유영철이 과거 어느 순간에는 크리스천이었던 것처럼 세상 사람들은 생각하게 될 것이다.

그러나 그 자신의 열매와 현재의 신앙고백에서 알 수 있듯이 유영철은 결코 진정한 그리스도인이 아니었다(마7:15-20; 12:31-37). 따라서 유영철의 경우에서 보듯 아무리 교회를 오랜 기간 열심히 출석하였다 해도 또는 성경책을 끼고 살 정도로 열심히 성경을 읽었다 해도 '믿음'으로 '복음'을 받아들이지 않았다면 결코 구원을 받은 것이 아니라는 사실을 우리는 기억해야 한다(롬1:17; 고전15:1-4)!

그렇다면 구원은 어떻게 해야 받을 수 있는 것일까? 구원을 받으려면 먼저 성경 말씀대로 자신이 죄인임을 인정하여야 한다.

"이것은 기록된바, 의로운 자는 없나니 단 한 사람도 없으며, 깨닫는 자도 없고 하나님을 찾는 자도 없으며 다 길에서 벗어나 함께 무익하게 되고 선을 행하는 자가 없나니 단 한 사람도 없도다."(롬3:10-12) "모든 사람이 죄를 지어 하나님의 영광에 이르지 못하더니"(롬3:23)

그리고 죄로 인한 형벌은 성경 말씀대로 영원한 죽음 곧 지옥에 가는 것임을 알아야 한다.

"죄의 삯은 사망이요,"(롬6:23상) "한 번 죽는 것은 사람에게 정하신 것이요, 그 뒤에는 심판이 있으리니"(히9:27) "그러나 두려워하는 자들과 믿지 않는 자들과 … 불과 유황으로 타는 못을 자기 몫으로 받으리니 이것이 둘째 사망이라."(계21:8)

아울러 하나님께서는 우리의 죄 문제를 해결하시기 위해 예수 그리스도를 예비하신 사실을 믿어야 한다.

"우리가 아직 죄인이었을 때에 그리스도께서 우리를 위하여 죽으심으로 하나님께서 우리를 향한 자신의 사랑을 당당히 제시하시느니라."(롬5:8) "하나님께서 세상을 이처럼 사랑하사 자신의 독생자를 주셨으니, 이것은 누구든지 그를 믿는 자는 멸망하지 않고 영존하는 생명을 얻게 하려 하심이라." (요3:16)

따라서 이제 예수님을 자신의 구주로 (곧 구원자와 주님으로) 모셔들이기만 하면 구원을 받게 된다는 사실을 믿어야 한다.

"그러므로 네가 만일 네 입으로 주 예수님을 시인하고 하나님께서 그분을 죽은 자들로부터 일으키신 것을 네 마음속으로 믿으면 구원을 받으리니, 이는 사람이 마음으로 믿어 의에 이르고 입으로 시인하여 구원에 이르기 때문이니라." (롬10:9-10) "이는 누구든지 주의 이름을 부르는 자는 구원을 받을 것임이라." (롬10:13)

그러므로 진실한 마음으로 다음과 같이 기도를 한다면 누구든지 구원을 받게 되는 것이다.

"주 예수님, 저는 죄인입니다. 저의 죄를 대신하여 예수님께서 십자가에서 피 흘려 돌아가시고, 장사지낸 바 되셨다가, 부활하신 것을 믿습니다. 이제 제 마음에 들어오셔서 저의 죄를 용서하시고, 저를 구원해 주십시오. 지금 저는 마음의 문을 열고 예수님을 저의 구원자와 주님으로 영접합니다. 저의 죄를 용서하시고, 구원과 영생을 선물로 주셨음을 감사드립니다. 아멘."

4. 구원은 잃어버릴 수 있다?

혹자는 '한때 절실히 신앙생활을 했던' 유영철이 '결국 오랜 세월 믿고 의지했던 기독교를 떠나' 하나님을 부정하고 연쇄살인까지 한 것으로 보아 그가 한때는 구원을 받았을 수도 있었겠지만 나중에는 구원을 잃어버리게 된 것은 아닌가 하고 생각할 수 있을 것이다.

그러나 구원이란 한 번 받으면 결코 잃어버릴 수 없다는 것이 성경의 가르침이다!

왜냐하면 첫 번째로 구원받은 사람이 다시 잃어버려지는 것은 결코 하나님의 뜻이 아니기 때문이다(민23:19; 딛1:2; 요6:39).

두 번째로 영원한 생명은 말 그대로 '영원한' 것이기 때문이다(요3:16; 10:28). 만약 하나님으로부터 선물로 받은 '영원한' 생명이 어떤 이유에서건 중간에 끝나고 만다면 그것은 애초부터 영원한 생명이 아닌 것이다.

세 번째로 구원은 썩지 않고 더럽지 않은 것으로서 이미 천국에 예약되어 있기 때문이다(벧전1:4,23).

네 번째로 구원은 성령님에 의해서 구속의 날까지(unto the day of redemption) 봉인되어 있으며 성령님께서는 영원히 함께 계실 것을 약속하셨기 때문이다(엡1:13; 4:30; 요14:16-17).

다섯 번째로 구원받은 자는 이미 하나님께로부터 태어났기에 태어나지 않은 상태(unborn)로 되돌아갈 수 없으며 또한 이미 하나님에 의해서 창조되었기에 창조되지 않은 상태(uncreated)로 되돌아갈 수 없기 때문이다(요1:12-13; 고후5:17; 엡2:10).

여섯 번째로 구원받은 자는 하나님의 권능으로 보호하심을 입고 있으며 예수님께서 그의 안전을 위해서 기도하셨기 때문이다(벧전1:5; 유24; 요17:11).

일곱 번째로 구원은 은혜에 의한 것이기에 행위가 그것에 영향을 미칠 수 없으며(롬3:28; 11:6) 또한 아무것도 그리스도의 사랑에서 구원받은 자를 떼어놓을 수 없기 때문이다(롬8:38-39). 미래에 지을 어떤 죄로 인해서 구원을 잃게 될까봐 걱정할 필요는 없다. 또 사탄, 혹은 심지어 우리 스스로가 그리스도의 사랑에서 우리 자신을 끊어버리게 될까봐 걱정할 필요도 없다. 육적인 것이건 영적인 것이건, 생각이건 행동이건 간에, 우주에 있는 어떤 것도 우리가 한 번 얻은 하나님의 구원의 사랑에서 우리를 떼어놓을 수 없다.

여덟 번째로 하나님께서는 구원받은 자는 정죄에 이르지 않을 것이라고 약속하셨고 예수님께서도 결코 멸망하지 않을 것이라고 약속하셨기 때문이다(요5:24; 10:27-28).

아홉 번째로 구원받은 자는 결코 쫓겨나지 않을 것이며 그리스도의 손 안에 그리고 아버지 하나님의 손 안에 감싸여 있기 때문이다(요6:37; 10:28-30).

열 번째로 구원은 취소될 수 없는 하나님의 선물이며 구원받은 자는 전가된 의(imputed righteousness)를 소유하고 있기 때문이다(롬6:23; 11:29; 엡2:8-9; 롬4:6-7).

열한 번째로 주님께서 우리를 위해서 돌아가셨을 때 그 모든 죄들은 미래의 죄였으며 구원받은 자는 죄에 대해서 죽어 있는 것이고 또한 모든 죄들은 영원히 사라져 버렸기 때문이다(요10:16; 롬6:2,7; 시103:12; 미7:19; 사38:17; 44:22; 히10:17).

열두 번째로 구원받은 자는 주 예수 그리스도 안에 감추어져 있으며 그는 그리스도와 함께 영광 가운데 나타나도록 되어 있기 때문이다(골3:3,4).

5. 배교하면 용서받을 수 없다?

'한때 절실히 신앙생활을 했던' 유영철이 '생사화복을 주관한다는 신을 부정하듯' '인간을 초월한 신의 존재를 신앙으로 삼는 종교를 경멸이라도 하듯 많은 교회 주변사람들을 대상으로' 연쇄살인을 범하였는데 그는 자기 말대로 '기독교 잣대로 보면 무조건 지옥으로' 갈 수밖에 없는 것일까?

특히 "한 번 빛을 받고 하늘의 선물을 맛보고 성령님께 참여한 자가 되고 하나님의 선한 말씀과 오는 세상의 권능을 맛본 자들이 만일 '떨어져 나가'(背敎, fall away)면 다시 그들을 새롭게 하여 회개에 이르게 함이 불가능하기 때문이니"(히6:4-6)라는 말씀에 비추어 유영철의 영혼(soul)은 구원받을 수 없을 것이라고 생각할 사람도 있지 않을까 여겨진다.

그리고 앞서 언급한 대로 진실로 구원받은 자는 일시적으로 타락할 수는 있지만 유영철처럼 믿음의 근본 교리를 뒤엎거나 주님을 근본적으로 부정하는 것은 할 수 없기 때문에 더더욱 유영철과 같은 배교자(?)에게는 더 이상 회개의 기회가 주어지지 않을 것이라는 견해도 있을 수 있겠다.

그렇다면 유영철의 구원가능성에 대한 결론을 내리기 전에 먼저 '하늘의 선물을 맛보고 배교한' 사람들의 신앙 정체를 파악해 보도록 하자. 물론 이들은 하나님의 놀라운 능력과 성령님의 권능을 몸소 체험했던 유대인들일 수도 있겠고 또 사도 바울로부터 의와 절제와 심판에 대해 듣고 떨었던 '벨릭스'나 사도 바울의 복음을 듣고 "네가 나를 설득

하여 거의 그리스도인이 되게 하는도다."(행26:28)라고 했던 '아그립바' 왕 같은 사람도 해당될 수 있겠다.

그러나 그 어느 누구보다도 예수님의 제자가 되어 3년 동안이나 같이 활동하면서 주님께서 주신 놀라운 권능을 몸소 체험하고 (왕국의) 복음도 전파했던 '가룟 유다'가 이 말씀에 가장 근접한 인물이지 않을까 싶다. 그래서 히브리서 6장 4절의 "성령님께 참여했다"는 것은 성령을 받았다는 뜻보다는 성령의 권능아래, 또는 강력한 영향력 아래 놓여 있었던 것으로 풀이하는 것이 비교적 올바른 해석이 될 것이다.

그러므로 배교자는 영적인 리더십에 속하여 엄청난 하나님의 은혜를 접했으면서도, 또한 지각으로는 놀라운 하나님의 의(義)의 길을 알았으면서도 의지적으로 주님을 거부하여 결국 주님을 십자가에 또다시 못 박는 행위를 한 자이므로 두 번 다시 구원의 기회를 얻을 수 없는 자로 정의될 수 있을 것이다.

그렇다면 유영철은 진정한 배교자라 할 수 있을까? 결코 그럴 수는 없다. 왜냐하면 그는 하늘의 선물을 맛보거나 성령님께 참여하여 하나님의 선한 말씀과 오는 세상의 권능을 맛보거나 하지 못하였으며 단지 영이 가난하였지만 구원받지 못한 교인이었기 때문이다(마5:3).

따라서 "오직 우리를 향하여 오래 참으사 아무도 멸망하지 않고 모두 회개에 이르기를 원하시느니라."(벧후3:9하)는 주님의 말씀은 여전히 유영철에게도 유효한 것이다.

6. 기독교인들은 살해되어야 한다?

'교회에 다니는 사람들을 골라 반젤리스의 음악을 틀어놓고 살인했습니다.'란 유영철의 증언에서 보듯 기독교인이 이제는 지구상에서 사라져야 할 대상으로 점차 부각되고 있는 것이 작금의 현실이다!

1999년 4월 미국의 컬럼바인 고등학교에서는 '에릭'과 '딜런'이란 두 학생이 900여 발의 총알을 발사해 학생 12명과 교사 1명을 죽이고 자살한 사건이 발생했다. 사건발생 2주전 개봉됐던 '매트릭스'의 마니아였던 이들은 검은색 가죽과 트렌치코트로 대표되는 '매트릭스 패션'으로 인해 친구들로부터 왕따를 당해 보복했다는 것이다.

그런데 이들은 무차별 사살과 더불어 표적 살인을 병행하였는데 그 타깃이 되었던 이들 중에는 물론 크리스천이 포함되었다. 총기가 난사

되는 소리를 듣고 겁에 질려 도서관 바닥에 엎드려 있던 수많은 학생 가운데 그 살인자들이 먼저 살인의 대상으로 지목한 사람은 신실한 크리스천으로 알려진 '캐시 버넬' 이었다. 그들이 캐시의 머리에 총부리를 갖다대고 "Do you believe in God?" (하나님을 믿느냐?)라고 묻자 캐시는 담대하게 "Yes." 라 답하였고 이어 쌍욕과 함께 방아쇠가 당겨져 캐시는 즉사하고 말았다.

미국 컬럼바인 고등학교의 총기 난사 사건의 희생자 '캐시 버넬' 그녀는 '하나님을 믿느냐?' 는 질문에 'Yes' 라고 답했다.

그리고 탈북자 이순옥씨의 증언을 통해 또 다른 예를 살펴보기로 하자.

그들은 사람의 무리 같지 않았습니다. 1,500도 이상 시뻘겋게 타오르는 용광로의 고열 노동 작업장이었는데 머리에 머리카락이 붙어 있는 사람은 하나도 없었고, 얼굴은 해골 같고 이빨이 하나도 없었습니다. 키가 다 줄어들어서 120센티 30센티 요렇게 땅에 딱 붙은 난쟁이들만 움직였습니다.

잡혀 올 때는 정상인들이 잡혀 왔는데 거기 와서 하루 열여섯 시간, 열여덟 시간씩 먹지도 못하고 그 고열 노동 속에서 일을 하다 보니 그 사람들은 척추가 녹아 내려서 뒷잔등에 혹이 되어 있었고 몸이 다 휘어져서 앞가슴하고 배가 마주 붙어 있었습니다. 그 사람들은 한결같이 모두 그렇게 육체가 망가져 기형이 되어 있었습니다.

교도관들은 말로 일을 시키지 않았습니다. 소가죽 채찍을 윙윙 휘두르고 다니면서 묵묵히 일하는 사람들을 사정없이 내리쳤습니다. 예수를 믿는 그 사람들의 몸에는 옷이 입혀져 있지 않습니다. 저는 처음에 멀리서 그 사람들을 보았을 때 모두 다 꺼먼 옷을 입고 있는가 했습니다. 그런데 가까이 다가가서 찬찬히 보니 그 사람들은 맨 살가죽에다 앞에 시커먼 고무 앞치마 하나만 걸치고 있었습니다. 용광로의 뜨거운 불꽃이 앙상하게 말라붙은 살가죽에 튀고 또 튀어 딱지가 앉고 그 자리에 쇳물이 또 떨어지고, 타버리고 해서 그 사람들의 피부는 한 곳도 성한 곳이 없었고 마치 짐승의 가죽과 같았습니다.

어느 날 오후, 제가 공장 문을 열고 들어섰는데 공장안이 쥐 죽은 듯 고요했습니다. 작업장 한 가운데 수백 명의 그 죄수 아닌 죄수를 모아놓고 담당 교도관 두 명이 눈에 핏발을 세우고 미친 듯이 고함을 치며 날뛰고 있었습니다.

교도관들은 수령님을 믿지 않고 '하늘' 을 믿는 미친 정신병자 놈들이라고, 소리소리 지르며 그 사람들을 차고, 때리고 하면서 인간이하의 취급을 하고 있었습니다. 교도관들은 "너희들 가운데서 단 한 사람이라도 좋으니 대열 앞에 나서라. '하늘' 을 믿지 않고 수령님을 믿겠다고 하면 자유세상으로 내보내서 잘 살 수 있게 만들어 주겠다." 하면서 그 사람들을 윽박지르며 '하늘' 을 거부하라고 그렇게 채찍으로 때리고 발로 차고 했습니다. 그런데도 너무나도 이상했습니다. 수백 명의 그 사람들은 왜 그런지 아무 대답도 없이 그렇게 매를 맞으면서도 침묵으로 맞섰습니다.

그 때 독이 오른 교도관이 그 사람들에게 달려가서 닥치는 대로 아무나 여덟 명을 끌어내다가 땅바닥에 엎어놓았습니다. 그리고는 구둣발로 내리밟고 짓이겼습니다. 순식간에 피투성이가 되고 허리며 팔다리 뼈가 부러졌습니다. 그 사람들은 고통 중에서도 몸을 뒤틀면서, 짓밟힐 때마다 신음소리를 냈는데 그 신음소리가 너무나도 이상하게 들렸습니다.

저는 그때 주님이 누군지, 하나님이 누군지도 전혀 몰랐습니다. 뒤에 알고 보니 그 사람들이 구둣발로 짓밟혀 뼈가 부러지고 머리통이 부서져 나가면서 신음소리처럼 애타게 불렀던 것은 바로 주님의 이름이었던 것입니다. 저는 그 사람들이 당했던 고통의 천만 분의 일도 제대로 여러분에게 전해 줄 수가 없습니다.

미쳐 날 뛰던 교도관 두 명은 "수령님과 당을 믿는 우리가 사는가 아니면 하나님을 믿는 너희가 사는가 보자" 면서 달려가더니 용광로의 펄펄 끓는 쇳물통을 끌어왔습니다. 그리고는 그 쇳물을 피투성이가 된 그 신자들 위에 부었습니다. 그 사람들은 순식간에 살이 녹고 뼈가 타면서 숯덩이가 되어 버렸습니다.

그렇다. 예수님께서는 "주께서 오시는 때의 표적과 세상 끝의 표적이 무엇이리이까?" (마24:3하)라는 제자들의 질문에 다음과 같이 대답을 하셨다.

"그 때에 사람들이 너희를 넘겨주어 핍박받게 하겠고 너희를 죽이리니 너희가 내 이름으로 인하여 모든 민족들에게 미움을 받으리라." (마24:9)

7. 마무리

몇 달 전 스웨덴 법정에서는 자기 교회에서 동성애가 죄라는 설교를 한 에이크 그린(Ake Green) 목사에게 징역 1개월이 선고되었다. 이른바 '증오언론 금지법(Hate Speech Law)' 을 어겼다는 죄목으로 하나님의 말씀을 그대로 선포한 목사에게 실형이라는 철퇴가 내려진 것이었다.

이제 구원받아야 될 제2, 제3의 유영철에 의해 구원받은 그리스도인들은 더욱더 위기의 삶을 살아갈 수밖에 없을 것이다. 특히 분명히 드러난 '그리스도의 편지' (the epistle of Christ)로서 이 세상을 살아가고자 할 때에는 더욱 순교자적인 각오가 요구될 것이다(고후3:2,3).

따라서 이제 우리는 말세지말(末世之末)의 이 세대를 향해 말씀하시는 주님의 음성에 더욱 귀를 기울이도록 하자.

"너는 죽기까지 신실하라. 그리하면 내가 생명의 왕관을 네게 주리라." (계2:10하)

"몸은 죽여도 혼(soul)은 능히 죽이지 못하는 자들을 두려워하지 말고 오직 혼과 몸을 능히 지옥에서 멸하시는 분을 두려워하라." (마10:28)

"이것들을 증언하신 이가 이르시되, 내가 반드시 속히 오리라, 하시는도다. 아멘. 주 예수님이여, 과연 그와 같이 오시옵소서." (계22:20)

가정폭력

가장 안전하고 화평해야 할 가정에서 폭력의 질곡에 시달리는 안타까운 사연들을 대할 때 우리는 인간에 대한 조그마한 기대도 포기하게 된다. 그러나 성경에 해답이 있다. 성경으로 돌아가 이를 살펴보자. 사회/2008.4.15

3
가정폭력

1. 들머리

아담의 타락으로 인해 무질서도(entropy)가 증가하는 열역학 제2법칙이 태동된 이래 지금까지 우리는 인류의 역사 속에서 이 법칙으로 설명되는 갖가지 삶의 현상들을 목도해올 수 있었다(창3:16-19). 특히 매스미디어가 발달한 오늘날 차마 인간의 행태라고 할 수 없는 사건들을 거의 실시간으로 접하면서 우리는 더욱 더 무질서도가 극에 달한 인간의 부패된 본질을 확인하곤 한다.

그런데 이 중에서도 가장 안전하고 화평해야 할 가정에서 폭력의 질곡에 시달리는 안타까운 사연들을 대하게 될 때마다 우리는 인간에 대한 조그마한 기대도 포기하게 된다.

가정에서 발생하는 여러 가지 폭력에 대해 앞의 칼럼들(〈건강과 생명〉

2008년 5월호)에서 제시된 분석과 치유 및 예방책들이 분명 도움이 될 것이지만, 필자는 모든 인생 문제에 대한 답을 제시하고 있는 성경으로 돌아가 이를 고찰해보고자 한다. 특별히 가정이란 하나님께서 친히 창설하신 최초의 공동체이며, 그리스도와 교회라는 관점에서 우리가 늘 묵상해야 할 중요한 개념이기에 가정폭력과 관련된 성경의 내용들을 살펴보는 것이 더욱 필요하리라 생각된다(창2:24; 엡5: 31,32).

따라서 필자는 먼저 성경에 나타난 가정폭력의 유형들과 그 기전을 알아보고, 가정폭력에 대한 비성경적인 관점들을 논한 후 성경적 해결책을 확인해 봄으로써 함께 영적인 유익을 구해보고자 한다.

2. 가정폭력의 유형

1) 형제간 폭력

성경에서 최초로 가정폭력을 행사한 주인공은 가인이다(창4:8). 그는 하나님께서 동생 아벨의 제사만 받으시는 것을 보고 자존심(pride)에 상처를 받아 아벨을 죽이고 말았다(창4:3-8).

이 사건이 중요한 이유는 성경에 나타난 첫 번째 폭력이라는 점뿐 아니라 폭력을 행사하게 된 이유가 영적인 관점의 차이라고 하는 사실 때문이다. 만일 가인도 아벨처럼 하나님의 방식대로 제사를 드렸더라면 이러한 비극은 전혀 생기지 않았을 것이다(히11:4).

또 이 사건 이전까지 어떤 인간도 죽거나 살해된 적이 없었다. 그러나 가인은 동물들이 제물로 바쳐지기 위해 살육되는 것을 수없이 봐 왔을 것인데 결국 아벨을 같은 방식으로 없애 버리게 되었다.

그런데 가인의 폭력이 무서운 것은 동생을 죽였다는 결과 때문만이 아니라 그가 사전에 계속해서 살인을 묵상해 왔었을 것이라는 사실 때문이다. 한때 대속자(代贖者; redeemer)로서의 희망을 가지게 하였던 가인은 마침내 인류 최초의 살인자가 되고 말았다(창4:1,8).

그리고 야곱이 쌍둥이 형 에서와 아버지 이삭을 속여 복을 빼앗은 것이나 요셉이 형들로부터 미움을 사 아버지 야곱도 모르게 이집트에 노예로 팔려간 사건도 형제간 폭력의 범주에 들어갈 수 있을 것이다(창27:35,36; 37:23-36).

이밖에 기드온과 (세겜에 있는) 그의 첩 사이에서 태어난 아비멜렉이 요담을 제외한 자기 이복 형제 70명을 죽인 것과 압살롬이 자기 누이 다말을 욕보인 이복 형 암논을 살해한 것은 형제살인이라는 명백한 가정폭력의 또 다른 예들이라 할 수 있다(삿9:5; 삼하13:29).

2) 존속상해

압살롬이 암논을 살해하는 것으로 그치지 않고 자기 아버지 다윗의 왕위를 찬탈하고자 했던 모든 시도는 존속상해라 할 수 있는데 이 또한 전형적인 가정폭력임은 주지의 사실이다(삼하15:1-18:33).

3) 아동학대

성경에는 어린이들의 신체적 학대에 대한 내용들이 다음과 같이 언급되고 있다.

이집트의 왕 파라오는 모든 산파들에게 히브리인 남자 아기를 전부 죽이도록 명령했다(출1:16). 그리고 파라오는 이 일이 잘 이루어지지 않자 모든 남자 아기를 강물에 던지도록 명령했다(출1:22).

스발와임 사람들은 자기 자녀들을 불에 태워 스발와임의 신들인 아드람멜렉과 아남멜렉에게 드렸다(왕하17:31). 유다 왕 아하스는 이교도들의 가증한 일을 본받아 자기 자녀들을 불태웠다(대하28:3). 또 히스기야의 아들 므낫세는 힌놈의 아들의 골짜기에서 자기 자녀들을 불 가운데로 지나가게 하였다(대하33:6).

그리고 에스겔서에는 어린아이를 버리거나 폭풍우 속에 내놓는 이교도의 관습에 관한 언급이 나온다. "네가 태어나던 날에 사람들이 너를 빈 들판에 버려 너라는 자를 심히 싫어하였느니라." (겔16:5하)

또 헤롯은 메시아를 두려워하여 베들레헴과 그 주변 온 지역에 있는 두 살 이하의 사내아이를 모두 죽였다(마2:16).

4) 성적학대

근친상간은 구약의 율법에서 엄격하게 금지되고 있다(레18:6-18). 또 강간도 금지되어 있는데 이를 어길 경우 사형에 처해진다(신22:25-27).

그러나 모세의 율법이 주어지기 전, 롯의 두 딸은 아버지 롯에게 포도주를 마시게 하고 잠자리를 같이해 각각 모압과 암몬을 낳았다(창19:30-38). 야곱의 맏아들 르우벤은 서모인 빌하와 통간하였다(창35:22). 다말은 시아버지인 유다가 형사취수(兄死娶嫂)를 거부하여 아들을 주지 않자 창녀로 변장하여 유다를 유혹한 후 쌍둥이 베레스와 세라를 낳았다(창38:12-30).

그리고 이스라엘에게 율법이 주어진 후, 다윗의 맏아들 암논은 이복

누이인 다말을 강간하였다(삼하13:14). 이 사실을 알게 된 다말의 오빠 압살롬은 후에 복수하여 암논을 죽였고 또 자신도 서모들을 강간하여 율법을 어겼다(삼하13:29; 16;22).

또한 에스겔서에는 이집트에서 행음(賣春)을 하는 아홀라와 아홀리바 자매가 나오는데 그들이 그렇게 된 이유는 어렸을 때 일종의 성적 학대를 경험했기 때문일 것이라고 유추해볼 수 있다(겔23:3,8,21).

5) 배우자 학대

다음과 같은 시편기자의 고백은 오늘날 배우자의 폭력으로 인해 고통당하고 있는 모든 이들의 마음을 대변해 줄 수 있을 것이다.

"내 마음이 내 속에서 심히 아프며 사망의 두려움들이 나를 엄습하였나이다. 무서움과 떨림이 내게 이르고 공포가 나를 눌렀나이다. 그러므로 내가 말하기를, 오 내게 비둘기같이 날개가 있다면 얼마나 좋을까! 그러면 내가 멀리 날아가 안식하리로다. 보라, 그때에 내가 저 멀리

다니다가 광야에 머무르리로다. 셀라. … 나를 모욕한 자가 원수가 아니었으니 원수였더라면 내가 참을 수 있었으리로다. 나를 향하여 자기를 높인 자가 나를 미워한 자가 아니니 나를 미워한 자였더라면 내가 그를 피하여 숨었으리로다. 오직 그것은 곧 너니 나와 동등한 자요, 나의 안내자요, 내가 아는 자로다. 우리가 서로 다정히 의논하고 무리를 지어 하나님의 집으로 걸어갔도다. … 그가 자기의 두 손을 내밀어 자기와 화목한 자를 치고 자기의 언약을 깨뜨렸도다. 그의 입의 말들은 버터보다 미끄러우나 그의 마음속에는 전쟁이 있으며 그의 말들은 기름보다 부드러우나 실상은 뽑힌 칼이었도다." (시55:4-8, 12-14, 20,21)

3. 가정폭력의 기전

이미 언급된 성경 속 사례들에서 알 수 있듯이 가정폭력은 다른 행동의 유발원인과 마찬가지로 '마음' 의 상태가 '폭력' 이라는 모습으로 드러나게 된 것에 불과하다(잠23:7상).

아울러 사랑의 관계로 유지되어야 할 가정이라는 공동체 내에서 일어난 폭력이라는 점에서 더 충격적이고 깊은 상처를 남길 수 있기에 다른 폭력과 차별이 된다.

사실 인간은 누구나 다 폭력적 성향을 갖고 있으며 스스로는 결코 선을 행할 수 없는 존재이다(렘17:9; 롬3:10-12).

"마음은 모든 것보다 거짓되고 극도로 사악하니 누가 그것을 알 수 있으리요?" (렘17:9)

"그의 마음의 생각이 어떠함같이 그도 그러하니라." (잠23:7상)

"또 그분께서 이르시되, 사람에게서 나오는 것, 그것이 사람을 더럽게 하느니라. 속에서 곧 사람들의 마음에서 악한 생각, 간음, 음행, 살인, 도둑질, 탐욕, 사악함, 속임, 색욕, 악한 눈, 신성모독, 교만, 어리석음이 나오나니 이 모든 악한 것이 속에서 나와 사람을 더럽게 하느니라." (막7:20-23)

"이것은 기록된바, 의로운 자는 없나니 단 한 사람도 없으며 깨닫는 자도 없고 하나님을 찾는 자도 없으며 그들이 다 길에서 벗어나 함께 무익하게 되고 선을 행하는 자도 없나니 단 한 사람도 없도다." (롬3:10-12)

그래서 가정폭력을 포함한 인간문화의 모든 폭력적인 모습은 인간의 본성 곧 폭력적 성향을 그대로 반영하고 있는 것이다.

4. 성경이 가정폭력을 조장한다?

1) 하나님의 남성화

하나님의 '남성화' 가 가정폭력을 조장한다는 주장이 있다. 즉 하나님을 '그(He)' 나 '주(Lord)' 로 부르면 남자들이 용기를 얻어 그들의 아내들을 구타하게 된다며 영국 국교회의 지도자들이 경고하고 나섰다고 영국의 일간지 '데일리 메일' 이 지난해에 보도한 적이 있었다.

이 신문에 따르면 성공회 지도자들은 교인들에게 그들이 하나님을 '그(He)' 또는 '주(Lord)' 로 언급하기 전에 재차 숙고해 볼 것을 조언했는데, 이는 그것이 가정폭력으로 이어질 위험이 있기 때문이라는 것이었다.

이 종교지도자들은 감독들과 사제들을 위한 새로운 지침에서, 남성들을 부추겨 여성들을 폭력적으로 대하도록 하는 하나님의 '남성 이미지의 무비판적 사용' 을 비난했으며, 또한 성직자들이 설교에서 사용하는 언어를 반드시 재고하고 그들이 부르는 찬송가들도 검토하여 남성 강박감적인 표현들을 제거해야 한다고 경고했다.

정말 믿기 힘든 주장이지만 이와 같은 페미니즘의 물결은 교계 안팎에서 날로 그 영향력을 더해 가고 있는 것이 엄연한 사실이다. 앞서 살펴보았듯이 폭력을 유발하는 인간의 죄성(罪性)은 깨닫지 못하게 하면서 남성 이미지로 존재하시는 하나님의 형상을 제거하기 위한 마귀의 선략은 궁극적으로 성경의 권위를 부인하며, 성경이 계시하는 하나님을 부인하는 데 그 목적이 있는 것임을 알아야 한다(마6:9; 히1:3; 갈2:4; 유1:4; 딤후3:1-5).

2) 아동학대

최고의 자녀교육법은 사랑이라고 하는 데 아무도 이의를 제기하지 못할 것이다. 그러나 아이를 이해하고 배려하고 자신감을 키워주고 사랑으로 감싸는 구체적인 방법 가운데 회초리가 필수인 사실을 아는 부모는 거의 없는 것 같다. 오히려 자녀에게 매를 들면 아동학대가 된다는 식의 잘못된 주장이 점점 일반화되어 가고 있는 것이 오늘의 현실이다.

필자는 두 자녀를 키우면서 회초리를 무척 많이 들었다. 아이들이 잘못하였을 때 성경(특히 잠언)을 읽고 회초리로 징계한 후 같이 기도하고 마무리를 하곤 하였다. 욕을 하거나 직접 손발을 이용한 체벌을 한

적은 없었다. 그 이유는 성경이 그렇게 하라고 가르치기 때문이었다 (잠10:13-29:17).

“명철이 있는 자의 입술에서 지혜를 찾으려니와 명철이 없는 자의 등을 위해 회초리가 있느니라.”(잠10:13)

“회초리를 아끼는 자는 자기 아들을 미워하거니와 그를 사랑하는 자는 어릴 때에 그를 징계하느니라.”(잠13:24)

“심판은 비웃는 자를 위해 예비되어 있으며 채찍은 어리석은 자의 등을 위해 예비되어 있느니라.”(잠19:29)

“파랗게 멍든 상처는 악을 깨끗이 없애나니 이와 같이 채찍도 뱃속의 여러 부분을 깨끗하게 하느니라.”(잠20:30)

“아이가 마땅히 갈 길로 아이를 훈련시키라. 그리하면 그가 늙어서도 그 길을 떠나지 아니하리라.”(잠22:6)

“아이의 마음에는 어리석음이 매여 있거니와 바로잡는 회초리가 그것을 몰아내어 그에게서 멀리 떠나게 하리라.”(잠22:15)

"아이를 바로잡는 것을 금하지 말라. 네가 그를 회초리로 때릴지라도 그가 죽지 아니하리라. 너는 그를 회초리로 때려서 그의 혼을 지옥에서 건질지니라."(잠23:13,14)

"드러내어 꾸짖는 것이 은밀하게 사랑하는 것보다 나으니라."(잠27:5)

"회초리와 꾸짖음은 지혜를 주거니와 제멋대로 버려둔 자식은 자기 어머니에게 수치를 가져오느니라."(잠29:15)

"네 아들을 바로잡으라. 그리하면 그가 네게 안식을 주고 참으로 네 혼에게 기쁨을 주리라."(잠29:17)

3) 그리스도(基督)의 유일성

(필자가 이 글을 쓰고 있는) 현재 구글에서 '개독교' 란 단어로 검색되는 웹페이지의 수는 무려 13만8천개나 된다. 아마 이 글이 인쇄되어 독자들에게 읽혀질 때 '개독교' 를 다루고 있는 웹페이지의 수는 훨씬 더 늘어날 것으로 짐작이 된다.

이처럼 '개독교' 란 신조어의 유행과 확산에서 알 수 있듯이 성경대로의 믿음을 갖고 신앙생활을 한다는 것은 정말 쉽지 않은 일이며, 또한 그리스도(基督)가 이 세상에서 환대를 받는 것은 무척 어려운 것임을 확인하게 된다.

세상 사람들은 왜 예수님만이 구원자가 될 수 있느냐고 한다. 석가나 마호메트나 공자나 하다못해 자기 스스로도 구원자가 될 수 있지 않느냐 하며 어느 종교나 신앙에서도 다 구원의 길이 있다고 믿고 싶어한다. 즉 다원주의와 상대주의가 진리이지 유일주의나 절대주의는 진리일 수 없다는 사고가 일반인들에게는 물론 교계 내에서도 목소리가 날로 커지고 있는 것이 오늘의 상황이다.

그래서 '예수 믿는 며느리가 들어왔더니 집안이 망해버렸어.' '아들과 며느리가 예수 믿고 났더니 조상을 몰라봐.' '예수 믿는 것은 좋은데 왜 자기들만 옳다고 해?' '예수 믿으려면 적당히 믿어. 콩가루 집안 만들지 말고.' '예수쟁이 때문에 집안이 풍지박산 난다는 것이 사실이여.' 등등의 얘기가 아직도 인구에 회자가 되는 것이 현실이다.

즉 예수 그리스도가 가정폭력을 조장하는 주범으로 인식되는 것이 이슬람 문화권뿐 아니라 21세기 대한민국의 모습이기도 하다.

예수님께서는 말씀하신다. "내가 땅에 화평을 보내러 온 줄로 생각하지 말라. 나는 화평이 아니라 검을 보내러 왔노라. 사람이 자기 아버지를 딸이 자기 어머니를 며느리가 자기 시어머니를 대적하여 불화하게 하려고 내가 왔나니 사람의 원수가 자기 집안사람들이리라. 아버지나 어머니를 나보다 더 사랑하는 자는 내게 합당하지 아니하고 아들이나 딸을 나보다 더 사랑하는 자도 내게 합당하지 아니하며" (마10:34-37; 눅12:51-53; 14:26; 미7:6)

"예수님께서 그에게 이르시되, 내가 곧 길이요 진리요 생명이니 나를 통하지 않고는 아무도 아버지께 오지 못하느니라." (요14:6)

4) 제사

선교 초창기부터 기독교가 우리나라에서 배척을 받았던 주요한 이유는 조상을 모시는 제사를 거부하는 것 때문이었다. 그래서 우리나라에서 아직도 기독교는 조상도 몰라보는 상놈의 종교이며 그러기 때문에 가정을 파괴하는 서양오랑캐의 종교라고 인식이 되는 면도 있는 것이 사실이다. (제사에 대한 성경적 의미를 좀더 알고자 하는 독자는 졸저 '성경으로 세상보기' 중 '귀신유감' 을 읽어보기 바란다.)

그러나 필자가 보기에 기독교만큼 조상을 공경하라고 강조해서 가르치는 종교는 없는 것 같다. 십계명에서 하나님과의 관계에 대한 네 가지 명령에 이어서 나오는 인간관계에 대한 여섯 가지 명령 중 첫 번째가 바로 부모를 공경하라는 명령인 사실만 보더라도 이를 잘 알 수 있을 것이다.

"네 아버지와 어머니를 공경하라. 그리하면 주 네 하나님이 네게 주는 땅에서 네 날들이 길리라." (출20:12)

"자기 아버지나 어머니를 치는 자는 반드시 죽일지니라." (출21:15)

"자기 아버지나 어머니를 저주하는 자는 반드시 죽일지니라." (출21:17; 레20:9; 신27:16)

"너는 흰머리 앞에서 일어서고 노인의 얼굴을 공경하며 네 하나님을

두려워하라. 나는 주니라." (레19:32)

"너를 낳은 네 아버지의 말에 귀를 기울이고 네 어머니가 늙을 때에 그녀를 업신여기지 말라." (잠23:22)

"누구든지 자기 아버지나 어머니를 강탈하고서도, 그것은 범죄가 아니라, 하는 자는 곧 파멸시키는 자의 벗이니라." (잠28:24)

"자기 아버지를 조롱하며 자기 어머니에게 순종하기를 싫어하는 눈은 골짜기의 까마귀들이 쪼아 내고 독수리 새끼들이 먹으리라." (잠30:17)

"자녀들아, 주 안에서 너희 부모에게 순종하라. 이것이 옳으니라. 네 아버지와 어머니를 공경하라. (그것은 약속 있는 첫째 명령이니) 이것은 네가 잘되고 땅에서 장수하게 하려 함이라." (엡6:1-3)

5. 가정폭력에 대한 조치

가정폭력이 발생하면 먼저 가정폭력의 희생자를 보호해야 한다. 자신을 보호할 능력이 없는 연약한 사람들을 보호할 책임이 언제나 사회에 주어졌음을 기억하고 최선을 다해 그들을 돌보아야 한다(출22:21-27; 마25:31-46).

그리고 가해자에 대한 윤리적 책임을 반드시 물어야 한다.

"열매 없는 어둠의 일들에 참여하지 말고 도리어 그것들을 책망하라." (엡5:11)

"죄짓는 자들은 모든 사람들 앞에서 꾸짖어 다른 사람들도 두려워하게 하라." (딤전5:20)

"너희는 스스로 주의하라. 만일 네 형제가 네게 범법하거든 그를 꾸짖고 그가 회개하거든 그를 용서하라."(눅17:3)

아울러 가해자는 자기가 지은 죄를 확실히 뉘우치고 회개하여야 한다. 왜냐하면 회개를 통해서만 변화가 일어날 수 있기 때문이다.

"너희의 모든 범법을 너희에게서 떨쳐 버릴지니 그것들로 너희가 범법하였느니라. 너희를 위하여 새로운 마음과 새로운 영을 만들지어다. … 그런즉 너희 자신을 돌이켜서 살지니라."(겔18:31,32)

6. 가정폭력의 예방

가정폭력을 예방하려면 무엇보다도 성경적 가족관계를 이루어야 한다(엡5:22-25,28; 6:1-4). 즉 남편에게 복종하는 아내, 아내를 자기 몸같이 사랑하는 남편, 부모에게 순종하는 자녀, 성경말씀대로 자녀를 양육하는 부모가 될 때 가정폭력은 결코 일어나지 않을 것이다.

"아내들아, 너희 남편에게 복종하기를 주께 하듯 하라. 남편이 아내의 머리됨이 그리스도께서 교회의 머리되심과 같나니 그분은 그 몸의 구원자시니라. 그러므로 교회가 그리스도께 복종하듯 아내들도 모든 일에서 자기 남편에게 복종할지니라."(엡5:22-24)

"남편들아, 너희 아내 사랑하기를 그리스도께서 교회를 사랑하사 교회를 위하여 자신을 주신 것같이 하라. … 이와 같이 남자들도 마땅히 자기 아내를 자기 몸같이 사랑할지니 자기 아내를 사랑하는 자는 자기를 사랑하느니라."(엡5:25,28)

"자녀들아, 주 안에서 너희 부모에게 순종하라. 이것이 옳으니라. 네 아버지와 어머니를 공경하라. (그것은 약속 있는 첫째 명령이니) 이것은 네가 잘되고 땅에서 장수하게 하려 함이라." (엡6:1-3)

"또 너희 아버지들아, 너희 자녀들을 노엽게 하지 말고 오직 주의 교육과 훈계로 양육하라." (엡6:4)

7. 마무리

가정폭력을 포함하여 창조질서를 흐트러뜨리는 모든 문제들을 근본적으로 치유하기 위해 반드시 필요한 것이 있다. 그것은 바로 사랑이다. 왜냐하면 창조주 하나님은 사랑 그 자체이시기 때문이며, 또 성경의 모든 명령은 '사랑하라' 로 대치될 수 있기 때문이다(요일4:8,16; 마22:36-40).

"사랑하는 자들아, 우리가 서로 사랑하자. 사랑은 하나님께 속한 것인즉 사랑하는 자마다 하나님께로부터 나서 하나님을 알고 사랑하지 아니하는 자는 하나님을 알지 못하나니 이는 하나님이 사랑이시기 때문이라." (요일4:7,8)

"너는 네 마음을 다하고 혼을 다하고 생각을 다하여 주 네 하나님을 사랑하라, 하셨은즉 이것이 첫째가는 명령이요, 둘째 명령은 그것과 같은 것으로서, 너는 네 이웃을 네 자신과 같이 사랑하라, 하신 것이니 모든 율법과 대언자들의 글이 이 두 명령에 매달려 있느니라." (마22:37-40)

타이타닉

얼마 전 양재동 AT센터에서 열리고 있는 '타이타닉 서울 전(展)'을 관람할 기회가 있었다. 이미 미국, 러시아, 유럽 등에서 2천만 명 이상이 관람한 바 있는 세계 3대 전시회 중 하나인 '타이타닉 전'이라 바쁜 시간을 쪼개 딸아이와 함께 전시장을 찾게 되었다. 사회/2006.2.15

4

타이타닉

1. 프롤로그(prologue)

얼마 전 양재동 AT센터에서 열리고 있는 '타이타닉 서울 전(展)' 을 관람할 기회가 있었다. 이미 미국, 러시아, 유럽 등에서 2천만 명 이상이 관람한 바 있고 '인체의 신비 전', '진시황 전' 과 함께 세계 3대 전시회 중 하나로 손꼽히고 있는 이 '타이타닉 전' 이 아시아 최초로 우리나라에서 열리는 것이란 소식을 듣고 바쁜 시간을 쪼개 딸아이와 함께 전시장을 찾게 되었다.

휴일에다가 또 여러 이벤트가 동시에 열렸기 때문에 전쟁터를 방불

케 한 주차장에서 어렵사리 곡예에 가까운 주차를 하고 입장한 전시장은 주차의 스트레스를 한 방에 날려버릴 정도로 그 스케일과 구성이 소문대로 대단하였다. 미국 RMS 타이타닉사가 프랑스, 러시아와 공동으로 1987년 이후 총 6회의 해저탐색으로 수집한 6천여 점 이상의 유물들 중 대표적인 3천여 점이 최첨단 기술로 옮겨진 40피트 규모의 대서양 빙산과 함께 전시되고 있었으며, 1998년 아카데미상 14개 부문 후보에 올라 작품상을 비롯하여 총 11개 부문을 수상하면서 1959년의 '벤허'와 함께 아카데미상 역사상 최다수상 기록을 세운 영화 '타이타닉' 의 감동을 다시금 불러일으켜주는 대규모의 선실 세트들도 재현이 되고 있었다.

엔진 원통 및 닻 등 선체 일부로부터 도자기로 된 거울, 치약통, 나비 넥타이, 선원들의 옷에 달렸던 작은 단추들이나 다이아몬드 목걸이 등 '타이타닉' 영화를 본 이들의 향수(?)를 자극할 각종 유물들이 세련된 연출로 관람객들의 시선을 붙잡아두고 있었으며, 아울러 영화의 주인공 '잭' (레오나르도 디캐프리오 분)과 '로즈' (케이트 윈즐릿 분)가 다시 만나게 되는 라스트 씬의 무대인 중앙계단을 비롯하여 등급별로 나누어져 있는 선실내부와 보일러실, 갑판 등이 정교하게 복원되어 마치 타이타닉 호에 승선한 것과 같은 멋진 체험을 할 수 있었다.

그런데 관람을 하는 동안에도 그랬지만 전시장을 나오면서 너무나도 놀라운 느낌이 엄습해왔다. '떠다니는 궁전' 또는 '꿈의 여객선' 이라 불렸던 이 타이타닉 호가 처녀항해에 나선 지 5일도 안되어 역사상 가장 처참한 재해로 사라져 버린 이야기는 바로 '우리 인생의 축소판' 이라는 느낌이었다.

2. 항해(voyage)

주지하다시피 1912년 4월 14일 밤 11시 40분 높이 30m, 너비 28m, 길이 270m, 무게 4만6천 톤으로 당시 세계 최대 여객선이자 절대로 가라앉지 않는 불침선(不沈船)이라고 알려졌던 타이타닉 호가 북대서양에서 빙산에 부딪혀 침몰하고 말았다. 영국을 떠나 미국으로 처녀항해에 나선지 겨우 4일 17시간 30분 만에 돌아오지 못할 길을 가고 만 것인데 이 사고로 배에 탄 2,223명 가운데 1,503명이 목숨을 잃었다.

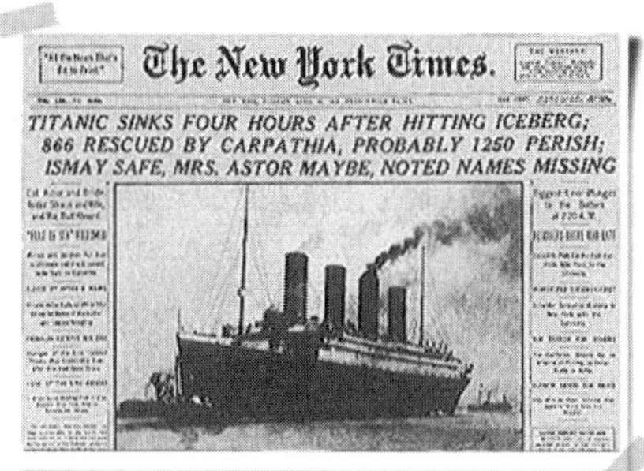

The New York Times.

TITANIC SINKS FOUR HOURS AFTER HITTING ICEBERG; 866 RESCUED BY CARPATHIA, PROBABLY 1250 PERISH; ISMAY SAFE, MRS. ASTOR MAYBE, NOTED NAMES MISSING

세계 최대 여객선 타이타닉 호가 1912년 4월 10일 영국에서 뉴욕을 향해 처녀 출항하는 모습. 사진은 당시 타이타닉 호의 출항 소식을 대대적으로 전한 〈뉴욕타임스〉의 기사 내용이다.

그 날은 일요일이었고 날씨는 아주 맑아서 사람들은 넓은 갑판을 산책하거나 일광욕을 하며 해상여행의 즐거움을 만끽하고 있었다. 아울러 '물 위에 뜬 궁전' 이란 이름에 걸맞은 각종의 호화로운 시설들 곧 연회장과 우아하게 굽어지는 중앙계단, 네 개의 승객 엘리베이터, 대양을 지나는 배 위에 만들어진 최초의 수영장, 헬스 시설, 라운지와 바 등은 승객들에게 더할 나위 없는 만족감을 주었다.

그리고 이러한 타이타닉 호가 주는 풍요로움을 즐기면서 항해를 하는 이들 가운데는 사회적으로 잘 알려지고 영향력이 있는 백만장자나 학자 등의 저명인사들이 많았지만 3등실 승객 가운데에는 가난한 이민

자들도 적지 않았고 또한 사기꾼과 신용불량자들도 섞여 있었다. 즉 다양한 부류의 탑승객들이 뉴욕을 향해 가는 이 초호화 여객선에 승선하고 있었던 것인데 마찬가지로 오늘날도 수십억의 별의별 사람들이 타이타닉 호의 항로보다 훨씬 더 중요한 시간의 항로를 따라 영원까지 여행을 하고 있다.

그런데 이러한 영원을 향해 가는 여행에는 타이타닉 호와 달리 1등실에서 3등실에 이르는 등급의 구분이 없으며 또 영화 속 '잭' 과 '로즈' 의 경우에서처럼 사회적 신분의 차이도 없고 심지어는 승무원과 승객의 차이도 없다.

우리 하나님께서는 우리의 여행을 감독하시는 분으로서 이 항로를 여행하는 이들을 단지 한 등급으로만 보시는데 그것은 모든 사람이 죄인이라는 등급이다(롬3:23). 너무나 안타까운 사실이지만 인생을 여행하는 어느 누구도 이러한 신분에서 예외가 될 수 없다.

"모든 사람이 죄를 지어 하나님의 영광에 이르지 못하더니" (롬3:23)

3. 경고(warning)

타이타닉 호의 앞길에 빙산이 떠다니고 있음을 알리는 첫 무전이 들어온 때는 오전 9시였다. "타이타닉 호 선장에게. 북위 42도, 서경 49~51도, 바다에 떠돌이 빙산이 있음. 캐로니아 호로부터." 정오에는 발틱 호로부터 비슷한 무전이 들어왔고 오후에도 타이타닉 호에서 가장 가까운 곳을 지나던 캘리포니안 호로부터 조심하라는 메시지가 왔다.

배에는 승무원들 말고도 타이타닉 호를 만든 화이트 스타 선박회사의 브루스 이스메이 전무와 설계사 토머스 앤드루스도 타고 있었지만 누구도 이 무전들에 귀를 기울이지 않았다. 에드워드 스미스 선장은 항해사와 당번들에게 바다 살피는 일을 게을리 하지 말라고 당부했지만 속도를 늦추라는 말은 하지 않았다. 그 무렵의 여객선들이 도착 시간을 꼭 맞추어 대는 서비스 경쟁을 하고 있었던 데다가 '거인, 태양의 신, 절대군주' 를 뜻하는 '타이탄' (titan)에게 소속된 승무원들이었기에 그 어느 누구도 빙산 따위는 안중에 있을 리가 만무하였다. 자만심에 들뜬 승무원들을 태우고 타이타닉 호는 22노트라는 엄청난 속도로 파도를 가르며 나아갔다.

출항 전 함께 사진을 찍는 타이타닉 호의 승무원들
오른쪽 앞줄 2번째가 에드워드 스미스 선장이다.

밤이 되자 날씨가 매서워졌다. 밤 11시에 타이타닉 호로부터 10마일 떨어진 곳에서 밤을 새기 위해 정선하고 있던 캘리포니안 호로부터 또 무전이 들어왔다. "여보세요, 우리는 빙산에 둘러싸여 꼼짝 못하고 있습니다." 그러나 다른 배와 교신하고 있던 타이타닉 호의 무선사는 벌컥 짜증을 냈다. "끼어들지 마시오. 당신은 지금 남의 무전 교신을 방해하고 있소." 면박당한 캘리포니안 호의 무선사는 부아가 치밀었다. 그는 일이 끝나는 11시 30분이 되자 무전기를 끄고 침대에 벌렁 누웠다.

이처럼 북대서양을 항해하는 동안 위험은 항상 존재하는 것이었는데 이는 우리가 인생의 바다를 항해하는 것과 전혀 다를 바가 없다. 타이타닉 호가 경고를 무시했으므로 뉴욕항에 안전히 도착하지 못했던 것처럼 죄인인 우리도 하나님의 경고를 무시하면 영원한 파멸에 이를 수밖에 없게 된다(히2:3상; 겔18:4하; 롬6:23상; 계21:8).

"죄를 짓는 그 혼은 죽을지니라."(겔18:4하) "진노가 임하였으니 그대는 주의하여 그분께서 그대를 쳐서 제거하지 아니하시도록 하라."(욥36:18상)

"아들을 믿는 자에게는 영존하는 생명이 있으며 아들을 믿지 않는 자는 생명을 보지 못하고 도리어 하나님의 진노가 그 위에 머물러 있느니라."(요3:36)

4. 구조요청(SOS)

타이타닉 호의 망대에서 바다를 살피고 있던 당번이 이상한 물체를 발견한 시각은 밤 11시 40분 조금 못 되어서였다. "바로 앞에 빙산입니다!"라는 보고를 듣고 일등항해사 윌리엄 머도크는 즉시 키잡이에게 소리쳤다. "우현으로 끝까지!" 키잡이가 있는 힘을 다해 타륜을 돌리자 머도크는 잇달아 외쳤다. "전속으로 후진!" 키잡이가 다시 타륜을 돌리자마자 타이타닉 호는 아슬아슬하게 빙산을 비켜 갔다. 그러나 사실은 물 속에 잠긴 얼음덩어리에 옆구리를 들이받힌 뒤였다.

스미스 선장은 급히 설계사 앤드루스와 함께 배를 점검했다. 제1선창, 제2선창, 우편실, 6호 보일러실은 돌이킬 수 없을 만큼 물에 잠겨 있었다. 배를 구할 방법은 없었다. 타이타닉 호는 어느 한 곳에 물이 들어와도 다른 곳에는 번지지 않도록 격벽(隔壁)을 16개나 만든 배지만 워낙 큰 구멍으로 바닷물이 쏟아져 들어오니 그 엄청난 수압을 당해낼 수 없었다.

계산해 보니 배가 가라앉기까지는 겨우 90분이 남아 있었다. 스미스 선장은 구조 신호를 보내라고 무선사에게 말하고 이어 구명보트 내릴 준비를 명령했다. 그러나 구명정 16척과 조립식 보트 4척은 고작 1,200명만 태울 수 있었다. 나머지 1,000여 명의 목숨은 구할 수 없는 절체절명의 상황이었다.

스미스 선장으로부터 배의 위치를 나타내주는 한 장의 종이를 넘겨받은 무선사 잭 필립스는 국제 재난신호 CQD를 보내기 시작했다. 이제 막 가라앉기 시작하는 타이타닉 호로부터 긴급신호가 여러 곳에 위치한 배들이 듣도록 타전되고 있었다.

"CQD, CQD, SOS, SOS. 즉시 와주시오. 우리는 빙산에 부딪쳤소. 여기는 북위 41도 46분, 서경 50도 14분, CQD, SOS!"

그렇다. 이처럼 갑자기 빙산에 부딪혀 침몰 직전에 있는 타이타닉 호의 경우와 같이 우리 인생의 여정도 1시간 후인지 1분 뒤인지 정확한 시간만 모를 뿐 예정된 침몰(죽음)을 기다리고 있는 상황이다(히9:27). 따라서 우리는 우리 스스로는 결코 해결할 수 없는 영원의 문제를 깨닫는 즉시 신속하게 구원을 요청해야 한다(롬6:23; 계20:11-15; 21:8; 롬10:13).

“이는 누구든지 주의 이름을 부르는 자는 구원을 받을 것임이라.” (롬10:13)

5. 구조(rescue)

타이타닉 호로부터 긴급신호를 받은 카르파티아 호는 지체 없이 뱃머리를 돌려 그 배가 낼 수 있는 14노트보다 더 빠른 17노트로 달렸다. 코텀은 무선실로 돌아가 즉시 타이타닉 호에 알렸다. “MGY, 네 시간 안에 가겠소.” 말을 마치자마자 코텀은 송신기를 껐다. 다른 배들이 타이타닉 호로부터 구조요청 신호를 받게 하기 위해서였다. 타이타닉 호로부터 SOS를 받은 배는 카르파티아 호말고도 두 척이 더 있었다.

그러나 타이타닉 호와 가장 가까운, 한 시간도 안되는 10해리 거리에 있었던 캘리포니안 호만은 끝내 구조요청 신호를 받지 못했다. 타이타닉 호의 무선사에게 모욕을 당한 캘리포니안 호의 무선사가 그 시간에 무전기를 끄고 잠들어 있었기 때문이었다.

그리하여 1912년 4월 15일 오전 2시 20분 마지막 보트 두 척을 미처 내리지도 못하고 타이타닉 호는 수천 명의 울부짖음과 엄청난 폭음을 남기고 물 속으로 사라지게 되었다. 빙산과 부딪친 지 2시간 40분 만이었다. 오전 3시 55분쯤 되어 카르파티아 호가 사고해역에 도착했지만 타이타닉 호의 모습은 보이지 않았다.

그러나 영원을 향해 가는 인생의 항로에서 우리의 구원자 되시는 예수님께서는 졸지도 주무시지도 아니하시며, 우리가 영원한 멸망에 처한 것을 깨닫고 구원을 요청하는 즉시 우리에게 구원을 베풀어 주신다(시121:2-4; 요3:16; 눅23:39-43).

"예수님께 이르되, 주여, 주께서 주의 왕국으로 들어오실 때에 나를 기억하옵소서, 하매 예수님께서 그에게 이르시되, 진실로 내가 네게 이르노니, 오늘 네가 나와 함께 낙원에 있으리라, 하시니라." (눅23:42,43)

아울러 예수님께서 우리에게 베풀어주신 구원은 언젠가 조난의 위험에 다시 빠질 수도 있는 이 세상의 구조선과 달리 영원토록 안전이 보장된 완전한 방주(the Ark)이다(마24:37; 벧전3:20,21; 요10:28).

예수님께서 말씀하신다. "내가 그들에게 영원한 생명을 주노니 그들이 결코 멸망하지 않을 것이요, 또 아무도 내 손에서 그들을 빼앗지 못하리라." (요10:28)

6. 사랑(love)

대피 명령이 내렸기 때문에 잠자리에서 졸린 눈을 비비며 갑판으로 나온 타이타닉 호 승객들은 뭐가 뭔지 몰라 어리둥절해 했다. 그들은 지시에 따라 구명대를 걸치고서도 다른 사람의 차림새를 손가락질하며 낄낄대고 있었다. 선원들이 여자와 아이들 먼저 보트에 타라고 소리쳤지만 아무도 선뜻 나서지 않았다. "저 작은 배에 타느니 차라리 여기 남겠소." 한 남자가 이렇게 말하자 사람들은 더 움직이려 들지 않았다.

그러나 4월 15일 0시 45분, 긴급구조를 바라는 신호탄이 밤하늘에 불꽃을 터뜨리자 사람들은 비로소 사태가 심각함을 알아차렸다. 이미 배는 왼쪽으로 비스듬히 기울고 있었다. 갑판은 삽시간에 어지러워졌다.

이 와중에 여자와 어린아이들은 계속 보트로 옮겨 탔다. 그러나 메이시 백화점 스트라우스 회장의 부인 아이다와 앨리슨 부인은 남편과 헤어지지 않으려고 배에 남아 남편과 함께 죽음을 택하였다. 그리고 앨리슨 부인의 세 살배기 딸 로렌은 엄마 치맛자락을 붙잡고 울부짖어 1등선실 어린이 29명 가운데 유일하게 타이타닉 호에 남아 죽음을 맞았다.

25세의 엘리자베스 에반스는 한 구명보트에 안전하게 타고 있었는데 막 그 보트가 내려질 무렵 너무 많은 사람이 타고 있다는 것이 판명되자 곁에 있던 제이 브라운 여사에게 "당신의 필요가 내 것보다 크군요. 당신은 당신을 필요로 하는 아이들이 있지만 저는 없지요." 하고는 일어서서 보트를 떠나 천천히 침몰하고 있는 타이타닉 호와 함께 어두움 속으로 사라졌다.

그 외에도 존 제이콥 아스톨, 아더 라이어슨, 아키발드 버트 등을 비롯한 여러 영웅적 희생자들에 의해 구조된 사람들도 많았다. 아마도 구조된 자들은 자기를 위해 기꺼이 목숨을 내어준 이들의 사랑에 감사하며 그들에게 진 생명의 빚을 일평생 잊지 못하고 살아갔을 것이다.

마찬가지로 그리스도인들은 예수 그리스도께 사랑과 생명의 빚을 진 사람들이다. 왜냐하면 우리가 아직 죄인이었을 때에 그리스도께서 우리를 위하여 죽으심으로 하나님께서 우리를 향한 자신의 사랑을 보여주셨기 때문이다(롬5:8). 따라서 예수님을 구주로 영접하여 '영원한 멸망' (lake of fire, 계20:15; 21:8)으로부터 구원받은 그리스도인들은 하나님의 사랑에 감사드리며 '새로운 삶' (new life, 갈2:20)을 살아가는 것이다.

"지금 내가 육체 안에서 사는 삶은 나를 사랑하사 나를 위해 자기 자신을 내주신 하나님의 아들을 믿는 믿음으로 사는 것이라." (갈2:20하)

7. 찬송(hymn)

타이타닉 호가 빙산과 충돌한 후 침몰할 때까지 2시간 40분 동안 있었던 수많은 영웅적 행동가들 가운데에는 8명의 선박 악단 단원들도 마땅히 포함이 되어야 한다. 이들은 타이타닉 호의 악단에 들어올 수 있을 정도로 뛰어난 음악 실력을 소유한 당당한 음악가들이었는데 공포와 근심이 배를 휩쓸고 있을 때 승객들을 진정시키려고 배 위의 여러 장소로 옮겨가면서 래그타임(ragtime), 오페라, 왈츠, 찬송가 등 다양한 곡들을 계속 연주하였다.

이 용감한 음악가들이 타이타닉 호와 함께 대서양으로 내려가기 전에 마지막으로 연주하였던 찬송가에 관해서는 두 가지 견해가 있다. 첫째는 사라 아담스(Sarah Flower Adams)의 불후의 명곡 '내 주를 가까이 하게 함은' (Nearer my God to thee)인데 이 찬송의 우리말 가사는 다음과 같다.

"내 주를 가까이 하게 함은 십자가 짐 같은 고생이나 내 일생 소원은 늘 찬송하면서 주께 더 나가기 원합니다./ 내 고생 하는 것 옛 야곱이 돌베개 베고 잠 갈습니다. 꿈에도 소원이 늘 찬송하면서 주께 더 나가기 원합니다./ 천성에 가는 길 험하여도 생명 길 되나니 은혜로다. 천사 날 부르니 늘 찬송하면서 주께 더 나가기 원합니다./ 야곱이 잠 깨어 일어난 후 돌단을 쌓은 것 본받아서 숨질 때 되도록 늘 찬송하면서 주께 더 나가기 원합니다. 아멘."

타이타닉 호의 8명의 악단 단원들

두 번째는 '가을'(Autumn)이라는 의견이 있다. 무선 보조기사 해롤드 브라이드는 그가 미친 듯이 긴급 조난구조 신호를 타전하던 동안이나 얼음 물 위에 떠 있었을 때에도 악단이 '가을'을 연주하는 것을 들을 수 있었다고 하였다.

그런데 이 '가을'의 가사 중 특별히 끔찍한 시련을 겪게 되는 이들을 위한 노랫말이라고 여겨지는 3절 가사는 다음과 같다.

"유혹이 나를 맹렬히 내려칠 때, 내가 내 원수들을 발견할 때, 죄와 허물과 죽음과 사탄이 모두 연합하여 내 영혼을 대적할 때, 장엄한 바다 가운데서 나를 붙드소서. 내 눈으로 위에 있는 것들을 보게 하소서. 의(義, righteousness)와 하나님의 구속(救贖, redemption)과 평강과 영원한 사랑을…"

용감한 8명의 음악가들에 의해 마지막 몇 분 동안에 연주된 이 찬송가의 마지막 가사는 아마도 그들의 마지막 기도였는지도 모른다. "장엄한 바다 가운데서 나를 붙드소서. 내 눈으로 위에 있는 것들을 보게 하소서. 의(義, righteousness)와 하나님의 구속(救贖, redemption)과 평강과 영원한 사랑을…"

8. 구령(救靈, soul winning)

타이타닉 호가 차디찬 바닷물 속으로 가라앉자 수많은 사람들이 구명보트와 뗏목, 나무판자 조각 등에 의지하여 구조선이 올 때까지 살아남으려고 안간힘을 다하였는데 이 공포의 50분 동안 살려달라고 울부짖는 소리가 그 밤을 가득 채웠다.

생존자 중 한 사람인 에바 하트는 "저는 사람들이 물에서 허우적거리며 내는 소리를 당신에게 설명할 자신이 없어요. 다른 사람도 마찬가지일 거예요. 그것은 너무도 끔찍한 소리였어요. 그 뒤에는 두려운 정적만이 감돌았어요."라고 하였으며, 또 아키발드 그레시 대령은 "이 세상에서 그 어떤 것보다 애처롭고 두려운 모습입니다. 우리 주위에 있던 불쌍한 사람들의 곡성이 아직도 내 귀에 선합니다. 죽을 때까지 못 잊을 겁니다."라며 당시의 상황을 회상하였다.

이 끔찍하기 짝이 없었던 마지막 몇 분 동안 한 사람이 나무판자에 매달려서 존 하퍼(John Harper) 가까이 떠내려 왔다. 물 속에서 생사의 고

투를 하고 있던 하퍼는 외치듯이 말했다. "당신은 구원 받았습니까?" 그 사람은 "아뇨."라고 대답했다. 그러자 하퍼는 성경을 인용하여 몇 마디 말을 계속 하였다. "주 예수 그리스도를 믿으시오. 그리하면 구원을 얻을 것입니다."(Believe on the Lord Jesus Christ, and thou shalt be saved.)

구령의 사람 존 하퍼

대답을 듣기도 전에 그 사람은 어둠 속으로 떠내려갔다. 잠시 후 해류의 방향이 바뀌어 서로 알아볼 수 있을 만큼 가까이 이르게 되자 거의 죽어가고 있던 하퍼는 다시 한 번 외치듯 물었다. "당신은 구원 받았습니까?" 그 사람은 또 같은 대답을 하였다. "아뇨." 하퍼는 다시 사도행전 16장 31절의 말씀을 선포하였다. "주 예수 그리스도를 믿으라. 그리하면 구원을 받으리라."(Believe on the Lord Jesus Christ, and thou shalt be saved; 행16:31)

그리고 나서 얼음 물 속에서 힘이 쇠잔해진 하퍼는 서서히 붙들고 있는 나무판자를 놓으며 물 무덤 속으로 미끄러지듯 내려갔다.

하퍼가 힘써 복음을 전하였던 그 사람은 예수님을 구주로 믿게 되었고 몇 시간 후 카르파티아 호의 구명보트에 의해 구조가 되었다. 온타리오에 있는 해밀턴 호텔에서 이 생존자는 자신이 존 하퍼에 의한 '마지막 회심자'(last convert)임을 증언하였다.

그렇다. 타이타닉 호에는 많은 영웅들이 있었지만 자신이 물에 빠져 죽으면서도 다른 영혼(soul)을 진정으로 살려준 아름다운 영혼의 소유자는 존 하퍼(John Harper)뿐이었다(요6:63; 롬10:15; 고전15:45).

9. 구조된 자들과 잃어버려진 자들(the saved vs the lost)

밤바다에는 초록빛 등불을 단 구명보트들이 드문드문 흩어져 물결을 따라 넘실대고 있었다. 첫 번째 보트에서 사람들을 끌어올리는 사이에 날이 밝아 왔다. 사고 해역에는 여기저기 빙산이 널려 있었고 그 사이사이로 사람들을 새까맣게 태운 보트들이 떠 있었다. 그들은 저마다 카르파티아 호에 먼저 닿으려고 힘껏 노를 저었다. 노를 젓는 사람들은 다 여자였고 남자 선원 한 사람씩이 보트를 이끌고 있었다. 노를 빨리 저으려고 '뱃사람이여, 기슭으로 저어가세' 라는 뱃노래를 부르는 보트도 있었다. 오전 8시 40분. 마지막 구명보트로부터 75명이 카르파티아 호에 옮겨 탐으로써 구조 작업은 막을 내렸다.

구조된 보트는 모두 16척, 살아난 사람은 720명. 마침 카르파티아 호 선실은 반이 넘게 비어 있어서 생존자들을 태우는 데 별 어려움이 없었다. 구조 작업이 막바지에 이르렀을 때 캘리포니안 호가 그곳에 왔다. 그들은 카르파티아 호에 무슨 일이 있었느냐고 물었다. 카르파티아 호는 타이타닉 호가 가라앉은 사실을 알려주고, 자기들은 급히 뉴욕으로 돌아갈 테니 그곳에 남아 주검들을 수습해 달라고 부탁했다.

1912년 4월 10일 수요일 정오에 시작된 여행은 카르파티아 호가 뉴욕 항구 54번 부둣가에 도착함으로써 마침내 종료가 되었다. 그 시각은 4월 18일 밤 9시 30분이었다. 그리고 1912년 5월 12일 화이트 스타 선박회사는 "구조된 자들(the saved)과 잃어버려진 자들(the lost)" 에 대한 최종 리스트를 발표하였다. 구조된 사람 수는 720명, 잃어버려진 사람들은 1,503명이었다.

그런데 잃어버려진 사람들 중 어느 누구도 자기 이름이 '잃어버려진 자들(the lost)' 의 명단에 포함되리라 예상했던 사람은 없었을 것이다. 마찬가지로 인생이란 여행을 시작한 대부분의 사람들은 자신이 영원히 '잃어버려진 자들(the lost)' 이 될 수 있다는 사실을 인정하지 못하고 있다. 그러나 분명히 우리의 여행은 궁극적으로 두 개의 종착지 곧 천국(heaven)과 지옥·불못(hell; lake of fire) 가운데 하나에 도착함으로써 끝나게 되어 있다(히9:27).

타이타닉 호가 수많은 경고를 무시하며 잘못된 판단을 하였기 때문에 1,503명이 뉴욕에 도착할 수 없었듯이 우리가 구원의 메시지를 거부하게 되면 우리는 영원히 잃어버려지게 된다.

화이트 스타 선박회사가 발표한 "구조된 자들(the saved)과 잃어버려진 자들(the lost)" 의 명단은 변경이 불가능한 것이었다. 그 둘 사이에 중간지대는 없었으며 잃어버린 자의 명단에서 구조된 자의 명단으로 옮겨갈 수 있는 방법도 없었다. 마찬가지로 "구원받은 자(the saved)와 구원받지 못한 자(the lost)" 에 관한 하나님의 최종명단도 변경이 불가능하다(눅16:26).

10. 에필로그(epilogue)

며칠 전 홍해에서 1,400여 명의 승객들을 태우고 가던 이집트 여객선 '알 살람 98' 호가 침몰하는 사고가 발생하였다. 이집트 당국은 구조선박 4척과 헬기를 급파했고 영국 해군도 인근에서 작전 중이던 군함을 보내 구조 활동을 시작하였다. 그러나 사고 해역은 강풍이 계속되는 등 기상이 나빠 구조에 어려움을 겪고 있어서 아마도 타이타닉 호 이후 최대의 해양 참사로 기록될 전망인데 2월 3일 현재까지 사고 해역에서 시신 100여 구가 인양되었으며 구명보트에 타고 있던 생존자 200여 명이 구조되었다고 AP통신은 전하고 있다.

그렇다. 1912년의 '타이타닉' 호나 2006년의 '알 살람 98' 호처럼 우리 인생의 항로는 '구조되거나 아니면 잃어버려지는' (saved or lost) 것으로 끝을 맞이하게 된다.

그렇다면 독자 여러분들께서는 어떠한 선택을 하고 싶으신지요? 하나님의 말씀을 받아들여 구조된 자들의 명단에서 여러분의 이름이 발견되도록 하지 않으시렵니까?

"이는 죄의 삯은 사망이요, 하나님의 선물은 예수 그리스도 우리 주를 통한 영원한 생명이기 때문이니라." (롬6:23)

"하나님께서 세상을 이처럼 사랑하사 자신의 독생자를 주셨으니 이것은 누구든지 그를 믿는 자는 멸망하지 않고 영존하는 생명을 얻게 하려 하심이라." (요3:16)

힐링 소사이어티

희망없는 우리 사회를 치유할 수 있다며 요즘 '힐링 소사이어티'가 많은 이들에게 회자되고 있다. 온 세계인을 열광시키고 있는 이승헌 씨의 '힐링 소사이어티'란 방법론에 의해 과연 우리 사회가 진정으로 치유될 수 있을 것인지, 그 이면에 숨겨진 메시지는 무엇인지 성경적 관점에서 살펴보자. 사회/2004.4.15

5 힐링 소사이어티

1. 들머리

"차라리 고아로 태어났으면 좋았을 걸…차라리 거리의 풀 한 포기로 태어났으면 좋으련만…차라리 바람에 휘날리는 모래 한 줌으로 태어났으면 좋으련만…."

"나는 아버지가 안 계신 소녀가장이다. 고등학교 입학금조차 없는 가난한 집의 둘째 딸. 이런 나에게 미래가 있을까… 사랑하는 엄마, 죽는 생각 자체가 불효라는 것 알아. 하지만 내가 없어지는 것이 돈이 덜 나가 다행일지도 몰라."

아버지가 6년 전 객사한 뒤 뇌종양으로 투병중인 엄마와 두 동생을 돌보던 15세 소녀가장 정(鄭)모(15. 평택 H중 3년)양은 지난 달 22일 오후 자신의 6평 남짓한 작은 슬레이트 집에서 가난을 이기지 못해 목을 매 스스로 목숨을 끊었다.

IMF때보다도 더 어렵다는 경제 불황으로 인해 최근 생활고에 몰린 부모가 어린 자녀를 숨지게 하거나 동반자살하는 '가족잔혹사' 가 잇따르고 있던 중 가난을 견디지 못한 한 소녀 가장의 충격적 죽음은 정말 우리 사회가 얼마나 병약한 것인지를 너무도 잘 웅변해 주고 있다.

아울러 지역간, 세대간, 계층간의 정치적 갈등과 분열도 날이 갈수록 그 골이 깊어지고 있는 가운데 외환위기 이후 부모로부터 버림받는 아이들은 해마다 1만 명이고 이혼율은 47.4%로서 이제 우리나라는 '자살 공화국' 과 '갈등 공화국' 에 이어 조만간 51%인 미국의 이혼율을 제치고 세계 최고의 '이혼 천국' 도 될 전망이다.

그런데 이처럼 곳곳이 병들어 희망이 보이지 않는 우리 사회를 치유할 수 있다며 그 놀라운 치유의 방법을 제시하고 있는 한 권의 단행본과 또 동명의 월간지가 요즈음 많은 이들에게 소개가 되고 있다.

2. 힐링 소사이어티(Healing Society)

즉 몇 해 전 미국에서 출간된 이승헌씨(현 대단학 창시자, 새천년평화재단 총재)의 '힐링 소사이어티' 가 바로 화제의 책인데 이 책은 인터넷서점 아마존에서 '해리 포터' 시리즈를 제치고 베스트셀러 1위를 차지하기도 했었다.

'힐링 소사이어티' 가 1위 자리를 지킨

것은 며칠에 불과했지만 미국 독자들이 이 책에 준 점수는 최고 평점인 별 다섯 개였으며 아마존 편집진도 102쪽에 불과한 이 짧은 책에 대해 "지극히 현실적이며 통쾌할 정도로 정직하게 쓴, 짧지만 대단한 작품"이라고 찬사를 보냈다.

이러한 미국인들의 놀라운 평가에 대해 저자인 이승헌씨는 다음과 같이 그 이유를 설명하고 있다.

〈힐링 소사이어티〉의 저자 이승헌 씨

"서구사회는 '솔 러시'(Soul Rush)라고 할 만큼 영적 탐구에 몰두하고 있습니다. 지금 미국에서 영적인 스승이라 불리며 활동하는 이들만 해도 수천 명이 넘습니다. 그런데 동양의 지혜와 문화는 중국이나 인도, 일본에서 오는 것이라고 알았던 미국인들 앞에 어느 날 갑자기 한국 사람이 나타나 명쾌하게 깨달음을 이야기하니까 놀란 것이지요. 아무리 명상을 해도 깨달음은 만져지지도 않고 느껴지지도 않아 답답해하던 차에 깨달음은 그리 특별한 성취가 아니다, 깨달음은 추구하는 데 의미가 있는 것이 아니라 실천하는 데 의미가 있다, 혼자서 명상만 하지 말고 치유(Healing)를 하자는 말을 하니까 미국사람들의 반응이 대단하더군요. 이 세상에서 잘 살기 위한 도구로서 깨달음이 의미가 있는 것이지 이 세상에서 도움이 안 된다면 깨달음이 무슨 의미가 있겠습니까. 죽을 때나 필요하다면…. 중요한 것은 당장 살면서 필요하고 현재의 문제점을 해결하는 데 도움이 되는 것이죠."

"'힐링 소사이어티' 라는 제목이 무슨 의미인지 묻는 사람들이 많은데, 그것은 우리의 문화유산인 '홍익인간'(弘益人間) '이화세계'(理化世界)를 영어로 옮겨놓은 말에 불과해요. 우리가 깨닫기 위해 노력하는 것은 바른 삶을 살기 위한 것이고, 깨닫고 나면 제대로 선택할 수 있습니다. 세상을 힐링할 것인지 킬링할 것인지의 선택입니다. 나 자신의 힐링도 중요하지만 사회를 힐링하는 게 바로 홍익 아닙니까."

그렇다면 온 세계인을 열광시키고 있는 이승헌씨의 '힐링 소사이어티' 란 방법론에 의해 우리 사회가 진정으로 치유될 수 있을 것인지, 또 그 이면에 숨겨진 메시지와 이 시대적 표적이 갖는 의미는 무엇인지 성경적 관점에서 살펴보도록 하자.

3. 깨달음(Enlightenment)

'힐링 소사이어티' 에서 이승헌씨는 다음과 같이 이야기한다.

"(지구 곳곳에 있는) 어둠의 기운을 걷어내기 위해서는 '깨달음에 이른 사회'(Enlightened Society)가 절실하게 필요하다. 물론 이런 사회는 한두 사람의 깨달음만으로는 결코 이루어지지 않는다. 깨달음이 전세계적이고도 보편적인 삶의 방식이 될 때라야 가능하다. 다시 말해 인류 대다수가 집단적인 깨달음에 이르러 우리의 행동과 문화가 실질적으로 달라질 때만 얻을 수 있는 세계이다. 깨달음이 이 세상을 휩쓰는 사회운동이 되어야 하는 이유가 바로 여기에 있다.

그렇다면 깨달음이란 무엇인가?

깨달음이란 '진정한 나' 를 찾는 것이다. 고치를 뚫고 아름다운 나비가 탄생하듯 모든 사람의 내면에는 아름답고 신성한 본성이 있다."

"우리는 왜 깨달아야 하는가?

우리 가슴 안에 있는 참사랑을 회복하기 위해서이다."

"우리 몸 속에 예수의 피, 부처의 피, 그리고 다른 고귀한 예언자와 성인의 피가 흐르고 있다는 것을 믿을 때, 우리는 자신이 선한 존재가 될 수 있다는 가능성을 받아들일 수 있다. … 당신에게는 몸과 마음보다 더 높은 신성이라는 존재가 있다. 그것이 바로 당신의 참된 자아이다. … 인류 역사를 통틀어 깨달음에 이른 사람은 많았다. 예수와 부처, 마호메트, 이름을 남기지 않은 수천 명의 성인과 현인들, 그리고 선견지명이 있는 예언자들 모두가 우리가 하나라는 진리를 깨달은 자들이다."

4. 복음(Gospel)

그러나 하나님의 관점에서 보면 우리 모두는 선한 존재가 아니라 죄인일 뿐이다(롬3:10,23). 아담의 타락 이후 아담의 후손들은 죄로 부패된 아담의 형상을 따라 사망에 이를 수밖에 없는 육체를 지니고 태어나게 되었다(창5:3). 그러므로 한 사람으로 말미암아 죄가 세상에 들어오고 죄로 말미암아 사망이 들어 왔으며 또 이와 같이 모든 사람이 죄를 범하였으므로 사망이 모든 사람에게 임하게 되었다(롬5:12; 계20:14; 21:8).

그러자 하나님께서는 곧바로 인간을 구원해 주시기 위해 '한 구원자' 를 보내주실 것을 약속하셨다(창3:15). 가인이 태어나기도 전에 선포된 원형복음 곧 여자의 씨(the woman' s seed)를 구원자로 보내주신다고 하는 하나님의 말씀은 이후에도 계속 대언자들을 통해 선포되었고 마침내 예수님께서 오심으로 그 약속의 말씀은 성취되었다(마5:17). 자기 백성을 죄에서 구원하기 위해 오신 예수님은 갈보리 십자가에서 우리의 모든 죄를 깨끗하게 할 수 있는 무죄(無罪)한 피를 흘려 돌아가셨다(마1:21; 27:4; 눅23:33,46; 요19:34; 요일1:7). 그리고 정확히 삼일 만에 예수님께서는 사망의 권세를 이기시고 부활하셨다(눅24:1-12).

따라서 그리스도 예수님 안에만 있게 되면 누구든지 부활하여 영생의 복을 받게 된다(고전15:12-22). 다시 말해 자신의 입으로 예수님을 구주로 시인하고 하나님께서 그분을 죽은 자들로부터 일으키신 것을 마음 속으로 믿으면 구원을 받게 되는 것이다(롬10:9).

즉 진정한 깨달음(得道, enlightenment)이란 이 복음(Gospel)을 듣고 참 길(道, the Way)이시며 빛(the Light)되신 예수님을 개인의 인격적인 구원자로 영접하여 지옥불못으로부터 구원을 받는 것이다(요14:6; 사35:8; 요1:4,5,7; 8:12; 9:5; 12:36; 고후4:4,6; 요일1:5; 계21:23,24).

예수님께서는 말씀하신다. "내가 곧 길(道, the Way)이요 진리(眞理, the Truth)요 생명(生命, the Life)이니 나로 말미암지 않고는 아버지께로 올 자가 없느니라." (요14:6)

5. 뇌호흡(Brain Respiration)

그런데 '힐링 소사이어티' 에서는 깨달음에 이르는 방법에 대해 다음과 같이 소개하고 있다.

"깨달음은 우리의 뇌를 이용해 도달할 수 있는 생리적인 현상이다. 일상생활에 충실하면서도 과학적이고 실천적인 단계를 꾸준히 밟아간다면 누구나 깨달음에 이를 수 있다."

"뇌호흡은 이완과 명상을 통해 몸 전체에 흐르는 기를 느끼고 우리 몸에서 가장 강력한 에너지 저장고인 뇌 속을 자극하는 두뇌혁명이다. 그럼으로써 무한한 잠재력을 담고 있는 자신의 뇌를 깨어나게 하는 방법이다. 진정한 합일의 경험을 원하는 사람은 그냥 말로만 소망하지 말고 자신의 뇌를 활용하는 방법을 배워야 한다."

"당신은 셀 수 없을 정도로 많은 정보의 조각들이 모여서 이루어진 정보의 조합물이다. … 뇌호흡은 정보의 선택과 처리 과정을 더욱 효율적으로 하기 위해 창안한 프로그램이다. 뇌호흡을 통해 경험적인 정보를 판단하고 선택하면, 정보에 지배당하는 것이 아니라 정보를 활용하는 주인 노릇을 할 수 있다. … 뇌호흡의 궁극적인 목표는 의식의 각성을 통해 자신의 영혼을 성장시키는 것이다."

즉 '힐링 소사이어티' 를 이루기 위한 깨달음의 핵심적 방법으로 제시된 것이 바로 '뇌호흡' 이다. 이승헌씨는 "뇌호흡을 개발한 것도 깨달음에 덧입혀진 신비주의적인 환상을 벗겨내고 과학적이고 체계적인 방법으로 깨달음을 함께 나누기 위해서였다." 고 하면서 "뇌호흡을 통해 누구든지 깨달을 수 있으며 그 깨달음을 일상 속에서 실천할 수 있다." 고 주장한다.

아울러 그는 신경생리학적으로 보면 뇌의 3층 구조(신피질, 구피질, 뇌간)를 재통합해서 그 기능을 마음껏 활용하는 상태가 적절한 훈련(뇌호흡)을 통해 누구에게나 이뤄질 수 있다고 말한다. 그래서 그는 뇌간에 잠재된 능력을 끌어낼 수만 있다면 초인적인 힘이나 기적적인 치유를 경험하게 된다고 하면서 동시에 다음과 같은 놀라운 언급을 하고 있다.

> "뇌간과 만날 수만 있다면 그것이 정녕 창조주와의 만남이다. 뇌호흡은 바로 이 뇌간에 있는 창조주와의 만남을 가능케 한다. 이렇게 엄청난 잠재력을 지닌 뇌간을 개개인의 의식의 성장을 위해 그리고 인류의 더 나은 미래를 위해 쓸 수 있다면 인류 전체의식에 비약적인 진보를 가져오게 될 것이다."

6. 모든 것을 보게 되는 눈(All-Seeing Eye)

그 간 뇌호흡에 대해 국내 매스컴에서 많은 보도가 있어 왔는데 그 중 한국기공사(氣功師)연합회가 주최한 심포지엄에서 뇌호흡 훈련을 받은 초등학생 3명이 눈을 완전히 가리고도 책을 읽어 보이는 능력을 시범해 보였다는 뉴스가 텔레비전과 일간지 등을 통해 대대적으로 보도된 적이 있었다. 세 어린이들은 기공관계자들과 뇌연구 학자들, 언론사 보도진들이 참석한 가운데 열린 시범에서 두꺼운 종이카드 뒷면에 그려진 숫자나 도면 알아맞히기, 눈가리고 책읽기 등을 해보였다고 하며 시범이 끝난 뒤 기자들이 재차 확인을 위해 건네준 과학잡지 등의 글도 쉽게 읽어버리는 놀라운 모습을 보였다고 한다.

이 사건이 사실일진대 공부해야 하는 학생들에게는 물론 자녀가 공부 잘하기를 바라고 있는 이 땅의 모든 부모들에게는 그 어떠한 것보다 반가운 소식이 아닐 수 없었을 것이다. 더군다나 이 시범을 지켜본 한국뇌학회 회장께서 "뇌훈련으로 모든 사람이 초능력을 발휘할 순 없다고 하더라도 집중력이 놀랄 만큼 향상될 수 있을 것" 이라고 말해 그 뒤 뇌호흡 훈련을 받으려는 학생들이 엄청나게 증가하였을 것은 명약관화한 사실이라 하겠다.

그러나 성경적 관점에서 볼 때 뇌호흡과 같은 특별한 훈련과 이로 인한 능력향상은 (이미 '깨달음' 의 반성경적인 내용에서도 확인이 된 바와 같이) 미혹의 함정이요, 단지 우리를 하나님께로부터 멀어지게 만드는 교묘한 덫이라는 사실을 직시하여야 한다. 이것은 시범 후 초등학교 3학년인 한 아이가 "뇌호흡을 하면 이마에서 빛이 나와 가지고 화면으로 다 보여요." 라고 한 말에서도 그 실마리를 풀어 볼 수 있다.

티베트에 살던 고대의 라마들은 대단히 흥미로운 이상한 수술을 행했는데 그것은 뇌 중앙에 있는 솔방울 모양의 내분비기관인 송과선(pineal gland)을 잘라내는 것이었다. 진정한 라마가 되기를 원하는 초심자에게 달라이 라마(대승)와 동료들이 그의 이마에다 금속핀을 꽂고 송과선 근처에다 대나무 가시를 집어넣게 되면 그는 이마의 중간에 세 번째 눈 곧 '모든 것을 보게 되는 눈' (All-seeing eye)을 갖게 된다고 한다. 이 수술이 성공적으로 이루어지면 그 사람은 자기가 만나거나 이야기하는 사람의 머리나 몸에서 색깔이 있는 오로라를 볼 수 있는 능력을 소유한다고 주장한다.

멜라토닌(melatonin)이라는 호르몬을 분비하는 기관으로 잘 알려져 있는 송과선은 최근의 연구 결과들에 의하면 멜라토닌에 의해 생체 리듬에 영향을 줄 뿐 아니라 여러 내분비 기관들에 대해서 직접적인 조절작용(switch-off button)도 하며 더 나아가 피놀린(pinoline)이라는 물질 등을 만들어 정신력을 조절할 수 있다고 보고되고 있다.

송과선은 물론 수많은 신체기관의 해부생리에 대해 잘 모르던 고대인들이 미혹의 영에 이끌려 송과선을 인위적으로 조작하여서 모든 것을 보고자 하는 세 번째 눈을 가지려 한 사실은 동양에 널려 있는 불상에서 잘 볼 수 있으며 또 이름은 조금씩 다르지만 북미의 행운의 동전(good luck coin)이나 고대 이집트의 호루스의 눈(eye of Horus) 또는 남유럽, 북아프리카, 중동, 인도, 멕시코 등의 갖가지 부적들에서 명백하게 나타나고 있다. 그리고 현대판 바알(Baal) 숭배집단인 프리메이슨(Freemasons)의 중요한 심벌이 '모든 것을 보게 되는 눈' (All-seeing eye; single human eye)인 것도 바로 같은 이치인 것이다.

1달러 지폐 속의 All-Seeing Eye

7. 명상(Meditation)

'힐링 소사이어티' 에서 이승헌씨는 뇌호흡을 잘 하기 위해서는 신피질(대뇌피질)을 잠시 쉬게 하면서 뇌간을 조절해야 한다고 말한다. 즉 앞에서도 언급이 되었지만, 그는 우리의 의식을 깨어 있게 하면서 신피질만 잠들게 하는 방법이 바로 '명상' 인데 이 명상을 통해 뇌호흡이 효과적으로 이루어질 수 있다고 주장한다.

그러나 뇌호흡뿐 아니라 모든 기(氣) 건강법들은 한결같이 훈련과정에서 '마음을 비우기 위한' 명상을 필요로 한다. 초월명상(transcendental meditation), 선명상(Zen meditation), 촛불명상(candle meditation) 등등 너무나 많은 종류의 명상들이 있지만 이들에는 기본적인 원리가 공통적으로 존재한다. 즉 '자기실현' 과 '고차원적 의식' 에 도달하는 것이 명상의 최종 목표이다.

그런데 '자기실현' 이란 어떤 사람이 자신의 영을 조절할 수 있는 단계를 이루는 것이며 '고차원적 의식' 은 그 사람이 여러 마귀들과 대화함으로써 성취되어진다. 즉 이것을 행하는 사람들은 종종 '안내자' 나 '상담자' 로 불려지는 특정한 마귀를 소유하게 된다. 일례로 이십육 년 전에 필자가 이수한 적이 있었던 실바 마인드 컨트롤에서 피훈련자들은 명상을 통해 '상담자' 혹은 다른 이름으로 불리는 '영의 안내자' 들에게 안내되어졌는데 자기만의 지하공간에 알파뇌파 상태로 내려가면 이런 '상담자' 를 만날 수 있다. 우스꽝스러운 것은 이들과 주기도문을 함께 할 수도 있는 것인데 - 이것은 마인드 컨트롤 센터마다 조금 차이가 있는 것 같다 - 이럼으로써 그리스도인들에게 거부감을 주지 않고 더 잘 속일 수 있게 된다. 또 예수님을 상담자 중의 하나로 격하시켜서 예수님의 창조주되심과 구속주되심과 유일한 중보자되심을 송두리째 부정하도록 세뇌시킨다(고후4:4).

독일의 다름슈타트에서 가나안 공동체 원장으로 사역하고 있는 바실레아 슐링크(Basilea Schlink)는 명상의 결과로 생기는 최후의 고통에 대해 다음과 같이 경고하고 있다.

> "밀교의 가르침의 영향으로 감정적으로 안정을 찾지 못하는 청년들의 수가 증가하고 있는데 특별히 초월명상과 같은 운동에 적극적으로 참여하는 사람들은 완전히 개인적으로 명상에 빠져들고 구루(guru; 힌두교의 지도자)들에게 전적으로 의존하게 되어서 감정적으로나 정신적으로나 도착상태가 되어 정상적인 생활이 불가능하다. 또한 부부가 모두 명상을 하게 될 경우 이혼율이 특별히 높다. 명상을 할 때의 그 무아지경과 현실로 돌아왔을 때 일상의 스트레스나 욕구불만 사이의 괴리감은 너무 큰 것이어서 조화로운 삶을 영위하기가 불가능하다."

성경은 여러 차례 명상에 대해 언급하지만, 하나님께서 말씀하시는 명상은 사탄의 것과 현저히 다르다.

"너는 이 율법 책을 네 입에서 떠나지 말게 하며 밤낮으로 그 안에서 묵상(meditation)하여 그 안에 기록된 대로 다 지켜 행하라. 이는 그리하면 네가 네 길을 형통하게 하며 또한 크게 성공할 것임이라."(수1:8)

이 구절에서 나오는 명상(meditation)은 하나님의 말씀을 능동적으로 읽고 배우고 암기하는 것을 의미한다. 많은 믿음의 선배들도 이와 같은 명상을 하였다. 사탄의 명상은 항상 수동적이지만 성경에서 나오는 명상은 절대로 수동적인 것을 의미하지 않으며 분명히 우리가 우리의 마음을 비우지 말고 제어해야 함을 보여준다.

8. 알파파(Alpha Wave)

계속해서 '힐링 소사이어티' 에서 이승헌씨가 과학적이라고 주장하는 이야기를 들어 보자.

> "명상 중일 때는 잠이 든 때와 비슷한 알파파 상태이다." "이미 우리 속에 들어 있는 신성함을 일깨우려면 어떻게 해야 하는가? 그 답은 에너지에 있다. 동양적인 말로 바꾸면 기(氣)이다. 지금의 종교와 정신적 전통에서 가장 결핍되어 있는 부분이다."

이승헌씨뿐 아니라 기(氣)를 이용한 건강법을 주장하는 사람들은 한결같이 인간의 뇌파의 종류에 따라서 사람의 능력상태가 달라진다고 하여 베타(β)파(뇌파 중 가장 높은 파장으로서 보통 깨어 있는 상태를 말하며 대부분 기본적인 오관의 수준에서 기능을 함)에서 알파(α)파(낮고 좀 더 안정된 파장으로서 깊은 이완과 명상의 상태이고 몸의 재생이 이 상태에서 일어난다고 함)로 접근하게 되면 깊은 안정감과 행복한 기분을 맛보게 되며 나아가서 각종 초능력들, 곧 보이지 않는 물체를 알아 맞추고 병 고치고 여러 위험상태로부터 구출됨 등을 행사할 수 있게 된다고 한다. 다시 말해서 알파파라는 과학적 용어를 사용하여 비가시적 존재인 기(氣)를 캐무플라즈 하려는 건강법들에서 내세우는 목적은 보다 나은 인간이 되도록 돕기 위해 보다 안정적인 알파 뇌파를 조절하도록 훈련하는 것이라 한다.

필자도 의과대학 재학 시절 한 선배의 권유로 마인드 컨트롤 강습을 받을 때 알파파 얘기가 나오니까 학교에서 들었던 것과 같은 하나의 과학적 건강법인 줄 생각되어 안심하고 그 바쁜 본과 생활 중에서도 시간을 내어 끝까지 코스를 마친 적이 있었다. 그리고 어떤 환자의 이름과 나이, 성, 거주지만을 알려준 뒤 지금 무슨 병을 앓고 있는지 알아맞히는 마지막 자격시험을 치를 때에도 역시 알파파의 상태로 내려가 그 병명을 알아맞혔었다.

그러나 어떠한 과학적 용어로 포장이 되었든 인간이 자기 스스로 영을 조절하여 마귀들과 교통할 수 있도록 하는 것은 우리 그리스도인들이 단호히 배격해야 한다.

"정신을 차리라. 깨어 있으라. 너의 대적(對敵) 마귀가 울부짖는 사자 같이 두루 다니며 삼킬 자를 찾나니" (벧전5:8)

"오 디모데야, 속되고 헛된 말장난과 거짓으로 과학이라 불리는 것의 반론들을 피하며 네게 맡긴 것들을 지키라." (딤전6:20)

9. 에너지(Energy)

알파파와 함께 비가시적인 기(氣)에 과학적인 뉘앙스를 입히는 표현은 '에너지' 이다. 일례로 뇌호흡과 같은 뉴에이지기법 중 하나인 '치료적 접촉' (therapeutic touch)에서 시술자는 천천히 손을 움직여서 미세하게 느껴지는 저리거나 뜨거운 감각을 찾아낸 후 과도한 에너지가 발견될 때에는 손을 사용하여 그 에너지를 '쓸어 내버려야' 하고 만족할 만한 에너지 상태의 정신적 이미지(mental image)를 창조하게 되면 이 영상을 환자에게 손을 통해 전달할 수 있다고 한다(창6:5). 그런데 이 '치료적 접촉' 의 주창자 크리거(D. Krieger) 교수의 저서를 읽어보면 동양의 신비주의와 힌두교 개념인 우주에너지 프라나(prana)가 치료의 초석이 됨을 알 수 있다.

"모든 요가들은 최종적으로 같은 목표 즉 '브라만' (Brahman; 힌두교의 기본교리 중 형태도 없고 표현할 수도 없고 알 수도 없으며 보이지 않는 비인격적인 힘으로서 우주의 모든 것을 지칭함) 곧 신(神)과의 연합을 이루기 위함이다. 이 참된 지혜를 얻기 원한다면 이 요가들의 여러 방법들이 종합적으로 행해져야만 한다." 고 루시 리델(Lucy Lidell)의 요가 교과서는 말하고 있다.

다시 말해서 여러 종류의 요가 기법들은 오직 브라만과 연합되도록 하기 위한 것이며 또한 무의식의 황홀경으로 쉽게 빠지도록 하려고 만들어진 것에 다름 아니다. 요가를 수행함으로써 마음이 비워지고 '프라나' 의 흐름이 용이하게 된다고 하는데 여기서 말하는 에너지는 사실 영(spirit)을 의미하며 엄밀히 말하면 마귀의 영을 이야기한다. 따라

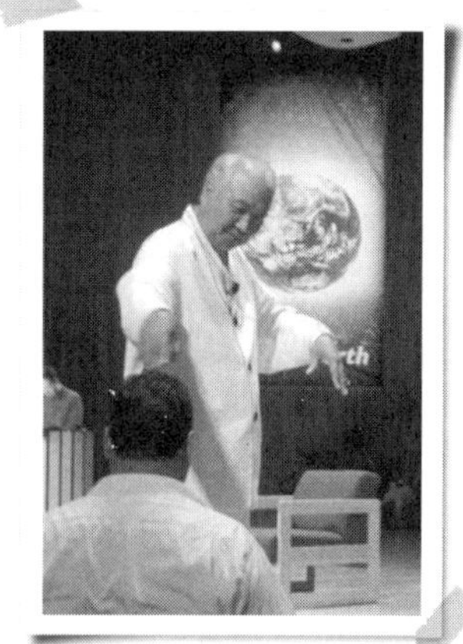

미국의 한 공개강연에서 이승헌 씨가 Energy Healing을 시술하는 장면 www.healingsociety.org

서 기(氣)라는 에너지를 표방하며 마귀가 들어와 공중투시 같은 영계에서의 여러 가지 경험들을 선물로 주면서 동시에 그 사람의 혼과 영을 '함께 묶는'(yoga) 고리를 형성하게 되는 것이다.

그러므로 우리는 뇌호흡이나 다른 건강기법에서 '비가시적인 에너지(invisible energy)'를 통해 형성하고자 하는 모든 불법 고리들을 하나님의 말씀으로써 잘라버려야 한다.

"우리는 상상하는 것(imaginations)과 하나님을 아는 지식을 거슬러 스스로를 높이는 모든 높은 것을 무너뜨리고 모든 생각을 사로잡아 그리스도께 순종하게 하며"(고후10:5)

10. 마무리

각 개인이 '뇌호흡'을 통해 깨달음에 이르고 난 후 깨달은 개인이 모여 '뉴휴먼공동체'를 이루는 식으로 10년 안에 1억 명의 깨달은 자가 생겨난다면 병든 지구를 치유할 수 있다고 '힐링 소사이어티'에서 주장한 이승헌씨는 얼마 전 유엔에서 열린 '밀레니엄 종교 및 영성 세계평화 정상회의'에서 아시아 영성지도자를 대표해 다음과 같은 기도를 하였다.

"이제 종교의 이름으로 가해진 모든 상처들에 대해 인류 앞에 사죄함으로써 그 상처를 치유합시다. 이제 모든 이기주의와 경쟁에서 벗어날 것을, 그래서 신 안에서 하나로 만날 것을 서로에게 약속합시다."

그렇다. 아담과 이브가 선악과를 따먹은 사건(창3:6) 이후 무질서도(entropy)가 증가하게 되는 열역학 제2법칙(창3:17-19)이 태동하게 된 이래로 지금까지 우리 사회는 날로 깊이 병들어갈 수밖에 없었는데 이제 더욱 세련된 형태로 '뉴에이지 운동(new age movement)' 이 확산되면서 이 사회를 근본적으로 치유하기 위해 궁극적으로 세계의 모든 종교가 하나로 되어야 한다는 컨센서스가 점차 확고하게 지구촌 곳곳에서 형성되고 있다(살후2:3,4; 계13:8).

그렇다면 우리도 이 사회를 치유하기 위해서 '힐링 소사이어티' 로 대표되는 이 시대의 거대한 물결에 합류해야 하는 것인가?

결코 그럴 수 없다. 왜냐하면 예수님을 구주로 영접한 우리들에게는 '복된 소망' 이 있기 때문이다(딛2:13). 곧 우리의 진정한 '치유자' 이신 예수님(출15:26; 마9:12; 막2:17; 눅5:31)께서 구원을 완성하시고 찬양을 받으시기 위해 이 땅에 다시 오시는 날 우리는 영광의 몸으로 변화되고 이 세상은 완전히 치유될 것이기 때문이다(롬8:17,21).

"너희는 좁은 문으로 들어가라. 이는 멸망으로 인도하는 문은 넓고 그 길이 넓어 거기로 들어가는 자가 많고 생명으로 인도하는 문은 좁고 그 길이 좁아 찾는 자가 적기 때문이니라." (마7:13,14)

"이는 내가 너를 치유하는 주이기 때문이라, 하시니라." (출15:26하, for I am the LORD that healeth thee.)

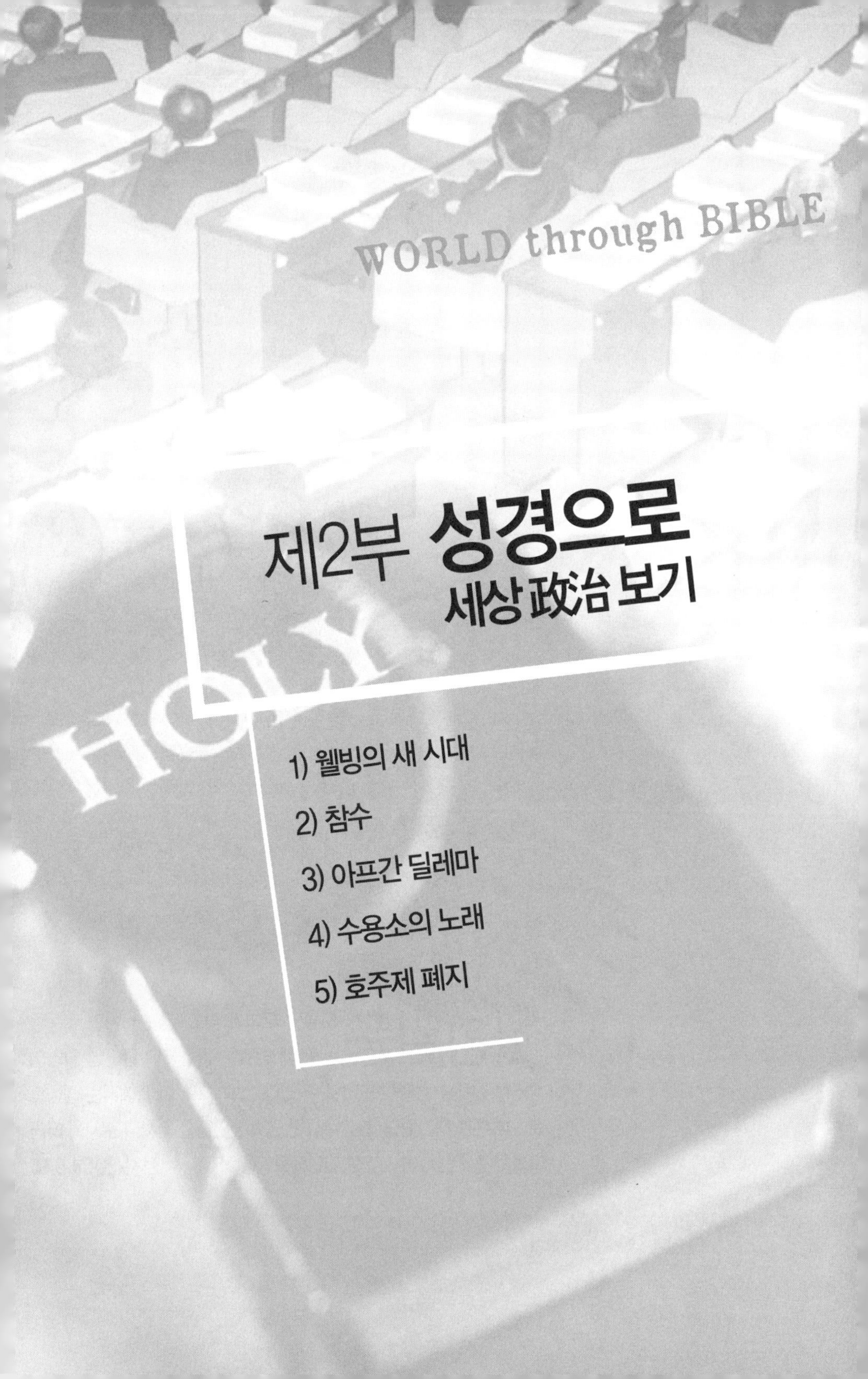

WORLD through BIBLE

제2부 성경으로 세상 政治 보기

1) 웰빙의 새 시대
2) 참수
3) 아프간 딜레마
4) 수용소의 노래
5) 호주제 폐지

HOLY

웰빙열풍

오늘날 우리가 맞고 있는 웰빙의 열풍을 논할 때 영적인 면을 간과한다면 웰빙의 궁극적 실체를 정확히 드러낼 수 없다 . 그러므로 이 글에서는 웰빙으로 인류에게 다가왔던 몇몇 주요한 영적 사건들을 역사적 순서에 따라 고찰하면서 함께 이 시대를 진단해보도록 하겠다. 정치/2004.6.15

1
웰빙의 새 시대

1. 들머리

웰빙의 열풍이 불고 있다. 수많은 문화적 컨셉 중에서 아마도 요즈음 그 주가가 가장 급상승한 것이 '웰빙' 이라 할 수 있을 것이다. 웰빙 와인, 웰빙 농산품, 웰빙 화장품, 웰빙 가전제품, 웰빙 아파트 등은 더 이상 낯설지 않은 말이 되어버렸고 웰빙의 대표적인 코드인 요가나 명상도 크게 유행하고 있다. 또 서울의 강남에는 상류층의 웰빙을 위하여 스파와 경락마사지, 발마사지, 피트니스 센터가 성업 중이며 보디라인 및 체형관리 등도 붐을 이루고 있는데 먹거리와 마사지, 체형관리 등이 포함된 '웰빙 패키지' 의 경우 80만 원에 이르는 상품까지 나와 있을 정도이다.

이처럼 최근 들어 어느 틈엔가 우리 삶 곳곳에 깊이 확산되어버린

'웰빙' 은 말 그대로 건강한(well, 안락한·만족한) 인생(being)을 살자는 뜻으로서 쉽게 생각하면 '잘 먹고 잘 살자' 는 것인데 무엇보다도 건강과 관계된 모든 것이 다 웰빙에 포함된다고 할 수 있다.

이는 이미 1949년에 설립된 세계보건기구(WHO)의 창립 헌장에서 건강에 대한 정의가 '웰빙' 으로 표현되고 있는 것에서도 알 수 있는 사실이다. 즉 WHO에서는 질병에만 관심을 갖고 있던 시절에, 곧 질병이 없으면 건강하다고 하는 초기 개념밖에 없던 시절에 '건강이란 단지 질병이 없거나 쇠약함이 없는 상태뿐만 아니라 육체적, 정신적 그리고 사회적 안녕(well-being)까지를 포함하는 완전한 상태' (Health is a complete state of physical, mental and social well-being not merely absence of disease or infirmity.)라고 정의하였다.

그리고 더 나아가 1998년에는 WHO 집행이사회가 건강의 정의에 '영적(靈的, spiritual) 요소' 를 추가하기로 결정을 내렸다. 그래서 '건강이란 신체적으로, 정신적으로, 사회적으로, 그리고 '영적으로 웰빙' (spiritual well-being)인 상태' 라고 정의하는 것이 이제 보편적이며 세계적인 기준이 되어 버리고 말았다.

따라서 오늘날 우리가 맞고 있는 웰빙의 열풍을 논할 때 그 영적인 면을 간과한다면 웰빙의 궁극적인 실체는 정확히 드러날 수 없을 것이다. 그러므로 이 글에서는 웰빙으로 인류에게 다가왔던 몇몇 주요한 영적 사건들을 역사적 순서에 따라 고찰하면서 함께 이 시대를 진단해보도록 하겠다.

2. 옛 뱀(that Old Serpent, 계12:9; 20:2)

처음에 하나님께서는 온 우주 만물을 창조하시면서 창조의 클라이막스로 인간을 하나님의 형상대로 창조하셨다(창1:27). 아울러 그들에게 복을 주시며 '다산(多産)하고 번성하여 땅에 충만하라' 고 하셨다(창1:28). 그리고 나서 하나님께서는 자신이 만드신 모든 것을 보시고 '매우 좋았다(it was very good)' 고 말씀하셨다(창1:31). 즉 하나님께서는 엿새간의 창조를 통해 완전한 웰빙(well-being)의 상태를 아담과 이브에게 허락해주셨다.

그런데 뱀(Satan)은 이브에게 다가와 에덴 동산 한가운데 있는 '선악을 알게 하는 나무' 의 열매를 먹으면 결코 죽지 아니할 뿐더러 눈이 열리고, 신들과 같이 되며, 또한 선악을 알게 된다고 속삭였다(창3:1-5). 즉 뱀은 하나님께서 이미 마련해주신 기존의 절대적인 웰빙을 부정하면서 이전에 몰랐던 '새로운 웰빙의 시대' (New Age of well-being)가 올 수 있다고 이브를 미혹한 것이었다.

그래서 이브가 그 나무를 본즉 먹음직도 하고 눈으로 보기에도 좋으며 지혜롭게 할 만큼 탐스럽기도 한 나무이므로 그 나무의 열매를 따서 먹고 자기와 함께 있는 남편 아담에게도 주어 부부가 함께 하나님이 금하신 열매를 먹게 되었다(창3:6).

그러자 이브에게는 고통과 수태가 크게 더하여졌고 아담은 평생토록 고통 중에 땅의 소산을 먹게 되었으며 땅도 저주를 받아 가시덤불과 엉겅퀴가 나게 되었고 결국 아담과 이브와 그 후손들은 흙으로 돌아갈 수밖에 없게 되었다(창3:16-19).

그리고 나서 하나님께서는 에덴 동산에서 인간을 내보내신 후 이 세상에 생명나무가 존재하는 동안 에덴 동산 동쪽에 그룹들(cherubims)과 사방으로 도는 불타는 칼을 두어 생명나무에 이르는 길을 지키게 하셨다(창3:24).

이처럼 인류역사상 최초로 시도된 인본주의 웰빙으로 말미암아 초래된 새 시대는 끔찍한 저주 그 자체일 뿐이었다. 그러나 인간을 미혹하였던 옛 뱀의 방법론 곧 범신론(너희가 신들과 같이 되리라, 창3:5), 윤회론(너희가 정녕 죽지 아니하리라, 창3:4), 상대론(너희가 선악을 알리라, 창3:5), 밀교주의(너희의 눈이 밝아지리라, 창3:5) 등 '새 시대' (New Age)를 열어준다고 하는 교리는 인류 역사의 각 시대마다 변하지 않고 웰빙의 새 시대를 추구하는 모든 이들에게 계속해서 사용되어져 왔다.

왜냐하면 하나님을 떠나 있으며 구원받지 못한 인간이 추구하는 웰빙이란 항상 죄와 불의의 길로 향할 뿐이기 때문이었다(약1:15; 롬3:10-18).

3. 실낙원(失樂園, Paradise Lost)

인간이 에덴 동산에서 쫓겨난 후 아담의 장남인 가인은 자기 아들의 이름을 따라 에녹이란 도시를 세웠다(창4:17). 그리고 시간이 흐르면서 많은 후손들이 번성하기 시작하였다.

"에녹이 이랏을 낳고 이랏은 므후야엘을 낳고 므후야엘은 므두사엘을 낳았고 므두사엘은 라멕을 낳았더라. 라멕이 두 아내를 취하였으니 하나의 이름은 아다요, 다른 하나의 이름은 실라더라. 아다는 야발을 낳았으니 그는 장막에 거하는 자들과 가축을 치는 자들의 조상이 되었고 그의 동생의 이름은 유발이니 그는 하프와 오르간을 다루는 모든 자들의 조상이 되었더라. 실라도 두발가인을 낳았으니 그는 놋과 쇠로 된 것을 만드는 자들을 가르치는 자요, 두발가인의 누이는 나아마더라." (창4:18-22)

가인의 후손들이 급속도로 다산하고 번성하여 땅에 충만하게 되자 도시가 생겼고 건축, 음악, 미술, 금속 등의 문명과 문화가 발달하게 되었다. 가인부터 시작하여 여섯 번째 세대인 라멕(Lamech)은 '정복자' 란 뜻을 갖고 있는데 역사상 최초로 하나님께서 계획하신 일부일처(一夫一妻)를 거슬린 자이다. 아울러 두 부인과 딸의 이름들(Adah = 쾌락, 장식; Zillah = 그늘; Naamah = 귀여움)에서 유추해 보건대 라멕의 문화는 육적이며 외형적인 아름다움을 추구하는 것이었을 것이다. 즉 실낙원(失樂園)의 불행(ill-being)을 만회해보려고 인간들이 추구하였던 웰빙(well-being)은 역시 하나님께로부터 더욱 멀어지는 것이었다.

그리고 계속해서 사람들이 지면에 번성하기 시작하면서 사람의 사악함이 땅에서 커지고 또 그 마음에서 생각하여 상상하는 모든 것이 항상 악할 뿐임을 하나님께서 보시게 되었다(창6:1,5).

아울러 먹고 마시고 장가가고 시집가며 '웰빙' 을 추구하던 그 때에 땅도 하나님 앞에 부패하여 폭력이 땅에 가득하게 되자 하나님께서는 홍수로써 인류를 땅과 함께 멸하게 되신 것이었다(마24:38; 눅17:27;

창6:11-13).

4. 노아의 홍수(Noah's Flood)

노아의 홍수로 말미암아 지구의 환경이 사람들이 살기에 더욱 나빠진(ill-being, 창8:22) 가운데 시간이 흘러 사람들은 동방으로 이주하기 시작하였다. "사람들이 동쪽에서부터 이동하다가 시날 땅에 있는 평야를 만나 거기 거하니라."(창11:2) 바로 이 비옥한 메소포타미아 땅에 사람들이 바빌론 도시를 세웠고 야수로부터 그들의 안전과 평화를 지키기 위해(참조: 출23:29,30) 강력한 자 니므롯(Nimrod)을 지도자로 삼게 되었다(창10:8,9).

즉 니므롯은 사람들에게 홍수로 인해 초래된 갖가지 불행(ill-being)을 극복하고 그들의 웰빙(well-being, 안녕)을 보장해준다며 역사 이래 처음으로 자신의 왕국 곧 하나님의 방법을 따르지 않는 인본주의 왕국인 바빌론 왕국을 세우게 된 것이다(창10:10; 11:4).

그런데 알렉산더 히슬롭(Alexander Hislop) 등에 의하면 본래 사냥꾼(창10:9)인 니므롯이 천하를 장악한 후에 제일 먼저 했던 일은 백성들의 기억 속에서 주 하나님을 없애버리는 일이었다. 그래서 그는 신앙의 자유를 선포하고 새로운 신화들을 만들어서 보급하였다. 즉 성경 전체를 대표하고 진리의 근본이 되며 인간의 모든 문제를 해결하는 근원인

"처음에 하나님께서 하늘과 땅을 창조하시니라."(창1:1)는 말씀을 없애버리기 시작하였다.

그래서 모든 일에 '시작'과 '끝'이 있다는(곧 성경의 뼈대인) '창조론'과 '종말론'을 없애기 위해 니므롯의 신분은 홍수 이전의 인물인 가인의 환생으로 만들어졌다. 그러나 이 가인을 아담의 후손이라고 하면 그 위에서 다시 하나님과 만나게 되므로 창세기의 이야기에 '태양의 신'을 삽입하고 그 빛의 신(Lucifer)이 이브와 동침해서 낳은 아들이 가인이라고 꾸미게 되었다.

아울러 그 다음 단계로 '천지가 늘 그대로 있다'고 하는 또 다른 윤회설의 기반도 만들어졌는데 이것은 힌두교와 불교의 바탕이 되었고 다윈의 진화론을 만들어낸 씨앗이 되었다.

즉 환생설이란 토대 위에 단일론과 범신론 등이 혼합되어 궁극적으로 하나님을 부정하는 '새 시대 운동'(New Age Movement)은 니므롯의 시대에 들어 비로소 체계화되기 시작한 것이다.

그런데 지금도 사람들은 바빌론의 왕 니므롯이 '웰빙'으로 포장해 놓은 이러한 거짓말에 속아서 살아간다.

5. 국가교회(National Church)

초기 기독교는 로마제국 내에 파고 들어온 이러한 바빌론 이교주의에 직면하게 되었다(살후 2:3,7; 딤전4:2). 순수한 신앙을 가진 많은 그리스도인이 바빌론의 관습과 새 시대(New Age)의 교리들을 거부하여 박해를 받고 순교를 당했다.

그러나 A.D. 313년 고난(ill-being) 가운데 있던 그리스도인들에게는 웰빙(well-being)의 새로운 시대(new age)가 열려지는 듯 하였다. 즉 콘스탄틴에 의해 기독교가 로마의 국교로 공인되어 누구든 자유롭게 예수님을 그리스도와 주님으로 고백하며 신앙생활을 할 수 있게 되었다.

그렇지만 기독교가 국가교회로 전락하면서 이교주의와 많은 타협들이 이루어져 교회는 세상으로부터 분리되어 거룩하여지기보다는 이 세상 제도의 한 부분이 되어갔다.

즉 A.D. 313 년 이후 기독교 안에 들어온 이교도들은 콘스탄틴 황제의 허락하에 로마의 운송수단을 이용하여 그 당시 이교도들의 중심적인 순례지였던 이집트에 있는 '제왕(諸王)들의 무덤의 계곡' 을 순례하였다. 그리고 콘스탄틴 가문의 전통적인 예배는 불멸의 태양신(Sol Invictus/ the Invincible Sun God) 숭배로서, 콘스탄틴 황제는 여전히 태양신 숭배자였다.

성경 교리나 예배의식 같은 것은 콘스탄틴에게는 아무런 흥밋거리가 되지 않았다. A.D. 325년 리시니우스(Licinius)를 패배시킨 후에 동방의 영토에 사는 국민들에게 보낸 공문에 의하면 기독교는 단순히 일상

생활을 규정한 법률이었다. 콘스탄틴은 자신이 기독교인이라고 공적으로 선포한 적도 없었다.

기독교로 개종했다는 그는 막시밀리안 황제의 딸이며 그의 두 번째 왕비였던 파우스타를 처형하였고, 그의 세 아들은 권력쟁탈전을 벌여 막내는 맏형을 죽였고 나중에는 둘째만 남게 되었다. 콘스탄틴 황제가 기독교인이었다는 것이 아무 의심 없이 받아들여지는 까닭은 그가 기독교를 믿었기 때문이 아니라 그가 믿었던 것을 기독교라고 불렀기 때문이다. 바로 이것이 '이데올로기의 위력' 을 나타내고 있다.

즉 영적인 웰빙(well-being)을 표방하는 국가교회의 방법으로 이교주의가 교묘하게 기독교와 혼합했기 때문에 바빌론의 영향은 '바빌론 신비종교' 로 숨겨지게 되었으며 동시에 국가교회는 더욱 영적으로 타락(ill-being)할 수밖에 없게 되었다.

6. 세계대전(World Wars)

양차 세계대전이란 인류역사상 가장 끔찍한 시기를 보내고 난 후 1948년, 하나님의 선민이 말세에 옛 땅에 심겨지리란 예언대로 이스라엘이 독립하였다(겔38:8). 나찌(Nazi)에 의해 대학살이 감행되고 있을 때만 해도 이들이 나라를 세우는 것은 고사하고 살아남을 가능성조차 없어 보였지만 하나님께 나아가는 길을 알려주는 이정표 같은 이스라엘은 다시 역사의 중심에 자리잡기 시작하였다(마24:32; 막13:28).

그리고 이스라엘의 독립을 전후하여 세계대전이란 악몽(ill-being)을 떨쳐버리고 온 인류의 웰빙(well-being)을 추구하기 위해 세 가지 역사적인 대사건의 씨가 세상에 뿌려지게 되었다.

첫째, 종교적 웰빙을 위하여 (인류역사상 가장 무서운 단일종교가 될) 에큐메니즘 종교의 모체의 하나인 세계교회협의회(WCC)가 1948년 8월 23일 화란의 암스테르담에서 그 뿌리를 내렸다.

둘째, 정치적 웰빙을 위하여 (적그리스도의 길을 예비하기 위하여 세계단일정부 구성을 도울) 국제연맹이 스위스 제네바에서 결성되어 1946년 국제연합(UN)으로 업무가 이양되었고, '새 세계 질서' (New World Order) 구호 아래 국제연합이 세상을 주도하기 시작하였다.

셋째, 로마 교황 비오 12세는 유럽을 제3의 세력으로 간주하여 통일유럽을 이루기 위해 1948년 4월 제수이트를 동원하여 유럽을 구하기 위한 '성(聖)십자군' 안에 뭉칠 것을 호소하였다. 이 계획은 1946년 9월 이후로 '합스부르크' 가(家)의 본산지인 스위스의 중부 루쩨른 호반의 소읍 헤르텐슈타인(Hertenstein)에서 추진되어, 1948년 5월 네덜란드의 헤이그에서 열린 '유럽심의회' 에서 정식 통과되어 유럽의 무대에 올려졌다.

1958년 브뤼셀에서 '세계만국박람회' 가 개최되었을 때 경제적 웰빙을 위한 유럽공동체(EC)의 회원국은 6개국에 불과했지만 이제 정치적 웰빙까지도 추구하는 유럽연합(EU)회원국은 25개국으로 늘어났다.

그리고 이스라엘 독립을 즈음하여 나오기 시작한 컴퓨터가 이 엄청난 유럽통합 작업을 가속화시켜왔는데 이제는 전세계인의 웰빙(well-being)을 위하여 인간의 모든 영역에서 컴퓨터가 인간의 두뇌로서는 불가능한 작업들을 다 처리하고 있다.

그리하여 머지않아 적그리스도가 통치하고 경배받는 단일세계정부

BROWN AND CAMERON OUTLINE RIVAL GREEN VISIONS

'NEW WORLD ORDER' TO SAVE EARTH

EUGENE.HENDERSON
@thelondonpaper.com

GORDON BROWN today called for a "new world order" to combat climate change – as he went head-to-head with David Cameron in the battle for the crucial green vote.

Ahead of tomorrow's launch of the Climate Change Bill, the rivals pulled no punches in keynote speeches.

The chancellor, who plans to make the environment a main theme of next week's Budget, praised the EU for lead role because of his party's Euroscepticism.

A Tory government would have "no credibility" within the EU, he told a Green Alliance event at the Café Royal on Regent Street.

But addressing a Tory Party environmental summit Cameron challenged Labour to set annual targets for cutting carbon emissions.

The Tories have proposed putting a fuel duty or VAT – or both – on domestic flights.

Cameron today told an audience at the Great Eastern

PRIORITIES | **Brown called for UN action**

of the part we have played in that process. But we need a greener earth as well as greener skies."

Cameron played down ex-cabinet minister John Redwood's comments that he was "sceptical" about the science of global warming, saying they were a "jolly aside".

Earlier, when asked about the Climate Change Bill, the Tory leader said the measures must have "real bite and not just be a greenwash".

The Tories' air fuel duty plans were welcomed by envi-

와 단일세계종교가 이루어질 터인데 바로 그때 갑작스런 파멸(ill-being)이 그들 위에 임하게 될 것이다(살전5:1-3; 단2:31-35,43-45).

7. 마무리

인간의 궁극적인 목적은 행복(well-being)이다. 그래서 웰빙의 열풍은 지극히 당연한 것이라고도 할 수 있다. 아울러 웰빙의 추구는 인류의 인간성 회복과 참된 평화와 참된 행복이 실현되는 새로운 시대를 이룩

하려는 뉴에이지(New Age) 사상과 필연적으로 일맥상통한 것이 될 수밖에 없다.

그런데 뉴에이저들은 전쟁, 식량, 기근, 에너지, 인구, 핵무기, 환경 등과 같은 세계 공통적인 문제를 해결하기 위하여 '하나로 된 세계정부'가 있어야 된다고 주장하고 인종과 국경을 무너뜨려 지구촌 공동체를 건설할 것을 제시하고 있다.

그래서 뉴에이저들의 궁극적인 목표는 '세계단일정부'를 수립하는 것이다. 또 이를 위하여 세계 경제를 하나로 묶는 '단일경제체제'와 세계의 정신과 이념을 하나로 묶는 '단일종교체제'를 구축하고자 하는 것이다.

그렇다. 사탄은 지금 자신의 시대(New Age)를 열기 위해 웰빙이라는 새로운 옷을 입고 어느새 우리 곁에 다정히 다가와 미소짓고 있다(고후11:14).

그러나 이 웰빙으로 새롭게 표현되는 뉴에이지 운동의 궁극적 목표가 이 땅에서는 예수없는(without Jesus) 유토피아로 사람들을 미혹하고 죽음 이후에는 영혼을 지옥(地獄)으로 보내는 것임을 모든 거듭난 그리스도인들은 확실히 깨달아야 한다. 웰빙과 뉴에이지의 커넥션이 날로 증대되는 이 마지막 시대를 살아가는 우리에게 성경은 다음과 같이 말씀하고 있다.

"정신을 차리라. 깨어 있어라. 너의 대적(對敵) 마귀가 울부짖는 사자같이 두루 다니며 삼킬 자를 찾나니"(벧전5:8)

"이는 거짓 그리스도들과 거짓 대언자들이 일어나 큰 표적과 이적을

보여 할 수만 있으면 그 택하신 자들까지도 속일 것임이라.” (마24:24)

“그것은 결코 놀랄 일이 아니니 이는 사탄도 자기를 빛의 천사(angel of light)로 가장하기 때문이라.” (고후11:14)

“그러므로 너희 자신을 낮추어 하나님께 복종하라. 마귀를 대적하라. 그리하면 그가 너희에게서 도망하리라. 하나님께 가까이 나아가라. 그리하면 그분께서 너희에게 가까이 오시리라. 죄인들아, 너희 손을 정결하게 하라. 두 마음을 품은 자들아, 마음을 순결하게 하라.” (약4:7-8)

뱁티스트 요한의 참수

참수 "나는 죽고 싶지 않다"고 절규하던 김선일씨는 6월 22일 오후 5시20분 끝내 참혹한 시신으로 발견이 되었다. 그리고 6월 30일 부산 사직 실내체육관과 영락공원 등에서는 그의 죽음을 애도하는 3,000명이 넘는 시민들이 참여한 가운데 그의 장례식이 범(凡)기독교연합장으로 치러졌다. 정치/2004.6.30

2
참수(斬首)

1. 들머리

"나는 죽고 싶지 않다" 고 절규하던 김선일씨는 (바그다드 시각으로) 6월 22일 오후 5시20분 끝내 참혹한 시신으로 발견이 되었다. 이미 같은 달 11일 미국인 통신업자 니컬러스 버그(Nick Berg)를 참수(斬首)한 것으로 알려진 '자마아트 알 타우히드 왈 지하드' (Jamaat al Tawhid wa' l Jihad, '유일신과 성전')에 의해 결국 김선일씨도 참수가 된 것이었다.

그리고 6월 30일 부산 사직 실내체육관과 영락공원 등에서는 그의 죽음을 애도하는 3,000명이 넘는 시민들이 참여한 가운데 그의 장례식이 범(凡)기독교연합장으로 치러졌다. 그런데 건국 이래 수많은 이들의 안타까운 죽음이 있었지만 고(故) 김선일씨의 참수 사건만큼 온 국민이 관심을 갖고 가슴 아파하였던 동시에 장례가 끝난 이후에도 극심한 혼란의 소용돌이에 휘말려야 했던 경우는 없었을 것이라 생각된다.

특히 '아랍 지역에서 본격적으로 사역을 하게 되면 영어와 아랍어와 미용기술을 통하여 그들에게 복음으로 다가가고자 한다'는 김선일씨의 가나무역 입사 지원서 내용이 공개된 이후 그의 죽음을 둘러싸고 여러 가지 논란들이 계속 증폭되면서 우리 그리스도인들에게는 더 깊은 가슴앓이가 요구되는 상황이 초래되었다고 볼 수 있다. 즉 정치적, 사회적 이슈는 물론 신앙적 논쟁의 주제로 우리에게 다가온 것이 바로 이번 김선일씨의 참수 사건이라 할 수 있겠다.

따라서 이 글에서는 김선일씨의 참수에 대해 언급된 기존의 지엽적이고도 주관적인 견해들과 날리 참수 자체에 대한 역사적, 의학적 고찰과 더불어 성경적 관점에서 참수를 조명해 봄으로써 함께 영적인 유익을 구해보고자 한다.

2. 참수의 역사

인류의 역사 속에 사형의 수단으로 가장 많이 쓰인 방법은 참수형(斬首刑, 참형, decapitation, beheading)이었다. 고대 그리스 로마에서 시행되었던 참수형은 프랑스대혁명 후 '기요틴'(guillotine, 단두대)의 발명으로 그 피크를 이루었으며 현재에도 이슬람율법을 엄격히 고수하는 사우디에서 살인, 강간, 마약밀매, 무장강도 등의 중범죄를 저지른 자에 대해서는 군중이 지켜보는 가운데 집행이 되고 있다. 물론 우리나라에서 지금은 참수형이 실시되고 있지 않지만 1894년 고종의 칙령에 의해 사라지게 될 때까지 우리나라에서도 수백 년 간 참수형이 존재하였었다.

단두대 처형장면을 그린 삽화(프랑스 파리) Execution of Prevost at Place de la Roquette, Paris

참수(斬首) 곧 목을 베는 데는 칼, 도끼 등 다양한 도구가 사용되어 왔다. 그러나 이 방법에는 처형의 성패가 사형집행인의 힘과 기술에 좌우된다는 문제가 있었다. 그래서 끔찍하기는 하지만 목을 베는 장치가 개발되었는데 중세의 서양에서는 떨어지는 칼 자체의 무게에 의해 목이 베어지는 장치가 고안되었으며, 16세기에는 나무로 된 틀 속에서 칼날이 낙하하도록 설계된 장치가 완성되어 있었다. 이탈리아에서는 이 장치를 '마나이아' 라고 불렀으며, 영국형 개량품인 '질레트' 는 16, 17세기에 사용되었다.

이런 장치들을 복원하고 개선하여 후일 기요틴(guillotine)이라고 불리는 탁월한 단두장치를 개발한 것은 파리 의과대학의 해부, 생리, 병리학 교수였던 기요탱(Joseph-Ignace Guillotin) 박사였다. 프랑스혁명이 발발한 1789년, 그는 최소한의 고통을 동반하는 인도주의적 사형방법과 인민의 평등한 죽음을 위해 효율적인 처형용 기계의 필요성을 강조하는 보고서를 의회에 제출하였다.

의회의 승인을 얻어 그가 고안한 새 장치의 특징은 칼날을 45도 경사지게 장착한 점이었다. 척추라는 단단한 조직과 치밀하게 얽혀 있는 근육이나 인대를 단숨에 절단하기 위해서는 칼날이 미끄러지면서 떨어질 필요가 있다고 생각하였던 것이다. 기계의 설계는 역시 의사였던 루이 박사가 맡았고, 독일의 피아노 제조 기술자 슈미트가 제작을 담당하였다.

여러 차례의 실험을 거쳐 성능이 확인된 후 1792년 4월 25일 기요틴에 의한 첫 번째 사형이 집행되어 신속 정확함을 인정받게 되자 이후 기요틴은 1977년까지 약 180년간 널리 쓰이게 되었는데 프랑스혁명 당시 사형집행인으로 유명했던 상송은 이 장치로 불과 13분 동안 12명의 목을 자르는 기록을 남기기도 했다.

3. 참수의 고통

그리고 9·11 테러 이후 새롭게 참수 사건들이 계속 알려지고 있다. 첫 참수 희생자는 2002년 2월 미국 월스트리트 저널의 대니얼 펄(Daniel Pearl) 기자였다. 그리고 올 들어 닉 버그(Nick Berg)에 이어 폴 존슨(Paul Johnson)도 이슬람과격주의자들에 의해 참수됐으며 비(非)미국인으로 고(故) 김선일씨가 처음으로 참수된 이래 현재는 필리핀인도 납치되어 참수의 위협을 받고 있다.

그런데 닉 버그의 참수동영상에 이어 김선일씨의 참수동영상이 인터넷을 통해 널리 퍼지면서 사람들의 관심은 참수의 그 끔찍한 장면에서 확인되듯이 참수를 당할 때의 고통이 얼마나 클 것이며 특히 참수가 완전히 되고 나서 얼마 동안이나 의식이 남아 있을 것인지에 모아지고 있다.

이러한 관심은 이미 서양의 많은 의학자들에게도 있어 왔다(the British Medical Journal, Vol 294: February, 1987 page 474). 특히 1587년 스코틀랜드의 메리 여왕이 당한 끔찍한 참수의 고통은 참수가 얼마나 잔인한 것인지를 잘 알려주었을 터인데 프랑스에서는 참수 후 의식이 남아 있는 기간을 알기 위해 단두대에서 참수를 당하는 죄수에게 눈을 계속 깜빡거리라고 하여 관찰한 결과 참수 후에도 30초 동안 눈의 깜빡임이 있었음을 보고하기도 하였다.

또 프랑스의 화학자 라부아지에(Antoine Lavoisier, 1743-1794)는 자신이 단두대에서 참수를 당하게 되자 친구들에게 참수 후에도 계속 눈을 깜빡이겠노라고 말한 후 15초 동안 신호를 보냈다는 일화도 전해진다.

1905년 6월 28일 오전 5시 30분 단두대에서 살인죄로 처형된 한 죄수(Languille)는 참수된 후 이름을 부르자 두 번이나 또렷하게 호명자(Dr. Beaurieux)를 응시하였다고 하는데 이로써 약 25-30초 동안 의식이 남아 있음을 알 수 있었다고 한다(A History of the Guillotine by Alister Kershaw).

아담스(Cecil Adams)에 의하면 1989년 6월 한국에서 근무하던 한 미군이 친구와 함께 택시를 타고 가다가 트럭과 충돌하여 친구의 목이 완전히 절단되는 사고를 당하였는데 참수되어 위아래가 바뀐 친구의 얼굴에서 다음과 같은 반응을 볼 수 있었다고 전하고 있다. 그는 참수되었음에도 입을 두 번 이상 벌렸다가 다물었으며 얼굴 표정이 처음에는 '충격과 혼동' (shock or confusion)의 상태였고 이어서 '공포와 비통함' (terror or grief)으로 바뀌었다고 하였다. 또한 그의 눈은 처음에는 자기를 바라보는 친구를 응시하였다가 자기의 잘려진 몸을 보고난 후 이어서 다시 친구의 눈을 정확히 응시하였다고 하였다.

4. 외상 후 스트레스 증후군

김선일씨가 참수되는 장면을 촬영한 동영상이 정부의 강력한 처벌 방침과 차단 조치에도 불구하고 인터넷에 계속 유포되고 있다. 그런데 문제는 닉 버그의 참수동영상도 그렇지만 김선일씨 참수 장면 동영상을 본 사람에게서 '외상 후 스트레스 증후군' (posttraumatic stress syndrome)이 발생할 수 있다는 사실이다.

언론에 보도된 회사원 이모(42 · 男)씨의 경우를 보자. 그는 최근 동료들과 함께 인터넷으로 테러리스트들이 김선일씨를 살해하는 장면을 지켜봤다. 끔찍한 장면에 큰 충격을 받았지만 이내 업무에 복귀했으며, 저녁엔 동료들과 술도 한 잔 마시고 집으로 돌아왔다. 이씨는 그러나 살해당하는 순간에 질렀던 김씨의 비명이 귓가에 울리면서 낮에 봤던 영상이 눈앞에서 재현돼 옅은 잠에 빠졌다 5분 만에 깨어났다. "얼마나 고통스러웠을까" 라는 생각이 머리에서 떠나지 않아 결국 밤새 잠을 이루지 못하고 뒤척였다. 이씨는 "그 뒤로도 문득 문득 참수 장면이 떠올라 기분이 우울해진다" 며 "3~4년 전의 불면증이 재발해 요즘은 수면제를 복용해야 잠을 잘 수 있다" 고 말했다.

흔히 이와 같은 '외상 후 스트레스 증후군' 은 자동차사고, 가족이나 연인의 죽음, 인질, 강간, 자연재해 및 전쟁 등 외상으로 작용할 수 있는 강도의 정서적 스트레스를 받을 때 나타난다. 그리고 피해자에 따라 사고 즉시 나타나기도 하고 몇 주 후에 반응하기도 한다.

일부 피해자들의 반응은 사고를 잊기 위해서 환상이나 상상을 통해 동일 상황을 재경험하거나 아예 회피하기 위해 무감각해지기도 하지만, 흔히 동반되는 증상으로 피로, 분노, 불안, 공포, 수면장애, 집중력 장애 등을 호소한다. 이 증세는 심신이 힘들 뿐 아니라 직장에서의 업무 능력을 감소시키는 '후유증' (aftershock)으로 이어져 심할 경우 정상적인 생활이 불가능할 수도 있다.

김선일씨가 참수당하는 모습은 보통 사람이 평생 한 번도 경험할 수 없는 끔찍하고도 충격적인 상황이기 때문에 이 동영상비디오로 인해 '외상 후 스트레스 증후군' 의 증상을 나타내는 환자들이 점차 양산될 것으로 전문가들은 예측하고 있다. 특히 감수성이 예민한 청소년이 이 동영상에 많이 노출되어 있을 것이기 때문에 더 문제가 되리라 생각된다.

만약 동영상을 본 뒤 그 장면이 계속 머릿속에서 재현되고 신경이 예민해지면 즉시 정신과 치료를 받는 것이 좋을 것이다.

5. 성경 속 참수

그러면 인간이 저지를 수 있는 모든 악을 잘 기술하고 있는 성경에서 어떠한 참수의 사건들이 언급되고 있는지 살펴보도록 하자. 성경에는 모두 7번의 참수 사건이 기록되어 있는데 첫 번째로 사무엘상 5장에 다곤(Dagon; fish-god, 머리와 몸은 사람이고 하체는 물고기인 우상)이 참수되는 사건이 나오고 있다.

블레셋 사람들이 하나님의 궤를 빼앗아 다곤의 집으로 가져간 다음 날 다곤이 주의 궤 앞에 쓰러져 그 얼굴이 땅에 닿았다. 사람들이 다시 세웠으나 그 이튿날 아침 다곤의 머리와 두 손바닥은 끊어져 문지방에 있었다. 하나님께서 친히 우상인 다곤을 참수하신 것이었다(삼상5:1-12).

골리앗의 참수　Gustave Dore作

두 번째로 사무엘상 17장에 골리앗의 참수가 기록되어 있다. 다윗이 골리앗과 맞서 '전쟁이 주께 속한 것임' 을 선포하며 돌을 던져 골리앗의 이마를 쳐서 쓰러뜨린 후 골리앗의 칼을 빼서 그의 머리를 잘랐다. 그리고 사울 앞으로 인도된 다윗의 손에는 골리앗의 머리가 들려 있었다(삼상17:38-58).

세 번째로 하나님께 불순종한 사울 왕의 참수가 사무엘상 31장에 기록되어 있다. 블레셋과 싸워서 패하게 되자 사울 왕은 자살을 하였는데 블레셋 사람들은 사울의 시체를 보고 그 머리를 잘랐다(삼상31:1-10).

네 번째로 사울 왕의 아들 이스보셋의 참수가 사무엘하 4장에 기록되어 있다. 레갑과 바아나가 밀을 가지러 온 것처럼 하여 이스보셋의 집으로 들어가서 이스보셋의 다섯 번째 갈빗대 밑을 찌르고 그를 참수한 후 그의 머리를 가지고 헤브론에 있는 다윗에게로 갔다(삼하4:1-12).

밥티스트 요한의 참수 장면을 그린 17세기 삽화 1685년 판 〈the Martyr of Mirror〉 제1권 중

다섯 번째로 사무엘하 20장에 벨리알(Belial; worthlessness) 사람 세바의 참수가 기록되어 있다. 다윗에게 반역을 한 세바가 아벨로 도망하자 요압이 아벨을 에워싸고 함락시킬 준비를 하였다. 그때 그 도시의 한 지혜로운 여인이 요압과 대화를 한 후 백성들과 함께 세바를 참수하여 요압에게 세바의 머리를 주었다(삼하20:1-22).

여섯 번째로 헤롯의 불법을 지적하였던 뱁티스트 요한의 참수가 공관복음서에 기록되어 있다(마14:3-12; 막6:14-29; 눅9:7-9).

일곱 번째로 요한계시록 20장에는 대환난 기간 중 믿음을 지키다가 참수당한 성도들이 언급되고 있다(계20:4).

“또 내가 보니 예수님의 증언과 하나님의 말씀으로 인하여 목 베인 자들의 혼들이 있는데 그들은 짐승과 그의 형상에게 경배하지도 아니하고 이마 위에나 손 안에 짐승의 표를 받지도 아니한 자들이라.”(계20:4)

즉 이상을 요약해 볼 때 구약에서 참수는 주로 불의한 자들에 대해서 행해졌다고 할 수 있는 반면에 신약에서는 의로운 자들 곧 성도들이 당하는 것으로 나타나고 있다.

6. 시대의 표적

그렇다. 지금도 (장차 다가올 대환난기에서와 같이 정교일치가 이뤄지고 있는) 이슬람권이나 북한 등에서 예수 그리스도의 복음을 전하거나 받아들이려면 목이 잘릴 것을 각오해야 한다.

그런데 이처럼 실제로 목이 잘리는 참수는 현재 우리의 삶과는 거리가 먼 이야기 같지만 영적인 면에서 본다면 정말로 우리는 참수가 창궐하는 시대를 살아간다고 할 수 있다.

왜냐하면 첫째로 참수된 가정이 너무도 많기 때문이다(고전11:3; 엡5:23).

“아내들아, 너희 자신을 낮추어 남편에게 복종하기를 주께 하듯 하라. 이는 남편이 아내의 머리됨이 그리스도께서 교회의 머리되심과 같기 때문이니 그분은 그 몸의 구원자시니라. 그러므로 교회가 그리스도께 복종하듯 아내들도 모든 일에서 자기 남편에게 복종할지니라.”(엡

5:22-24) 머리가 잘려진 가정이 폭발적으로 증가하고 있음은 현재 우리나라의 이혼율이 47.4%로서 조만간 51%인 미국의 이혼율을 제치고 세계 최고의 '이혼 천국' 이 될 것이라는 전문가들의 견해로써도 잘 알 수가 있다.

둘째로 작금의 우리나라는 사회적으로나 정치적으로 확연히 리더십이 참수된 상황이기 때문이다(사9:13-17).

"그러므로 주께서 하루 사이에 이스라엘로부터 머리와 꼬리와 가지와 골풀을 끊으시리니 그 머리는 곧 나이 들고 존귀한 자요, 그 꼬리는 곧 거짓말을 가르치는 대언자라. 이는 이 백성의 지도자들이 그들로 하여금 잘못하게 하기 때문이니 그들의 인도를 받는 자들이 멸망을 당하였도다." (사9:14-16) 나이 들고 존귀한 자 곧 백성의 지도자들이라 하는 한 나라의 머리가 리더십을 상실한 것은 이사야 시대의 이스라엘이나 작금의 대한민국이나 대동소이함을 누구나가 쉽게 공감할 수 있을 것이다.

셋째로 교회는 많지만 더 이상 예수 그리스도의 머리되심을 인정하길 싫어하는 참수된 교회가 나날이 증가하고 있기 때문이다(고전11:3; 엡1:22; 4:15하; 5:23; 골1:18; 2:19).

"또 모든 것을 그분(Christ)의 발아래 두시며 그분을 교회에게 주사 모든 것 위에 머리가 되게 하셨느니라. 교회는 그분의 몸이니 곧 모든 것 안에서 모든 것을 충만하게 하시는 분의 충만이니라." (엡1:22,23)

종교 혼합주의와 종교 다원주의는 우리가 생각하는 것보다 훨씬 심각하게 한국교계와 전세계의 기독교계에 은밀히 침투하여 왔다. 그래서 예수님께서 교회의 머리되심을 상실한 거짓 교회들 곧 세상의 칭찬에 목말라 하는 참수된 교회들이 대량으로 생산되고 있는 것이 오늘의 현실이다.

7. 마무리

우리의 가정과 국가와 교회가 참수되고 있는 오늘, 우리는 주님의 재림이 너무나도 가까워졌음을 확신하게 된다(마24:3-41). 아울러 참수와 같은 방법으로 성도의 믿음을 시험하는 일이 날로 증대될 것임도 어렵지 않게 예측할 수 있다(마24:9; 눅18:8).

"그때에 사람들이 너희를 넘겨주어 핍박받게 하겠고 너희를 죽이리니 너희가 내 이름으로 인하여 모든 민족들에게 미움을 받으리라."(마24:9)

그러할 때 우리는 우리를 참수하려는 자들에게 어떠한 믿음을 나타내보여야 할까?

그렇다. 우리는 이천 년 전 로마의 토굴 속에 갇혀 있다가 중죄수의 몸으로 참수를 당해 죽었지만 우리에게 자신을 따르라고 역설한 사도 바울의 신앙고백을 동일하게 증언해야 할 것이다(고전4:16; 11:1; 빌3:17).

"누가 우리를 그리스도의 사랑에서 떼어 놓으리요? 환난이나 곤경이나 핍박이나 기근이나 벌거벗음이나 위험이나 칼이랴? 이것은 기록된바, 우리가 종일토록 주를 위하여 죽임을 당하며 도살당할 양같이 여겨졌나이다, 함과 같으니라. 그러나 아니라. 우리는 이 모든 것에서 우

리를 사랑하신 그분을 통해 정복자들보다 더 나은 자들이니라." (롬 8:35-37)

아프간 피랍사태 아프가니스탄에서 탈레반에 의해 피랍됐던 심성민 씨가 피살되고, 다른 피랍자들의 비디오가 공개된 31일 저녁 서울역을 찾은 시민들이 구내에 설치된 텔레비전을 통해 보도되는 아프간 관련 뉴스들을 관심있게 바라보고 있다. 정치/2007.7.31 (서울=연합뉴스)

3

아프간 딜레마

1. 들머리

지난 7월 19일 아프가니스탄의 탈레반 무장세력에 의해 분당 샘물교회 교인 23명이 피랍되었다. 탈레반은 자국내 주둔하고 있는 한국군의 철수와 탈레반 죄수 23명의 석방을 요구하였고 이에 불응시 인질들을 살해하겠다고 협박하였다.

chosun.com

"한국군 철수 안하면 인질 죽이겠다"

탈레반 "오늘 오후 4시30분 시한… 우리와 접촉땐 연장할 수도"

교인 등 20여명 피랍

피랍사실을 보도한 2007년 7월 21일자 기사(조선일보)

그리고 7월 25일 탈레반은 인질석방 협상이 실패하였음을 선언한 후 배형규 목사를 살해하였고 7월 31일에는 심성민 씨를 추가로 살해하였다. 그러자 우리 정부는 8월 1일 아프가니스탄을 여행금지국으로 지정하였다.

8월 10일 우리나라 정부와 탈레반 대표가 가즈니서 첫 대면을 하고 인질석방을 위한 협상을 시작하였고 사흘 뒤 탈레반은 아픈 여성인질 2명을 석방하였다.

8월 27일 우리 군 당국은 아프간에 파병된 동의·다산 부대를 3개월 연장 주둔 후 철수시키겠다는 계획을 발표하였다. 그리고 다음날 한국과 탈레반 대표가 가즈니 적신월사 건물에서 대면협상을 재개하여 나머지 인질 19명 전원을 석방키로 합의하였다.

드디어 8월 30일 모든 인질이 석방됨으로써 아프간 피랍사태가 42일 만에 막을 내렸다.

이상이 우리가 잘 알고 있는 아프간 피랍일지이다.

그런데 이번 아프간 사태는 아마도 한국 기독교 역사상 우리 국민들에게 가장 많은 반기독교 정서를 촉발시킨 사건이 아닐까 생각이 된다. 특히 주요 인터넷 포털 사이트들을 보면 그동안 기독교에 대해 맺혔던 각종 응어리들이 이 아프간 사태에 덧붙여 무섭게 분출되고 있는 것을 확인하게 된다.

물론 우리는 이번 사태에 대한 교계 안팎의 충고와 비난을 겸허히 받아들여야 하며 또 모든 국민들이 이해할 수 있는 선교의 방법론도 마련해야 할 것이다.

그러나 무엇보다도 이번 사건을 통해 선교의 기초들(basics)을 점검해 보는 것이 우선이 되어야 할 것이다. 그래야 앞으로 우리가 그리스도의 교리의 기초 원리들(principles)을 떠나 완전함으로 나아갈 수 있을 것이기 때문이다(히6:1,2).

2. 선교(宣教)

아프간 사태를 보는 국민들의 상당수가 반기독교 정서에 쉽게 편승될 수 있었던 중요한 이유 중 하나는 기독교인들이 뻔뻔하게 거짓말을 한다는 것이었다. 즉 샘물교회 교인들이 선교를 하러 갔는데 왜 샘물교회 측에서는 순수한 봉사활동이라고 거짓말을 하느냐는 것이었다.

사실 이 사건 발생 이후 교회는 피랍자 생명을 위해 '선교'를 '봉사'로 써줄 것을 언론에 요청했고 예배, 교회, 목사 등 기독교적 용어가 보도되지 않게 하기 위해 피랍자 가족 사무실을 샘물교회에서 한민족복지재단으로 옮기기도 하였으며, 이후 재단 측 항의가 잇따르자 다시 사무실을 교회로 옮기고 교회 건물 이름인 '분당타운'으로 써줄 것을 부탁했다고 한다.

그렇다면 이처럼 선교는 얼마든지 순수한(?) 봉사활동으로도 대체가 될 수 있는 개념인가? 결론적으로 말하자면 그렇게 될 수도 있다.

선교는 그 정의상 크게 두 가지로 설명할 수 있다. 첫째는 다른 지역이나 타문화권으로 복음을 전하러 가는 것을 일컫는다. 둘째는 "선교(mission) = 복음전파(evangelism) + 봉사(service)"의 공식으로 정의가 된다. 이 공식은 1968년 세계교회협의회(WCC)의 압살라(Uppsala) 회의 후에 존 스타트(John Stott)에 의해 제안이 된 것인데 그 후 스타트는 '교회가 세상에서 활동해야 할 모든 것'을 포함하기 위해 선교의 정의를 '복음전파'(proclamation)와 사회활동(social action)을 포함하는 '사랑의 봉사'(love and service)로 수정하였다.

따라서 이와 같은 고전적인 선교의 정의에 의하면 '봉사' 또는 '사회활동' 이라는 것이 어떻게 정의되느냐에 따라 '선교' 의 정의도 달라질 수밖에 없게 된다. 즉 사회활동이 복음전파의 수단(행18:1-3; 20:34,35)으로, 또는 동반자(partner, 눅4:16-32)로, 또는 전도의 표현(요14:11)으로 이해될 수 있는데 이들 중 어떤 식으로 적용되느냐에 따라 다양한 선교의 모습이 나오게 된다.

그래서 급기야는 본말이 전도되어 '봉사' 가 '전도' 를 잡아먹는, 즉 전도가 완전히 사라진 경우까지도 발생하는 것이다. 다시 말해 기독교회의 선교가 로터리클럽이나 다른 어떤 NGO의 사회활동과 전혀 다르지 않는 모습을 우리는 점차 많이 목격하게 되는 것이다. 그러므로 이런 관점에서 선교는 단지 순수한 봉사활동으로 변질되어 소위 기독교인들조차 '봉사' 라고 하는 '다른 복음' (another gospel)을 복음인양 받아들이게 만드는 것이다(고후11:3,4).

"그러나 뱀이 자기의 간교함으로 이브를 속인 것같이 어떤 방법으로든 너희 마음이 그리스도 안에 있는 단순함에서 떠나 부패될까 내가 두려워하노라. 만일 누가 가서 우리가 선포하지 아니한 다른 예수를 선포하거나 혹은 너희가 받지 아니하는 다른 영이나 너희가 수용하지 아니한 다른 복음을 받게 할 때에 너희가 그를 잘 용납하는도다." (고후11:3,4)

3. 선교(mission)

그런데 "선교 = 봉사"라고 하는 잘못된 개념은 사실 선교(mission)의 어원을 살펴볼 때 충분히 납득이 갈 수가 있다.

우리말로 선교로 번역되는 영어의 '미션'(mission)은 라틴어 '미시우스'(missius)에서 나온 말로서 그리스어 '아포스톨로스'(apostolos) 곧 사도(apostle)에 해당되는 말이다.

사도권 계승이라는 이단 교리에 기초하여 성경의 권위에 끊임없이 도전해 왔던 로마 카톨릭은 처음에 교황만을 사도라고 가르치면서 교황의 선포를 실제적으로 성경의 권위 위에 두었다가 이것이 성경의 권위에 밀려 흔들거리게 되자 교황뿐 아니라 사제들도 사도직에 해당한다고 가르쳤다. 그리하여 실제로 사도란 말의 의미처럼 사도회를 조직하여 해외에 파송하였는데 그것마저 성경의 권위에 위축된 나머지 사도란 말을 직접적으로 사용하지 못하고 라틴어로 돌려서 '밋쇼나리'(선교사, missionary)라 하게 된 것이다.

〈그후 로마 카톨릭은 아예 평신도(?) 사도직 운동을 일으키면서 모든 평신도들도 사제들과 협동하여 사도적 역할을 분담해야 한다고 주장하여 1921년 마리아 군단(Legio Mariae, Legion of Mary)이라는 평신도 조직망을 형성한 다음 도제제도의 방법론에 기초하여 카톨릭 교회에 의한 세계정복을 부르짖기 시작했다.

그러나 성경은 사도직이 대언자(선지자)직과 함께 교회 설립의 기초에 해당되는 일시적 직분임을 밝혀주고 있으며(엡2:20; 4:11) 마지막 사도인 바울 이후에는 결코 사도라 불릴 자가 없음을 보여주고 있다(고전

9:1-5; 엡3:5; 벧후3:2; 유1:17; 계21:14).

사도들과 대언자들은 성경을 위해 부름받은 자들로서 하나님의 말씀을 받아서 성경으로 기록하며 성경을 맡아서 가르치고 전파하는 직무를 수행하였다. 그들이 활동할 당시 그들의 가르침은 성경의 가르침과 동등하게 인정될 정도로 그들은 특별한 존재들이었다(행2:42). 그러나 성경이 완성된 이후로는 그들의 역할과 임무는 끝났고 그후부터 성경 자체가 사도권과 대언자직을 대체하면서 모든 것의 최종권위로 드러나게 되었다(고전13:8-10).

백실리움(Vexillium) : 레지오 마리애(마리아 군단)의 단기

그래서 어떤 형태로든 사도권의 계승을 직접, 간접으로 주장하게 되면 바로 성경의 절대 권위에 도전하는 이단적 위치로 전락하게 되는 것이다.〉

따라서 이처럼 비성경적인 어원을 가진 선교(mission)가 (비록 우리는 익숙하게 사용하고 있는 말이지만) 복음을 담지 못하고 대신 봉사(service)라는 다른 복음(another gospel)으로 쉽게 바뀔 수 있는 것은 어쩌면 너무도 당연한 일이라 할 수 있겠다(고후11:13-15).

"그러한 자들은 거짓사도요 속이는 일꾼이며 자기를 그리스도의 사도로 가장하는 자들이니라. 그것은 결코 놀랄 일이 아니니 사탄도 자기를 빛의 천사로 가장하느니라. 그러므로 그의 사역자들 또한 의의 사역자로 가장한다 하여도 그것은 결코 큰일이 아니니라. 그들의 마지막은 그들의 행위대로 되리라." (고후11:13-15)

4. 제자 삼기(making disciples)

이번에 아프간에서 피랍된 샘물교회 교인들뿐 아니라 대부분의 헌신된 그리스도인들이 선교적 열정을 갖게 되는 이유는 틀림없이 마태복음 마지막에 나오는 주님의 지상명령(the great commission) 때문일 것이다.

"예수께서 나아와 일러 가라사대 하늘과 땅의 모든 권세를 내게 주셨으니 그러므로 너희는 가서 모든 족속으로 제자를 삼아 아버지와 아들과 성령의 이름으로 세례를 주고 내가 너희에게 분부한 모든 것을 가르쳐 지키게 하라 볼지어다 내가 세상 끝 날까지 너희와 항상 함께 있으리라 하시니라" (마28:18-20, 개역)

그런데 여기서 '제자 삼는다' 의 헬라어 원어인 '마쎄테스' (mathetes)는 일반적으로 부정적인 의미에서 '비인격적이고 상업적인' 성격으로 주로 도제제도에서 쓰인다고 알려져 있다. 이 경우 '제자 삼는다' 란 번역이 적합할지 모르겠다. 하지만 본문에서 '마쎄테스' 는 주님의 가장 긍정적인 지상명령의 동사로 사용되었기 때문에 긍정적인 의미의 '가르친다' 로 번역이 되어야 적합할 것이다.

"예수님께서 그들에게 나아와 말씀하여 이르시되, 하늘과 땅에 있는 모든 권능이 내게 주어졌느니라. 그러므로 너희는 가서 모든 민족들을 가르치고 아버지와 아들과 성령의 이름으로 그들에게 침례를 주며 내가 너희에게 명령한 모든 것을 그들에게 가르쳐 지키게 하라. 보라, 내가 세상의 끝까지 항상 너희와 함께 있으리라, 하시니라."(마28:18-20, 흠정역)

모든 민족들에게 말씀을 가지고 가서 '가르치는 것' 이 '제자를 만들어 내는' 인위적이고도 비인격적인 개념보다 주님의 의도에 더 가까운 것은 예수님의 제자가 아니라 소위 제자훈련을 시키는 사람의 제자가 만들어져왔던 역사를 통해서도 확인될 수 있겠다.

또 제자운동가들은 자신들의 제자훈련 프로그램을 통한 '배가의 원리' (the principle of multiplication) 혹은 '재생산의 원리' 에 의해 세계를 복음화함으로 주님의 지상명령을 성취할 수 있다고 믿고 있는데 이들이 이를 위해 인용하는 성경구절은 다음과 같다(딤후2:2).

"또 네가 많은 증인 앞에서 내게 들은 바를 충성된 사람들에게 부탁하라 저희가 또 다른 사람들을 가르칠 수 있으리라."(딤후2:2, 개역)

"또 네가 많은 증인들 가운데서 내게 들은 것 바로 그것들을 신실한 사람들에게 맡기라. 그들이 또한 다른 사람들을 가르칠 수 있으리라." (딤후2:2, 흠정역)

그런데 제자운동가들은 이 말씀의 정확한 의미보다는 이 말씀이 바울로부터 시작하여 디모데와 충성된 사람들을 거쳐 다른 사람들까지 이어짐으로써 배가의 모델이 잘 드러나고 있다는 사실에 만족하는 것 같다.

그러나 이 말씀은 배가의 모델이라기보다는 실제적으로 성경말씀을 보존하는 방법을 제시하고 있는 것이라 여겨진다. 즉 사도 바울은 이미 디모데가 들은 것이 건전한 말씀들(sound words, 딤후1:13)임을 설명하였기에 바로 이 말씀들을 신실한 사람들(faithful men)에게 맡기도록 명령하고 있는 것이다. 아울러 이 말씀이 '진리의 말씀' (딤후2:15) 곧 '거룩한 성경기록들' (딤후3:14,15)임을 바울은 계속해서 잘 설명해주고 있다.

그렇지만 안타깝게도 적지 않은 제자운동가들이 이 구절을 통해 하나님의 말씀을 두려워하며 그 말씀을 신실하게 보존하는 자들을 길러내려 하는 것이 아니라 '제자 삼는 자에게 충성된' 자들을 만들어보기를 원하고 있다. 즉 배가의 원리에 입각하여 자신들의 조직에 충성을 다하고 리더의 권위에 복종하는 제자들을 양산하고자 노력하고 있는 것이 엄연한 현실이다.

5. 복음전파(傳道)

이번에 아프간에서 풀려난 어느 자매의 싸이월드를 본 많은 네티즌들이 '과연 그들이 선교를 간 것인가 관광 문화체험을 하러 간 것인가 의심스럽다' 는 반응을 보였는데 필자는 그래도 그 자매가 복음을 들고 가 본 적이 없는 길을 자신이 처음으로 가게 되었다며 감격한 사실에 긍정적인 점수를 주고 싶다.

비단 이 자매뿐이랴. 선교의 열정에 불타는 많은 젊은 크리스천들이 특별히 복음이 전파되지 않은 종족을 향해 달려가기를 소원하고 있는데 이는 이를 통해 주님의 재림이 앞당겨질 수 있다고 생각하기 때문이다(마24:14).

"이 천국 복음이 모든 민족에게 증거되기 위하여 온 세상에 전파되리니 그제야 끝이 오리라." (마24:14, 개역)

그러나 주님의 재림은 모든 민족에게 복음 곧 우리가 구원받게 된 복음(고전15:1-4; 마1:21; 요1:12; 3:16; 행4:12; 16:31; 롬10:9,10,13)이 선포되어야 이뤄지는 것이 아니다. 같은 구절을 다시 한 번 더 살펴보도록 하자.

"왕국의 이 복음(this gospel of the kingdom)이 모든 민족들에게 증거가 되기 위해 온 세상에 선포되리니 그제야 끝이 오리라." (마24:14, 흠정역)

그렇다. 그냥 복음이 아니라 '왕국의 복음' (gospel of the kingdom)이 모든 민족들에게 선포가 된다고 기록되어 있다.

많은 사람들은 복음이란 단어의 의미가 기쁜 소식이

기 때문에 어떤 복음이건 그 의미가 다 같다고 생각하지만 실제적으로는 많은 차이가 있다. 즉 왕국의 복음(마24:14), 하나님의 은혜의 복음(행20:24; 요3:16; 롬1:1,16; 고후10:14; 엡6:15), 영광스러운 복음(고후4:4; 딤전1:11; 히2:10), 영존하는 복음(계14:6) 등은 그 의미가 다르다.

왕국의 복음은 누가복음 1장 32절과 33절에 예언된 것으로서 다윗의 아들이신 예수 그리스도께서 친히 통치하실 지상왕국을 하나님께서 건설하시려 한다는 좋은 소식이다. 성경에서 이 복음이 선포된 것은 두 번 나오는데 처음에 뱁티스트 요한의 사역과 함께 왕국의 복음의 선포가 시작되었고 후에 예수 그리스도와 그분의 제자들이 이 복음을 선포했지만, 유다인들이 왕으로 오신 예수 그리스도를 거절했기 때문에 끝이 나고 말았다.

그러나 교회가 휴거된 이후에 이 왕국의 복음은 다시 선포될 것이며 그럼으로써 마태복음 24장 14절에 있는 예언이 성취될 것이다. 다시 말해서 이 말씀(마24:14)은 현재 각 민족들에게 전파되고 있는 은혜의 복음에 대한 것이 결코 아니다! 지금 이 시간에 전파되고 있는 것은 구원의 복음으로서 하나님의 은혜의 복음이지 하늘의 왕국의 복음이 아니다.

하늘의 왕국의 복음은 구원을 위한 것이 아니라 증거를 위한 것으로 왕국을 건설할 때가 임박했다는 것을 통보하는 것이다. 하늘의 왕국의 복음은 대환난 때에 선두주자 엘리야(말4:5-6)와 다윗의 왕좌에 앉으실 왕으로 오시는 예수님에 대한 소식을 모든 민족에게 전할 것을 위임받은 다른 사람들이 선포할 것인데 그 목적은 이스라엘을 약속의 땅으로 다시 모으는 것이다.

6. 교회와 국가(church and state)

아프간에서 인질들을 구출하기 위해 엄청난 액수의 몸값이 탈레반에게 지불이 되었다는 외신 보도가 있었다. 이에 대해 김만복 국가정보원장은 "탈레반과 약속한 게 있어서 밝힐 수 없다. 공개적으로 발표한 것 이외에 여러 가지가 있지만 얘기할 수 없다." 고 답을 하였다.

그리고 정부는 탈레반과의 협상을 통해 아프간 내 한국인 선교사 철수와 한국 선교사 아프간 활동 중지를 공식적으로 약속하였다. 아울러 정부는 피랍자 측에 실비정산을 하기로 하여 사실상의 구상권을 행사키로 결정을 하였다. 정부는 이렇게 함으로써 앞으로 적용할 전례를 만들겠다는 정책적 판단을 한 것이다.

그런데 이와 같은 정부의 행동은 기독교 이천년 역사를 통해 얻은 기독교회의 정체성에 너무도 심각한 훼손을 가져올 수 있는 단초를 마련해주고 있다. 왜냐하면 이는 교회와 국가의 분리(separation of church and state)라고 하는 성경의 기준을 무너뜨리는 것이기 때문이다.

우리 믿음의 선조들은 교회와 국가가 처음부터 끝까지 분리되어야 하며 한 기관이 다른 기관을 통제할 수 없음을 믿어왔다. 왜냐하면 성경은 교회와 국가의 관계는 상하의 관계가 아닌 서로 독립적인 관계이며, 서로 적대적인 관계가 아닌 상호보완적인 관계라고 가르쳐 주고 있기 때문이다(마22: 15-22).

그렇다. 교회와 국가는 각각 독립적이며 그 관여하는 영역이 다르다. 교회는 영적인 영역에 관여를 하고 국가는 세속적인 영역을 다룬다. 이 두 영역에는 서로 구분이 있다. 하나님의 것과 카이사르의 것에는 구별이 있어야 한다. 하나님의 것은 하나님께, 카이사르의 것은 카이사르에게 바쳐져야 한다(마 22:21). 우리는 이것을 정교분리(政教分離) 또는 정종분리(政宗分離)의 원칙이라고 한다.

만약 국가가 교회를 통제하게 될 경우 실제적으로 교회는 국가라고 불리는 기관의 한 부속물이 될 수 있다. 그런 환경에서 교회는 독립적인 지위나 목소리를 상실하고 마르크스가 주장하는 바와 같은 정치적 엘리트들의 손아귀에서 조종될 수 있다.

예수님께서는 국가를 대표하는 빌라도 앞에서 자신의 왕국인 교회와 세상 국가를 분명하게 구분하셨다(요18:36). 사도들도 교회의 사역인 전도와 교육에 대해서 오직 하나님께만 순종함이 마땅하다는 단호한 자세를 보였다(행5:29). 그러므로 정부관리는 교회 곧 신앙의 영역에 관여를 해서는 안되는 것이다.

물론 우리는 교회와 국가가 상호 보완적인 관계에 있음도 잊지 말아야 한다. 교회와 국가를 서로 배타적으로 보는 것은 잘못이다. 교회를 구성하는 교인은 국가를 구성하는 국민이기도 하기 때문이다. 우리는 주민등록증과 천국시민권을 동시에 갖고 있는 이중국적자이다(빌 3:20). 사람은 영혼과 육체의 각각 다른 부분으로 분리되어 사는 것이 아니다. 죽은 이후에는 영혼과 육체가 분리되어지지만, 살아 있는 동안에는 영혼과 육체가 서로 연합하여 삶을 유지해 나간다. 그러므로 교회와 국가는 상호 보완적인 관계를 유지해야 한다.

7. 마무리

> "정부는 탈레반에 건넨 몸값에 대해 국민에게 공개하고 구출비용 전액을 피랍자와 교회단체에 구상권을 행사해 주실 것을 바랍니다.
>
> 국가가 보호할 수 없는 국민의 생명까지 보호할 의무가 있을까요? 해외 봉사활동 가시는 분들은 유서와 구출하지 않는다는 각서를 쓰고 갑니다. 아프간 피랍사건에서 정부가 탈레반과 협상하지 않는다 하여도 정부를 탓할 수 없는 이유입니다.
>
> 그러나 정부는 국민의 생명을 보호하기 위해서 최선의 노력을 다하였고 피랍된 23명 중 21명을 구출하였습니다. 피랍 기간 중 국민들은 40여 일 동안 가슴 졸이며 피랍자의 죽음에 아파해야 했습니다. 국제사회는 납치범과 협상하고 몸값을 건넨 한국 정부를 비난하고 있습니다.
>
> 이제는 피랍자와 피랍에 관련된 교회단체가 응분의 책임을 져야 할 때가 아닐까요! 이런 청원마저 하지 않는다면, 또 정부가 피랍자와 단체에 책임을 묻지 않는다면 이런 사건이 또다시 재발될 수도 있을 것이며 우리 정부와 국민은 서로를 바보처럼 느끼게 될 겁니다.
>
> 마지막으로 구출된 피랍자들은 하나님에게 용서를 구하기보다 국민에게 용서를 구해야 할 것입니다. 당신들을 죽음으로 내몬 분은 하나님이지만 당신들을 구한 것은 대한민국 국민이기에……
>
> 가슴은 따뜻하지만 머리는 차가운 많은 국민 여러분들의 서명을 부탁합니다."

이상은 한 인터넷 포털 사이트에 올려진 '아프간 피랍자 구출비용 청구하라.' 란 제하의 서명운동 발의문이다.

그러면 이제 우리 그리스도인들은 이들에게 어떠한 답변을 주어야 하는가? 정녕 타문화권에 가서 복음을 전하는 일을 포기해야 하는가? 만약 다시 떠난다면 우리는 이전과 똑같은 모습으로 그들에게 다가가야 하는가?

주님께서 말씀하신다.

"보라, 내가 너희를 보내는 것이 양을 이리 가운데로 보내는 것과 같도다. 그러므로 너희는 뱀같이 지혜롭고 비둘기같이 무해하라." (마10:16)

"너희 안에서 일하시며 자기가 참으로 기뻐하는 것을 원하게도 하시고 행하게도 하시는 이는 하나님이시니라. 모든 일을 불평이나 시비가 없이 할지니 이것은 너희가 흠이 없고 무해한 자 곧 구부러지고 비뚤어진 민족 가운데서 책망 받을 것이 없는 하나님의 아들들이 되게 하려 함이라." (빌2:13-15)

필자는 소망한다. 그리고 기도한다. 역사상 가장 위대한 복음전도자였던 사도 바울의 다음과 같은 고백이 오늘 아프간 딜레마를 겪고 있는 우리의 간증이 되기를…….

"그러나 형제들아, 내게 일어난 일들이 도리어 복음을 진전시키는 기회가 된 줄을 너희가 알기를 내가 원하노라." (빌1:12)

귀순자 강철환 북한의 정치범 수용소와 교화소에 수용됐다가 한국으로 탈출, 26일 워싱턴의 내셔널 프레스 클럽에서 기자회견을 갖고 수감중의 고문, 구타 사실과 북한 인권 실상에 관해 증언하는 귀순자 강철환 씨 정치/1998.2.27 (서울=연합뉴스)

4
수용소의 노래

1. 들머리

요즈음 대한민국호(號)가 엄청난 격랑에 휩쓸리고 있다.

귀순자 강철환 씨가 북한 정치범수용소의 실상을 폭로한 체험수기 〈수용소의 노래〉

법무장관이 건국 이래 최초로 지휘권을 발동하여 대한민국을 근본적으로 부정하는 한 친김(親金)주의자에 대해 불구속을 지시하는 일이 생기기까지 하는 것을 보면 이제 대한민국호의 좌초는 시간문제인 것 같다.

비단 동국대 강 교수뿐이랴. 적지 않은 소위 지식인들과 종교인들과 예술인들과 시민단체들이 한 목소리로 반미, 반일, 민족,

자주, 민주, 인권, 자유, 평등, 평화, 통일 등을 합창하며 대한민국호의 파선을 재촉하고 있다.

물론 이러한 외침은 1945년 해방과 더불어 시작이 되었지만 특히 문민정부라는 이념적 과도기를 거치고난 후 이제 완전한 친김(親金) 정부인 국민의 정부와 참여정부에 들어오면서 그 극(極)을 향해 치닫고 있다.

2005년 한해만 보더라도, 가장 홍행이 되었던 영화 '웰컴 투 동막골' 이나 '천군' 등을 통해 판타지로 포장된 폐쇄적 민족주의(民族主義)와 북존남비(北尊南卑)의 메시지는 수많은 시민들에게 너무도 스스럼없이 다가갈 수 있었고, 또 맥아더 동상 철거 주장과 같은 일견 과격한 액션은 그 스펙트럼을 확실히 하면서 그 동안 혼돈된 국가관과 민족관의 이슬에 젖어버린 이들에게 끝내기 수순의 퍼포먼스로 기획, 실행이 되고 있는 것이 오늘 우리 대한민국호의 좌표이다.

그런데 이러한 작금의 상황은 2003년 노동당에서 제작한 '력사적인 6. 15 북남 공동선언 실현을 위한 대중투쟁의 조직과 지도방법' (이하 '노동당 문서' 라 칭함)에 따른 것인데 이러한 사실을 아는 국민도 드물지만 또 대부분의 국민이 이와 같은 김정일의 책략에 대해 관심을 갖지 못하는 것이 더욱 안타까운 현실일 뿐이다.

노동당 문서 중 '전략적 지도원칙' 에 이은 '전략전술적 지도방법' 을 보면 "우리 당의 정책적 요구를 반영하여 혁명발전의 요구와 군중의 의식수준에 맞게 제시하여야 할 것" 을 가장 먼저 지적하고 있다. 이는 '조선노동당' 을 지칭하는 '우리 당' 의 정치적 기본구호를 군중의 요구와 정서, 조성된 정세에 맞게 구체화하여 작성해서 제시할 것을 강조하는 것이다. 특히 이 노동당 문서는 "현 시기 대중투쟁에서는 '자주', '민주', '통일' 을 자기 실정에 맞게 구체화한 구호를 들고 나가야 한다." 고 설명하고 있다.

그렇다면 이제 2천만이 갇혀 있는 저 거대한 북녘의 수용소로부터 전달되고 있는 이러한 대중투쟁의 구호들을 하나하나 구체적으로 살펴보면서 그 이면에 감추어진 거짓과 기만의 술수를 확인하고 아울러 이 나라를 향한 주님의 긍휼을 함께 구해보도록 하자.

2. 민족(民族, nation, race)

민족이란 말은 다의적(多義的)이어서 그 정의를 내리기가 무척 어렵지만 요사이 우리 사회에서는 '우리 민족끼리' 라는 유행어가 급속히 확산되면서 민족이란 너무나도 고귀하고 또 선험적(先驗的)으로 쉽게 이해할 수 있는 개념으로 인식이 되고 있다.

그러나 '우리 민족끼리' 라고 말할 때 그 '우리' 는 누구인지 정말 우리는 냉철히 분석해보아야 할 것이다. 이 '우리' 속에는 오늘의 대한민국을 일구어온 정치가, 법조인, 자유언론인, 국군, 기업인, 중산층 등도 들어 있어야 마땅하며 아울러 해방이후 북한 공산화 과정에서 고향의 집과 땅을 모두 버리고 남으로 내려온 140만 명의 실향민도 '우리' 에 포함이 되어야 하고 또 지금도 끊임없이 탈북하여 중국, 몽고, 시베리아, 동남아 각지를 유랑하며 남한으로 오기를 학수고대하는 수십만의 탈북자들도 마땅히 포함이 되어야 한다.

이뿐이랴. 소위 북한의 정치범 수용소에서 짐승만도 못한 삶을 영위하고 있는 수십만의 동포들과 또 동요계층 및 적대계층으로 분류되어 갖은 박탈과 억압 속에 신음하는 약 1,500만 명 이상의 북녘동포들도 '우리' 에 당연히 들어가야 한다.

또 범위를 넓혀 보면 세계 각국에 이주하여 살고 있는 해외동포들은 물론 구미 선진국인 독일, 프랑스, 미국보다 한국이 좋아 한국인이 된 이한우씨나 이다도시, 로버트 할리 같은 이들도 '우리' 에 들어가지 못할 이유가 없는 것이며 다니엘 헤니와는 반대로 최근 대한민국의 새로운 사회적 문제로 대두되고 있는 수많은 버림받은 코시안(Kosian)들도 '당신' 이라며 '우리' 밖으로 내몰 수는 결코 없는 것이다.

'우리 민족끼리' 라는 배타적 민족주의의 폐해는 역사 속에서 너무도 잘 가르쳐져 왔지만 이에 대한 우리의 학습능력은 실로 미천하기 짝이 없는 것이 오늘의 현실이다. 나치의 아리안주의에 의한 유태인 학살이나 대동아공영(大東亞共營)을 부르짖으며 일본이 한반도와 아시아를 침탈했던 것도 그렇고 또 오늘날도 오대양육대주 곳곳에서 끊임없이 일어나고 있는 각종 인종분규들도 다 '민족' 이란 슬로건 하에 자행되고 있는 집단이기주의에 기인한 것이지만 가까이는 조선시대의 사색당파(四色黨派)처럼 참여정부에 들어서까지도 더욱 불거지고 있는 지역감정 및 각종 님비현상들도 이러한 폐쇄적 민족주의와 궤를 같이 하고 있다. 따라서 보편적 인류애를 그 바탕으로 하지 않는 '민족' 이란 구호는 단지 증오와 차별을 정당화하는 인종주의의 외침에 다름이 아닌 것이다.

잘 알려진 대로 김정일의 아버지(김일성이라 하는 김성주)는 동족을 치기 위하여 스탈린과 모택동 등 외세를 불러들여 300만 명의 남북한 동포를 죽였고 또 김정일 자신은 여러 가지 구제 수단이 있었음에도 불구하고 고의적(willful negligence)으로 북한동포 300만 명 이상을 굶겨 죽였다.

그런데 김정일은 1994년 김일성 사망 100일에 즈음하여 소위 당 중앙위원회 책임일꾼들과의 담화에서 "지금 해외동포들은 조선민족을 '김일성 민족' 이라고 하고 있다" 라고 했으며 평양방송도 1995년에 "우리 민족은 수령을 시조로 하는 '김일성 민족' 이고, 현대 우리나라는 수령이 세운 김일성 조선" 이라고도 했다. 더 나아가 1996년 평양방송은 '김일성 민족' 에 이어 다음과 같이 '김정일 민족' 을 새롭게 소개하면서 결국 그들이 선동하는 '민족' 이란 정체를 확실히 드러내고 있다.

"우리는 태양을 따르는 해바라기. 우리는 태양의 나라에서 사는 '김일성 민족', '김정일 민족', 태양이 영원하듯 '김일성 민족', '김정일 민족' 은 영원무궁하리라."

김일성 동상과 김일성/김정일 부자 우상화에 열광하는 북한

그러나 우리는 결코 '김일성 민족' 도 '김정일 민족' 도 아니며 단지 하나님의 형상과 모양으로 지음 받은 아담의 후손이요, 곧 하나님의 자손일 뿐이다(창1:26; 행17:26-29).

"또 그분께서 인류의 모든 민족들을 한 피로 만드사 온 지면에 거하게 하시고 미리 작정하신 때와 모든 민족들을 위한 거주의 경계를 정하셨으니 이것은 사람들로 하여금 주를 찾게 하려 하심이요, 혹시라도 그분을 더듬어 찾다가 발견하게 하려 하심이라." (행17:26,27상)

3. 자주(自主, independence, autonomy)

스스로가 주인이란 한자어 뜻풀이로서 쉽게 이해할 수 있듯이 자주(自主)란 북녘에서건 남녘에서건 민족(국가)이 주체가 되어 타민족(타국가)의 도움을 받지 말고 우리 힘으로 모든 것을 이루어보자는 내용이다.

그런데 이미 전술하였듯이 김일성은 외세를 한반도에 끌어들여 6.25라고 하는 사대주의적 전쟁을 일으킨 바가 있다. 따라서 김일성에겐 애시당초 '자주'를 외칠 자격이 전무한 것이다. 그러기에 북한은 남한이 먼저 북침하였던 것이라고 전 인민들을 세뇌시켜온 것이며 또 최근에는 강 교수 등을 통해 '통일전쟁'이라는 또 다른 거짓된 내재적 접근법을 선전하도록 하여 '자주'에 대한 원초적 반역을 남한의 국민들이 인식하지 못하도록 만들고 있는 것이다.

그러나 김일성이 외세를 등에 업고 침략전쟁을 일으킨 사실은 (지금도 살아 계시는 수백만의 전쟁세대들의 증언은 차치하고서라도) 중국 단동에 소재한 항미원조(抗美援朝) 전쟁 기념관에 보관되어 있는 자료 곧 1950년에 김일성과 박헌영이 모택동 중국공산당 주석에게 보낸 자필편지 등을 통해서도 확실하게 입증이 된다.

또한 모스크바 국제관계대학 동양학과 아나톨리 바실레비치 토르크

노프 교수가 문서 해지된 자료들을 근거로 펴낸 '조선전쟁의 수수께끼와 진실' 이나 일본 공산당 기관지 아카하타(赤旗) 기자로 근무하면서 평양특파원을 지낸 바도 있는 하기와라 료(萩原 遼)가 워싱턴에서 6.25 때 미군이 북한지역에서 수거해온 160만 페이지의 방대한 자료를 모두 섭렵한 끝에 출간한 '조선전쟁-김일성과 맥아더의 음모' 에서도 김일성의 비(非)자주성이 고스란히 드러나고 있다.

사실 세계대전을 두 번이나 치르고 난 이후엔 강대국에서일지라도 자주국방의 개념은 영원히 사라졌다고 볼 수 있다. 그래서 NATO와 바르샤바조약기구가 생겨난 것이며 또 한미 상호방위조약이나 북중 및 북소 군사동맹도 생기게 된 것이다. 아울러 정치와 국방의 관점에서뿐 아니라 경제, 과학, 문화 등 우리 삶의 대부분의 영역에서 '자주' 는 그 폐쇄성을 완전히 상실해버린 것이 바로 21세기 지구촌의 모습이다.

특히나 에너지와 식량을 자기들이 원수로 여기는 미국과 일본 등 외국에 전적으로 의존해오고 있는 북한의 입장에서는 더더욱 '자주' 는 사어(死語)가 되어버린 것이 엄연한 현실이다.

따라서 거짓과 증오와 교만 속에 '자주' 를 외쳐온 김씨왕조의 어리석음으로 인해 북한이 세계최빈국으로 전락하게 된 것은 필연적 순리라 하지 않을 수 없는 것이다(잠10:18; 16:18).

"멸망에 앞서 교만이 있으며 넘어짐에 앞서 거만한 영이 있느니라." (잠16:18)

4. 민주(民主, popular rule, democracy)

민주주의란 주지하다시피 그리스어(語)의 'demokratia' 에 근원을 두고 있는데, 'demo(국민)' 와 'kratos(지배)' 의 두 낱말이 합친 것으로서 '국민의 지배' 를 의미한다. 그리고 그 사전적 정의가 '국가의 주권이 국민에게 있고 국민을 위하여 정치를 행하는 제도, 또는 그러한 정치를 지향하는 사상' 으로서 귀족제나 군주제 또는 독재체제에 대응하는 뜻이다.

'직접민주주의' 나 '대의(代議)민주주의' 또는 '사회적 민주주의' 등 민주주의의 해석과 실행에는 여러 갈래가 있을 수 있으나 기본원칙은 같은데 일반적으로 민주주의의 필수 요건은 대략 여섯 가지로 나눌 수 있다.

첫째, 국민은 1인 1표의 보통선거권을 통하여 절대권한을 행사할 수 있어야 한다. 둘째, 적어도 2개 이상의 정당들이 선거에서 정치강령과 후보들을 내세울 수 있어야 한다. 셋째, 국가는 모든 구성원의 민권(民權)을 보장하여야 하는데 이 민권에는 출판, 결사, 언론의 자유가 포함되며 적법절차 없이 국민을 체포·구금할 수 없다. 넷째, 정부의 시책은 국민의 복리증진을 위한 것이어야 한다. 다섯째, 국가는 효율적인 지도력과 책임 있는 비판을 보장하여야 한다. 정부의 관리들은 계속적으로 의회와 언론에서 반대의견을 들을 수 있어야 하고, 모든 시민은 독립된 사법제도의 보호를 받아야 한다. 여섯째, 정권교체는 평화적 방법으로 이루어져야 한다.

그러나 북한의 현실은 어떠한가. 선거라는 형식은 있지만 주지하다시피 오직 노동당 후보 1인이 후보로 나와 100%의 찬성으로 당선되는 기가 막힌 선거만이 있으며, 노조도 없고 노동당이 주관하지 않는 언론도 전무한 상황이다. 또 정부의 시책은 인민의 복리증진이 우선이 아니라 김정일을 정점으로 한 선군(先軍)정치여서 인민들은 김정일과 군을 위한 도구에 불과할 뿐이다. 이런 상황에서 김정일정부에 대한 어떠한 비판이나 반대의견도 결코 허락될 수 없고 입법 및 사법제도도 유명무실한 것이며 정권교체는커녕 오직 '대를 이어 충성' 해야 하는 것이 소위 '조선민주주의' 인 것이다.

"화 있을진저, 불결하고 더러운 여자 곧 학대하는 도시여! 그녀 안에 있는 통치자들은 울부짖는 사자요, 그녀의 재판관들은 뼈를 갉아먹되 이튿날까지 기다리지 아니하는 저녁때의 이리요, 그녀의 대언자들은 경솔하고 배신하는 자들이요, 그녀의 제사장들은 성소를 더럽히고 율법을 침해(侵害)한 자들이로다." (습3:1,3,4)

5. 인권(人權, human rights, civil liberties)

1966년 제21차 국제연합(UN) 총회에서 인권의 국제적 보장을 위하여 채택되어 1976년에 발효된 '국제인권규약' (國際人權規約, International Covenants on Civil and Political Rights)의 주요 내용을 살펴보면 다음과 같다.

먼저 이 국제인권규약은 '조약' (條約, treaty)으로서 체약국(締約國)을 법적으로 구속하는 것이 특징이다. 이 중 경제적 · 사회적 · 문화적 권리에 관한 규약인 A규약은 이른바 생존권적 기본권을 대상으로 노동기본권·사회보장권·생활향상·교육권 등을 각 체약국이 그들의 입법조치로써 실현 달성할 것을 내용으로 하며, 이의 실시상황을 UN에 보고할 것을 의무화하고 있다. 시민적·정치적 권리에 관한 규약인 B규약은 이른바 자유권적 기본권의 존재를 전제로 하여 체약국이 이를 존중할 것을 의무화하고 있으며, 이것의 실시 확보를 위하여 인권심사위원회와 그리고 필요에 따라 특별조정위원회를 설치할 것과 선택의정서 참가국에 대해서는 개인이 인권심사위원회에 직접 청원(請願)할 수 있는 길을 열어놓고 있다.

그래서 우리나라도 이러한 국제연합(UN)의 방침을 좇아 '국가인권위원회' 를 만들어 중고교생 두발제한은 인권침해라는 결론을 내리고 교육부에 이의 시정을 요구하는 등 다방면에서의 '인권' 보호를 위한 노력을 경주하고 있는 중이다.

그러나 북한은 어떠한가?

평양에서 열리고 있는 아리랑 공연을 참관하였던 이들이 "어쩌면 저 많은 사람들이 하나와 같이 움직일까?", "무슨 힘으로 이렇게 많은 사람을 참가시킬 수 있는가?" 라며 기적 같은 장면이 연출되는 데 대하여 쏟아내었던 놀라운 찬사들이 우리 언론에도 보도가 되고 있다. 그러나 그 공연의 꽃이라 할 2만 명 규모의 대규모 카드섹션에 참가한 학생들이 수개월간 겪어야 했던 인권침해 덕에 아리랑 공연이 뜨게 된 사실은 잘 알려지지 않고 있다. 곧 불량학생이라고 낙인찍혀 가족과 함께 평양에서 추방되지 않기 위해 몽둥이질을 감수하고 소변을 참아 방광염에

걸리는 등 그 어린 학생들의 인권이 처참히 짓밟힘을 당한 결과 그러한 기적 같은 공연이 가능하게 된 사실은 감춰지고 있는 것이다.

그런데 어디 이 핵심계층인 평양의 학생들에게 뿐이랴? 수많은 탈북자들의 수기 곧 '수용소의 노래', '꼬리 없는 짐승들의 눈빛', '나는 김정일 경호원이었다', '김정일 로열 패밀리', '김정일 요리사', 'DMZ의 봄', '두만강 건너는 예수', '내래 예수 믿갔시오' 등에 나오는 도저히 필설로 표현하기 힘든 수많은 인권침해 사례들을 보면 북한의 인권 상황은 한마디로 '인권' 이란 단어 자체가 아예 존재하지 않는다고 단언할 수 있다.

"의로운 자들이 권세를 잡으면 백성이 기뻐하나 사악한 자들이 다스리면 백성이 애곡하느니라." (잠29:2)

6. 자유(自由, freedom, liberties)

자유에 대한 광범위하고 다양한 내용을 획일적으로 정식화(定式化)한다는 것은 사실상 불가능하지만 자유의 원리의 공통된 내용을 중심으로 파악한다면 다음의 두 가지 점으로 요약될 수 있을 것이다.

첫째는 '보편적 인권' 의 원리로서 정신적·사회적 활동에 있어서의 각 개인의 자유와 발의권(initiative)의 원리이다. 이것은 개성과 그 활동의 다양성을 전제로 하며, 이성적 전달(communication)을 통해서 보다 나은 것이 형성될 것을 믿는 입장이다. 따라서 개인의 정신적 · 사회적 활동의 자유에 대한 비인간적 · 강제적 구속과 획일화를 가능한 한 제거하려 한다. 예컨대 시민적 자유(civil liberties) 곧 신체의 자유, 거주·이전의 자유, 종교의 자유, 사고와 표현의 자유, 집회 · 결사의 자유, 직업선택의 자유, 죄형법정주의(罪刑法定主義)를 비롯하여 재판에서 정당한 절차(due process)를 존중하는 것 등은 이 원리의 전형적 표현이다.

둘째는 '보편적 시민권' 의 원리로서 이 시민적 자유를 지킬 수 있도록 정치제도와 정책과 기관을 비판하고, 만들고, 고칠 수 있는 자유를 모든 남녀에게 인정하는 원리이다. 정치사회를 구성하고 운영하는 권리로서의 참정권(參政權), 정치에 있어서의 토론과 설득과정의 중시, 정치에 대한 사고와 비판의 자유, 보도에의 권리(알 권리), 정치적 집회·결사활동의 자유, 소수자의 권리보호 등의 정치적 자유가 여기에 포함된다.

그렇다면 상기한 자유의 범주 가운데 어떤 항목이 북한에서는 가능한 것일까?

신체의 자유? 죄명도 모르고 즉시 수용소행이 비일비재하다. 거주 · 이전의 자유? 통행증 없이는 군과 군 또는 도와 도 사이의 경계도 넘어갈 수 없다. 종교의 자유? 지금도 수많은 순교자가 배출되고 있다. 사고와 표현의 자유? '당의 유일사상체계 확립의 10대 원칙' 만이 실질적인 최고 행위규범이다. 집회·결사의 자유? 어떤 노조도 존재하지 않는 사회이다. 직업선택의 자유? 전적으로 노동당이 결정한다. 재판에서의 정당한 절차의 존중? 남편이 자기 부인을 직접 공개처형하기도 한다. 참정권? 오직 김정일에게만 있다. 알 권리? 이것도 오직 김정일에게만 있다. 소수자의 권리보호? 평양에서조차 장애인은 보이지 않는다.

아마 동국대 강 교수는 북한에도 자유가 있다고 말하겠지만 만약 강 교수가 북한에 가서 그가 주장하는 대로 "6.25전쟁은 한민족의 통일을 위해 '김일성이 일으킨' 전쟁이다"라고 한마디만 해보면 북한에 자유가 있는지 금방 알게 될 것이다.

"또 너희가 진리를 알지니 이 진리가 너희를 자유롭게 하리라." (요 8:32)

7. 평등(平等, equality, impartiality)

평등사상은 고대 노예제시대에는 아테네의 자유민 사이에서 '정치적 평등' 의 실현이라는 형태로 나타났고, 중세암흑기 이후에는 성경보급의 영향으로 '하나님 앞에 만민은 평등하다' 는 사상으로 발전하게 되었다. 그리고 농노제와 함께 공장제 수공업을 기초로 하는 도시가 발전하여 시민계급이 형성됨에 따라 '법 앞의 평등' (equality before the law)이라는 사상으로 계승되었다.

그래서 결국 평등사상은 신분제적 불평등을 바탕으로 한 봉건사회에서 자본주의적 생산이 성장·발전함에 따라 일반화가 된 것인데 우리나라에서도 헌법 제11조에서 다음과 같이 '법 앞의 평등' 을 선언하고 있다.

"모든 국민은 법 앞에 평등하며 성별·종교 또는 사회적 신분에 의하여 정치적·경제적·사회적·문화적 생활의 모든 영역에 있어서 차별을 받지 않고, 사회적 특수계급의 제도는 어떠한 형태로도 창설할 수 없으며, 훈장(勳章) 등의 영전은 받은 자에게만 효력이 있고 어떠한 특권도 따르지 않는다."

이외에도 우리 헌법에 명시된 '여성근로자의 부당한 차별의 금지, 혼인과 가족생활의 양성(兩性)의 평등' (36조), '교육의 기회균등' (31조), '선거권과 투표권의 평등' (41·67조) 등은 모두 '법 앞의 평등' 의 기본원칙을 구체화한 것이다.

그런데 북한은 그들이 주장하는 대로 정말 평등한 사회인 것일까?

일례로 스위스 은행의 비밀계좌에 약 45억 달러의 비자금을 맡겨두고 식량구입에는 한푼도 쓰지 않아 수백만의 동포들을 굶겨죽이면서도 세계 최고급 꼬냑과 곰발바닥 요리와 매일 매일 비행기로 실어 나르는 파리의 아이스크림과 수단산(産) 수박을 즐기고 있는 위대한 지도자가 있는가 하면 초근목피(草根木皮)도 못 구해 인육(人肉)을 먹기도 하는 수많은 인민들이 있는 사회가 곧 북조선 '김정일왕국' 이다.

크게는 20%의 핵심계층, 60%의 동요계층, 20%의 적대계층으로, 작게는 51계층으로 인민들을 충성도에 따라 세세히 분류하여 모든 인권과 자유를 억압하고 있는 곳이 바로 '조선민주주의인민공화국' 인 것이다.

"그러나 사악한 자들은 멸망하고 주의 원수들은 어린양의 기름같이 되리니 그들은 타 버리고 연기가 되어 사라지리로다." (시37:20)

8. 평화(平和, peace, harmony)

굳이 네이버 국어사전의 '평화' 에 대한 정의(① 평온하고 화목(和睦)함. ② 전쟁이 없이 세상이 평온함)를 참조하지 않더라도 '평화' 의 반대 개념이 '전쟁' 인 것을 누구나 잘 알고 있기에 '평화' 를 사랑하는 이들은 어찌되었든 이 한반도에서 '전쟁' 이 일어나지 않기를 갈망하게 된다.

그래서 노무현 대통령도 대통령후보 시절 "남북관계만 잘되면 나머지는 다 깽판 쳐도 좋다" 내지는 거듭 "전쟁이냐 평화냐" 를 외친 결과 대통령에 당선될 수 있었다고 생각된다.

그렇다면 이러한 노 대통령과 온 국민의 바람대로 지금 북한은 남한과 전쟁할 준비를 포기하고 있는 중일까?

결코 그렇지 않다. 오래 전 박영수 조평통 서기국 부국장이 했던 '서울 불바다' 발언은 사실 과장된 것이 아니었다. 군사평론가 지만원 박사에 의하면 북한은 남한과 달리 전술무기 외에 전략무기도 가지고 있는데 이 전략무기들에는 '서울 불바다' 무기, 대량살상무기 그리고 장거리 유도탄 등이 있다고 한다. 서울 불바다 무기는 아름드리 굵기의 야포들로 구성되어 있으며 이들은 프로그 미사일, 170mm 야포, 한 번 쏘았다 하면 36발이 거의 동시에 날아가는 240mm 구경의 공포의 다연장 로켓들로 구성되어 있다. 이러한 대구경 포들은 수도권 전역에 분당 1만발 정도의 포탄을 쏟아 부을 수 있다.

또한 북한은 사정거리 300km의 스커드B, 500km의 스커드C를 600기나 남한 공격을 위해 배치해놓고 있다고 전해지는데 이들 유도탄의 중량은 500kg으로 한 발을 가지고도 '삼풍 참사' 를 재현해낼 수 있다.

이렇게 많은 유도탄이라면 한국의 어느 도시든 순식간에 초토화할 수 있으며 어느 원자력발전소를 겨냥해 수백 대를 집중 사격하면 한국이 체르노빌로 변할 수 있다.

아울러 북한은 남한 인구를 3회 이상 살상할 수 있는 엄청난 화학탄과 생물학 무기를 가지고 있고 이를 위한 다양한 투발수단을 가지고 있다. (그러나 안타깝게도 '서울 불바다' 무기와 유도탄 공격뿐 아니라 이러한 화학무기, 생물학 무기 등에 대해서도 우리에겐 별다른 대책이 없는 것으로 알려지고 있다.)

그리고 마침내 2005년 2월 북한은 이들 기존의 엄청난 무기 외에 '핵무기' 를 갖고 있음을 온 세계에 선언하였다! 1990년대 초부터 '선군'(先軍)정치를 내세워 당도 인민도 모두 다 군(軍)에 귀속시킨 김정일에 의해 이처럼 '조선인민 공화국' 은 시나브로 '인민군 공화국' 으로 완전히 바뀌어 버리게 된 것이다(미3:5).

"나는 화평을 원하나 내가 말할 때에 그들은 싸우려 하는도다." (시120:7)

9. 통일(統一, unification, uniformity)

황장엽씨는 '자유민주주의의 승리를 위하여' 란 제목의 글에서 "북한이 주장하는 연방제 방안의 본질을 파악하기 위해서는 먼저 '고려민주연방공화국 창립안' 과 관련하여 한 김일성의 발언내용을 참고로 하는 것이 필요할 것" 이라며 "김일성이 연방제와 관련하여 기회가 있을 때마다 핵심간부들에게 강조하였다" 는 내용을 다음과 같이 소개하고 있다.

"연방제는 통일전선 전략을 실현하기 위한 전술적 방안이다. 연방제를 실시하여 북과 남이 자유롭게 내왕하면서 자기 제도와 자기 사상을 선전하게 되면 공화국은 하나의 사상으로 통일된 국가이기 때문에 조금도 영향을 받을 것이 없다.

그러나 남조선은 사상적으로 분열된 자유주의 나라이기 때문에 우리가 남조선에 나가 사회주의 제도의 우월성과 주체사상 선전을 대대적으로 하면 적어도 남조선 주민의 절반은 쟁취할 수 있다.

지금 인구 비례로 보면 남조선은 우리의 2배이다. 그러나 연방제를 실시하여 우리가 남조선 주민의 절반을 쟁취하는 날에는 공화국의 1과 쟁취한 남조선주민의 1을 합하여 우리 편이 2가 되고 남조선이 1로 된다. 이렇게 되면 총선거를 해도 우리가 이기게 되고 전쟁을 해도 우리가 이기게 된다. -중략-

그러나 태권도 부대를 한 100만 명 조직하여 권총이나 한 자루씩 채워 남조선에 내보내면 같은 조선 사람이기 때문에 누가 이남 출신이고 누가 이북 출신인지 분간할 수 없기 때문에 남침이라는 구실을 주지 않고도 능히 우리가 남조선의 친북진보세력과 힘을 합쳐 정권을 잡을 수 있다. -중략-

연방제를 실시하여도 무력에 대한 통수권은 우리가 장악하고 있어야 한다. 그래야 필요할 때에는 우리가 무력을 쓸 수 있다. 이번에 국방위원장이 총사령관을 겸하도록 헌법을 고친 것은 그 때문이다. 국방위원장은 노동당 총비서이기 때문에 국가수반과는 관계가 없다."

이 글에서 보듯 북한이 줄기차게 주장하는 연방제 통일방안이란 단지 대남적화 통일의 전술에 다름이 아니다.

그런데도 우리나라에는 '남북관계만 잘 되면' 이라는 코드의 주가가 날로 치솟고 있으며 심지어는 강 교수같이 아예 '통일내전(內戰)' 인 6.25전쟁이 맥아더 때문에 한 달만에 김일성의 승리로 끝나지 않은 것을 노골적으로 원통해 하고 있는 이들도 적지 않은 것이 작금의 상황이다. 즉 한반도의 무조건 통일을 그 다른 어떤 것보다도 더 높은 가치로 생각하는 분위기가 날로 팽배해지고 있는 것이다.

통일? 물론 이루어야 한다. 그러나 통일보다 더 중요한 것은 앞서 언급된 민주, 인권, 자유, 평등, 평화 등 '추구하는 가치가 실질적으로 같아야' 하는 것이다(고후6:14-16상; 요이1:10,11)!

"누구든지 이 교리를 가지지 아니한 채 너희에게 나아오거든 그를 너희 집에 받아들이지도 말고 그에게 축복 인사도 하지 말지니 이는 그에게 축복 인사를 하는 자가 그의 악한 행위들에 참여하는 자이기 때문이니라." (요이1:10,11)

10. 마무리

인질사건이 며칠씩이나 계속되면서 범인이 인질을 방패로 하고 버티게 되면 인질로 사로잡힌 사람들 간에 기묘한 감정이 생겨서 인질범을 숭배하게 된다. 이것은 '스톡홀름 증후군' (Stockholm syndrome)이라고 불리는 병적 현상이다.

실제로 1973년 스톡홀름에서 은행 강도와 인질이 된 여성 간에 연애감정이 싹터서 사건 해결 후 그 둘이 결혼한 예가 있다. 극한 상황에 놓이게 되면 인간은 범인을 미워하기는커녕 사랑하게 된다.

그런데 지금 우리 대한민국에서 이러한 현상이 폭발적으로 발생하고 있다. 동국대 강 교수와 같은 친김(親金)내지 종김(從金) 세력들은 마치 인질이 폐쇄된 공간에서 자신의 생사여탈권을 쥔 범인에게 감화되듯이 핵을 무기로 남북한을 인질로 삼고 있는 김정일을 숭배하지 못해 안달이 나고 있다.

특별히 북녘의 저 거대한 수용소로부터 전달되는 민족, 자주, 민주, 인권, 자유, 평등, 평화, 통일 등을 끊임없이 목이 터져라 받아 부르며 대한민국호의 침몰을 앙망하고 있다.

영문판 〈수용소의 노래〉

그런데 이러한 '수용소의 노래' 는 사실 인류의 시작과 더불어 채택된 '고전적인 사탄의 전략' 의 김정일 버전으로서 이미 이브가 넘어간 적이 있었듯이 우리가 정신을 차리지 않으면 언제라도 또 당할 수 있음을 우리는 결코 잊지 말아야 할 것이다(창3:1-5).

"정신을 차리라. 깨어 있으라. 너희 대적 마귀가 울부짖는 사자같이 두루 다니며 삼킬 자를 찾나니 너희는 믿음에 굳게 서서 그를 대적하라." (벧전5:8,9상)

"화 있을진저, 악을 선하다 하며 선을 악하다 하고 어둠으로 빛을 삼으며 빛으로 어둠을 삼고 쓴 것으로 단 것을 삼으며 단 것으로 쓴 것을 삼는 자들이여!" (사5:20).

호주제 폐지 〈호주제 폐지 민법개정안 가결〉 2일 오후 국회 본회의에서 호주제 폐지를 골자로 한 민법 개정안이 재적 296명 가운데 235명이 투표에 참여하여 찬성 161, 반대 58, 기권 16표로 가결됐다. 정치 /2005.3.2 (서울=연합뉴스)

5
호주제 폐지

2005년 3월 2일 호주제 폐지를 골자로 한 민법 개정안이 국회에서 통과됨으로써 조선시대 이전부터 지금까지 오랫동안 우리 삶 속에 녹아 있던 호주제는 2년여의 유예기간을 거쳐 2008년 1월1일부로 사라지게 되었다.

이 개정된 민법은 호주제 관련 규정을 삭제하는 한편 15세 미만의 양자를 입양할 경우 호적에 친생자(親生子)로 기재해 법률상 친자와 똑같은 권리를 행사할 수 있도록 하는 '친양자제도' 도 새로 도입하였고, 부부가 합의할 경우 자녀가 어머니의 성(姓)과 본(本)을 승계할 수 있게 하는 규정도 마련하였다.

그러자 이 개정 민법안이 통과된 지 이틀 만에 전북 정읍에 사는 서 모씨가 우편을 통해 자녀가 어머니 성씨(姓氏)를 따를 수 있도록 한 민법 개정법률안 제781조 1항에 대한 위헌확인 헌법소원을 제기하였는데

서씨는 "어머니 성을 따를 수 있게 한 것은 우리나라 특성상 부적절하고 성씨의 정통성과 순수성, 일괄성이 괴멸돼 위헌 소지가 다분하다"고 주장하였다.

비단 이처럼 적극적으로 헌법소원을 제기하는 한 시민뿐 아니라 우리나라의 대다수의 국민들이 (그 이유는 나름대로 천양지차(天壤之差)가 있겠지만) 호주제 폐지에 대해 반대를 하고 있지만 안타깝게도 이들의 목소리는 호주제 폐지론자들의 승리의 함성에 묻혀서 역시 호주제와 함께 페이드 아웃(fade out) 되고 있는 것이 오늘의 현실이다.

그렇다면 회생(回生)할 가망이 없어 보이는 이 호주제가 폐지됨으로 인해 우리에겐 사회적으로 어떠한 문제가 야기될 것인지, 또한 어떠한 영적(靈的)인 침해(侵害)가 초래될 것인지 살펴보도록 하자.

2. 성본(姓本)의 파괴

이번에 호주제를 폐지하도록 민법개정이 이루어진 것은 지난 2월 3일 헌재의 헌법불합치 판결(憲法不合致 判決)이 선행되었기 때문인데 당시 윤영철 재판장이 결정문 주문(主文)에서 밝힌 바대로, 헌법불합치 판결을 받은 민법 규정은 다음과 같은 '3개 조항' 에 한정된 것이었다.

제778조(호주의 정의) : "일가(一家)의 계통을 계승한 자, 분가(分家)한 자 또는 일가를 창립(創立)하거나 부흥(復興)한 자는 호주가 된다."

제781조 1항 후단 : "자(子)는 부가(父家)에 입적(入籍)한다."

제826조 3항(부부간의 의무) : "처(妻)는 부(夫)의 가에 입적한다."

즉 부성원칙을 규정한 781조 1항 전단부분〈자(子)는 부(父)의 성(姓)과

2005년 3월 2일 호주제 폐지를 골자로 한 민법 개정안이 국회에서 통과됨으로써 조선시대 이전부터 지금까지 오랫동안 우리 삶 속에 녹아 있던 호주제는 2년여의 유예기간을 거쳐 2008년 1월1일부로 사라지게 되었다. 2005.3.2/연합뉴스

본(本)을 따르고〉은 헌재에서는 심의한 바가 없었다. 그렇지만 헌재의 판결이 마치 그동안 호주제 폐지론자들이 요구한 모든 주장에 손을 들어준 것처럼 호도되어 결국은 부성원칙의 파괴가 가능한 개정 민법이 만들어지게 되었다. (사실 1989년 가족법 개정시에 "얻어낼 것은 다 얻어내었다" 고 스스로 말했던 여성계가 그 이후 다시 호주제 폐지를 들고 나온 이유가 여기에 있는 것이다.)

따라서 '부계성씨원칙' 이 씨줄이 되고 세대를 연결시켜 주는 최소 단위로서의 공동체인 '가(家)' 라는 개념이 날줄이 되어 이루어진 '우리나라의 가족제도' 는 이제 사라지게 된 것이다. 덧붙여 여성계의 주장대로 일인일적제(一人一籍制)가 도입이 될 터인데 그렇게 된다면 성본(姓本) 파괴와 함께 가족(家族)의 개념도 근본적으로 사라질 수밖에 없을 것이다.

3. 가족의 해체(解體)

그래서 앞으로는 점점 해체하려고 해도 해체할 가족 자체가 만들어지지 않을 것이다. 왜냐하면 호적에서 가족 구성원의 범위와 그 구성원 간의 관계를 표시하기 위한 기준자(基準者, index person)로서 호주를 두었던 것인데 이제 일인일적제상에서 호주가 제거됨으로 '공식적으로' 규정된 가족은 존재하지 않게 될 것이기 때문이다.

즉 일인일적제상에서 가족이라는 집단은 국민들 개개인의 판단에 맡겨지는 매우 가변적이고 불안정한 '비공식적 집단' 으로 변할 것이기 때문이다. 더욱이 일인일적제를 이미 시행하고 있는 구미에서와 달리 가족성(family name)도 강제되지 않는 우리 상황에서는 더욱 가족해체의 속도가 빨라질 수밖에 없을 것이다.

그런데 가족의 개념이 변해도 부부관계는 당연히 법적 규제(중혼 금지, 간통죄, 위자료청구 등)가 따르는 '공식적인' 관계로 남을 수밖에 없다. 따라서 이미 가족관계가 공식적인 규제로부터 탈피된 상황에서 스스로 부부관계라는 강제된 관계를 기피하는 풍조가 생기게 될 것은 명약관화(明若觀火)한 이치이다.

아울러 부모로서 자녀가 성인이 될 때까지 양육하고 교육시킬 책임과 의무를 계속 가져야 하는 '공식적인' 부모 자식관계도 부담이 되어 출산과 육아를 기피하게 되는 경향이 증가하게 될 것도 너무도 확실한 사안이다.

이것은 이미 일인일적제를 실시한 서구국가들이 그대로 답습한 과정이다. 결혼의 기피, 안정된 가정의 부재, 출산의 기피, 인구의 감소, 인구의 노령화, 경제활동인구 감소로 이어지는 악순환을 타파하고자 국가에서는 출산장려책을 펼치겠지만 현실적으로 만족할 만큼의 결과는 나타나지 않을 것이다.

4. 불평등(不平等)의 사회

따라서 다음 세대들은 증가된 피부양인구로 인해 상대적으로 경제적 부담을 느끼며 불평등한 사회의 구조를 탓하게 될 것이다.

사실 호주제 폐지에 앞장섰던 일부 여성 단체에서는 여성 스스로를 노예, 짐승, 가축 등으로 묘사하면서까지 양성평등(兩性平等)이라는 기치를 높이 들고 투쟁한 결과 그 목적을 달성하였지만 그럼에도 불구하고 이제 성(性)에 관하여서도 진정한 평등의 사회는 도래될 수 없을 것이다.

왜냐하면 무엇보다도 남성과 여성은 근본적으로 완전히 다른 유전적, 생리적, 정서적, 신체적 및 사회적 특성을 지니고 있기 때문이다. 또한 이러한 양성평등을 이 시대의 절대적 가치로 인식하여 호주제 폐지와 함께 추진하였던 군가산점제 폐지, 성매매특별법 등을 통해 역차별을 받게 된 이들이 부지기수(不知其數)로 나타나고 있는 것을 우리는 직접 목도하였기 때문이다.

앞으로 양성평등의 질서아래 양계성(兩系性)을 쓰면 마치 평등세상이 바로 오는 것인 양 호도하는 이들의 주장대로 될 경우 혈통의 혼란과 근친혼의 위험이 높아져 우생학적인 문제라는 또 하나의 불평등이 궁극적으로 야기될 것이다.

그리고 호주제에서와 달리 일인일적제에서는 가족의 범주 안에 그동안 불평등한 대우를 받았던 동성(同性, homosexual)가족이 포함될 것이라고 하는데 만약 그렇게 될 경우 결혼과 출산을 통해 사회의 가장 중요한 인적 인프라를 구축하는 데 책임과 의무를 다해오고 있는 정상적인 사회구성원에게는 불평등한 사회가 펼쳐지게 되는 것이다.

5. 역사왜곡(歷史歪曲)

아울러 호주제 폐지로 인해 그간 호폐론자들이 주장해왔던 "호주제는 일제 식민지 시대의 잔재일 뿐 우리 고유의 미풍양속이 아니다."는 왜곡된 역사인식이 기정사실화 될 것이다.

그러나 호주제도는 우리의 오랜 관습으로부터 제도화, 명문화되어 온 것으로서 성종조의 경국대전(經國大典)에 이미 완비되어 있었던 것이고, 결코 일본제국주의의 잔재가 아니다.

일본정부가 우리나라를 통치하기 위해 오늘날의 민법에 해당하는 조선민사령을 제정한 것은 사실이지만 그 조선민사령 제11조에는 '친족상속에 대해서는 조선의 관습에 따른다' 라고 명시되어 있다. 이것은 친족상속법 즉 가족법의 영역인 호주제도는 일제가 들여온 것이 아닌, 예전부터 우리나라에 존재했던 가족제도의 형태라는 것을 의미한다.

호주(戶主)라는 용어는 15세기 이전엔 조선왕조실록 등에서 주호(主戶)라는 용어와 더불어 자주 등장하며, 조선후기부터는 점차 사용빈도가 줄어들었으나 호수(戶數) 등의 용어와도 함께 간간이 사용되어 왔다(김건태, 조선후기 호의 구조와 호정운영 -단성호적을 중심으로, 〈단성호적대장연구〉 성균관대학교 출판부, 2002.6).

또한 조선후기 들어 가(家)의 범위와 구성이 분명한 제도로 정착되고, 관혼상제 등 일상생활에 있어서도 가의 구성과 존속의 관념이 나타나기 시작했으며 호주 상속의 원리도 종법(宗法)에 상응하여 이루어지는 등 조선조 호주제도가 이미 종법적 가계 계승의 원리를 담고 있었다(이재룡, 호주제도, 그 역사적 · 법철학적 당부(當否), 〈오늘의 동양사상〉 제10호, 예문동양사상연구원, 2004.3.1).

그리하여 일제 시대에 들어와 이러한 조선의 관습법이 법제화되어 부계적 성격을 띤 호적제가 시작된 것이다.

6. 과거로의 회귀(回歸)

그러함에도 여성부나 호주제 폐지를 주장하는 일부 여성단체에서는 역사를 왜곡하여 우리의 전통적 호주제 자체가 마치 일제의 창조물인 양 허위 선전함으로써 국민의 반일(反日)감정을 자극시켜 결국 소기의 목적을 성취하고야 말았다.

오히려 호주제 폐지로 인해 자녀의 성을 합의하에 마음대로 부계, 모계로 결정하거나 성씨를 변경하게 된 것이야말로 우리나라에서는 전혀 그 유래를 찾아 볼 수 없는 일본의 제도였는데도 말이다.

그리고 만약 호주제 폐지론자들의 주장처럼 우리나라의 호주제가 일제에 의해 창안된 것이라고 했을 때 호주제 폐지론자들이라면 말뜻 그대로 일제의 잔재를 청산하기 위해서는 일본강점 이전 조선시대의 철저한 부계혈통으로 돌아가자고 주장했어야 하지 않았을까?

어찌되었거나 이제 호주제 폐지로 더욱 입지를 굳힌 '일제청산' 또는 '친일청산' 이라는 도구가 정치, 사회, 문화의 모든 영역에서 전가(傳家)의 보도(寶刀)처럼 사용될 것은 명약관화한 사실이다.

그러나 우리는 이러한 방법론이 얼마나 거짓되고 위험한 것인가를 직시하여야 한다. 일례로 일제청산을 훌륭히 해내었다고 하는 '조선민주주의 인민공화국'의 경우를 보자. 이는 주지하는 바와 같이 민주주의가 아니라 수령과 지도자동지에 의한 전제주의의 나라이며 인민공화국이 아니라 김씨왕조에 의한 봉건국가이다. 즉 1910년 일제강점 이전의 전제주의 봉건국가로 완벽하게 회귀(回歸)한 것이 일제청산인 셈이다.

따라서 우리는 호주제 폐지와 함께 새롭게 세력을 얻은 이 일제(친일) 청산이란 민족적 아젠다로 인해 우리의 의식(意識)의 지평(地平)이 우리 삶의 곳곳에서 과거로 회귀하게 되는 암울한 시대를 맞이하게 된 것이다.

7. 페미니즘(feminism)

그런데 과거 인류의 역사를 돌이켜보면 오늘 우리가 경험하고 있는 이 호주제 폐지와 같은 사건이 이미 인류의 태동과 함께 등장하고 있음을 알 수 있다(창3:1-7).

"이때에 뱀은 주 하나님께서 만드신 들의 어떤 짐승보다 간교(奸巧)하더라. … 뱀이 여자에게 이르되, 너희가 결코 죽지 아니하리라. 너희가 그것을 먹는 날에는 너희 눈이 열리고 너희가 신들과 같이 되어 선악을 알 줄을 하나님께서 아시느니라, 하니 여자가 본즉 그 나무가 먹음직도 하고 눈으로 보기에도 좋으며 지혜롭게 할 만큼 탐스럽기도 한 나무이므로 여자가 그 나무의 열매를 따서 먹고 자기와 함께 있는 자기 남편에

게도 주매 그도 먹으니라. 이에 이 두 사람의 눈이 열리매 그들이 자기들이 벌거벗은 줄을 알고는 무화과나무 잎을 함께 엮어 자기들을 위해 앞치마를 만들었더라." (창3:1,4-7)

즉 사탄은 하나님의 말씀을 맡은 아담(창2:16,17)이 아니라 아담의 협력자(an help meet for him, 창2:18)이며 아담보다 더 약한 그릇(the weaker vessel, 벧전3:7)인 이브에게 다가가 '그녀가 마치 억압된 상태에 있는 것처럼 여겨지도록' (창3:1하,5) 미혹하여 하나님의 질서(창2:16,17)가 파괴되도록 하였다.

그리하여 하나님께서 창조하신 완전한 유토피아(福) 곧 기존의 질서(창2:16,17)가 파괴되자 이 세상에는 무질서도(entropy)가 증가하는 '열역학 제2법칙' 이 생기게 되었다(창3:16-19). 그렇다. 하나님을 대항하였던 이러한 사탄의 방법론은 역사 이래 우리 삶의 모든 영역에서 다양한 모습으로 끊임없이 적용되어 왔는데 특별히 페미니즘(feminism)이란 틀을 통해 사탄은 우리가 하나님께 나아가는 것을 효과적으로 차단해 오고 있다.

다시 말하면 페미니즘을 부추기는 방법을 사용하여 이브의 실패를 이끌어내는 데 재미를 본 사탄은 이브의 모든 후손들에게도 같은 방식으로 접근하여 우리가 '우리의 하나님' (He is our God, 수24:18; 시95:7)이신 그분(He)을 대항하도록 부추기고 있는 것이다.

8. 여신(女神, goddess)

특별히 노아의 홍수 후 니므롯(Nimrod, 창10:8-14)에 의해 최초로 바벨론 왕국이 건설되었을 때 페미니즘은 당대의 절세미인이면서도 가장 음란하고 사악한 여자인 세미라미스(Semiramis)에 의해 만개되어 우주의 질서를 또 다시 파괴하기 시작하였다. 즉 그녀는 자기 아들 니므롯과 결혼하여 바벨론 군주의 어미이자 왕후가 되었는데 니므롯이 셈(Shem, 창10:1,21)에 의해 죽임을 당하게 되자 자신의 입지가 위태해짐을 느낀 그녀는 재빨리 자기가 낳은 아들 담무스(Tammuz, '생명의 아들', 겔8:14)를 죽은 니므롯이 환생한 것이라고 전파하기 시작했다.

아울러 이 아들이 초자연적으로 잉태되었으며 창세기 3장 15절에서 약속된 씨(seed, 구세주)라고 주장하면서 담무스를 태양신(sun-god)으로 신격화하여 '바알'(Baal, 주인)이라 불렀다. 그리하여 하루아침에 '신의 어머니'가 된 그녀는 사람들로 하여금 자신을 '바알티'(Baalti, 여주인) 혹은 '레아'(Rhea, 위대한 '어머니' 여신)라 하여 '월신'(moon-god) 곧 '하늘의 여왕'(queen of heaven, 렘7:18; 44:17-19,25)으로 숭배하게 하면서 하나님(He is God, 신4:35,39; 7:9; 수2:11; 시10:3; 살후2:4)이신 그분(He)을 본격적으로 대적하였다.

이집트에서 세미라미스는 '이시스'(Isis)로, 니므롯은 아기 '호루스'(Horus)이자 어른이 된 '오시리스'(Osiris)로 둔갑했다. 그리고 이 바벨론의 왕후인 세미라미스는 각 민족의 역사 가운데 아프로디테(Aphrodite), 비너스(Venus), 아스타르테(Astarte), 아스다롯(Ashtaroth, 삿2:13), 다이아나(Diana, 행19:24,27,28,34,35) 등 다양한 여신(女神, goddess)의 이름으로 퍼져나갔다.

그래서 A.D. 313년 콘스탄틴 대제의 기독교공인이라는 사탄의 음모가 있었을 때 이 '세미라미스와 니므롯(담무스)' 은 로마 교회 안으로 들어와 '마리아와 아기 예수' 로 재포장이 되었다.

그리고 A.D. 431년에 사탄은 에베소공회를 통해 피조물에 불과한 마리아에게 창조주의 어미가 되는 '하나님의 어머니' (Theotokos)라는 신성모독의 칭호를 씌웠다. 아울러 오리겐 이후로 떼오토코스는 헬라의 교부들에 의해 사용되어 '처녀' (동정녀, the Virgin)로 불려졌다.

즉 '위대한 여신 다이아나' (the great goddess Diana, 행19:24,27,28,34, 35)에 대한 에베소 사람들의 열정과 이들에 대한 바울의 권유가 있은 지 400년이 지난 후, 에베소 공회는 마리아로 둔갑한 이 음녀(goddess)에게 '하나님의 어머니' 라는 가증한 칭호를 선사하게 되었고 이후 이 칭호는 카톨릭의 핵심 교리로까지 자리를 잡게 된 것이다.

바빌론 우상 '세미라미스(어미)와 니므롯(아기)' 의 모습은 전 세계 곳곳에서 발견된다.
바로 이 '어미와 아기' 우상이 카톨릭을 통해 '마리아와 아기 예수' 로 재포장되었다.

9. 성경 속 여성지도자(女性指導者)

이처럼 호주제 폐지로부터 여신운동(女神運動, goddess movement)에 이르기까지 광범위한 스펙트럼을 갖고 있는 페미니즘은 최근 들어 여성목사 안수를 통해 우리 기독교계에까지 파고들어 왔다.

그러나 성경은 단호하게 말씀한다.

"너희의 여자들은 교회 안에서 잠잠할지니 이는 주께서 그들이 말하는 것을 허락하지 아니하셨고 또 율법도 말하는 바와 같이 여자들은 순종하도록 명령을 받았음이라. 만일 여자들이 무엇을 배우려거든 집에서 자기 남편에게 물을지니 이는 여자들이 교회에서 말하는 것이 수치스런 일이기 때문이니라." (고전14:34,35)

"여자는 온전히 순종(順從)하며 조용히 배울지니라. 오직 나는 여자가 가르치거나 남자에게 권위를 행사하는 것을 허락하지 아니하노니 다만 조용할지니라. 이는 아담이 먼저 지음을 받고 그 뒤에 이브가 지음을 받았으며 또한 아담이 속지 아니하고 여자가 속아 범죄 가운데 있었음이라." (딤전2:11-14)

그럼에도 불구하고 혹자는 드보라(Deborah, 삿4:4-9)나 빌립의 네 딸(행21:8,9)의 경우를 들면서 여성목사 안수를 주장하기도 하는데 이는 성경의 문맥을 무시한 주장일 뿐이다. 즉 드보라의 경우는 영적으로 배도한 시기였으므로 하나님께서 삼손에게 행하셨던 것처럼 '남자들에게서 영적 권위를 제거' (암2:14-16)하셨던 결과로 된 일이며 빌립의 네 딸의 경우도 보면 바울의 일행이 그들의 집에 머물고 있었지만 하나님께서는 다른 도시로부터 한 남자(Agabus)를 보내서서 대언을 하게 하실 정도로 그들의 영적 권위를 허락하지 않으셨던 것이다(행21:10,11).

그래서 바울은 고린도전서 14장 34절에서 '여자들은 교회 안에서 잠잠할 것' 을 주문하고 나서는 이어서 이 말씀이 '주님의 명령' 인 것을 확실히 밝히고 있는 것이다(고전14:37).

10. 성경의 권위(權威)

이와 같이 성경은 일관되게 남성에 대한 여성의 영적 권위를 불허하고 있지만 페미니즘의 반성경적인 시류에 편승하는 신학자들은 고등비평이라는 인본주의의 칼을 들고서 그들이 싫어하는 성경구절들을 잘라내는 작업을 서슴지 않고 있다.

가족의 기준자(基準者, index person)인 호주를 제거했던 것처럼 그들은 우리 삶의 기준서(基準書, final authority)인 성경을 제멋대로 난도질하여 우리 삶의 무질서도(entropy)가 날로 증가되도록 하고 있는 것이다.

그러나 창세기부터 요한계시록까지 66권의 신구약 책들은 하나님의 완전한 계시이며 완전한 축자 영감으로 기록되어 무오하며(딤후3:16,17; 벧후1:21; 살전2:13; 요17:17) 창조, 과학, 지리학, 연대학, 그리고 역사학적인 측면에서도 전혀 오류가 없는 진리의 말씀이다.

성경에 따르면 '영감 과정' 즉 '하나님께서 숨을 불어넣으시는 과정' 은 인간 저자에게 있는 것이 아니요, 그들이 적은 기록에 있다(딤후3:16,17; 고전2:13). 성경의 저자들은 '하나님의 거룩한 사람들' 로서 성령의 감동을 받아(벧후1:21; 행1:16) 기록하였으므로 이 기록은 초자연적이고 완전하고 무오하며 축어적으로 영감된 말씀이 되었다. 이런 사례는 지금까지 없었으며 앞으로도 그 어떤 기록에서도 발견될 수 없을 것이다(딤후3:16,17).

그리고 성경내의 모든 기록은 주 예수 그리스도의 인격과 사역 및 그분의 초림과 재림에 맞추어져 있다. 또한 모든 성경은 우리의 실생활의 지침이 되며(막12:26,36; 딤후3:16-17), 참된 그리스도인들이 하나되는 일에 구심점 역할을 하고(요17:17), 사람의 온갖 행실과 신조와 견해들을 시험할 최종적인 표준이 된다(고후5:10; 계20:12).

또한 하나님께서는 약속하신 대로 자신의 말씀(히브리어, 아람어, 그리스어로 주신 원본 성경)을 순수하게 보존(시12:6,7; 78:1-8; 119:89,111,152 ,160; 사30:8; 40:6-8; 전3:14; 마4:4; 5:17,18; 24:35; 28:20; 요10:35; 골1:17; 벧전1:23-25; 요이2 등등)하셔서 모든 세대에 전해지도록 하셨다.

11. 독생자(獨生子, the only begotten Son)

그래서 120년 전 우리나라에도 성경말씀이 전해져서 이후 수많은 이들이 예수님을 구주로 영접하여 구원을 받고 하나님의 자녀가 되어 하나님을 감히 아바, 아버지라 부르게 되었고 또한 그리스도의 신부인 교회에 속하게 되었다(요1:12; 롬8:15; 갈4:6; 엡5:23-32; 계21:9).

그런데 우리의 구원자이신 예수님의 족보를 보면 아브라함부터 그리스도까지 42세대가 모두 남성(男性)들로 이어지고 있으며(마1:1-17) 또한 하나님 아버지(父)께서는 친히 아들(子) 예수님을 낳으신 것으로 성경은 기록하고 있다(요1:14,18; 3:16,18; 행13:33; 히1:5; 5:5; 요일4:9). 이는 하나님께서 인간의 타락과 동시에 선포한 원형복음(原型福音, 창3:15)에 따라 메시아의 혈통을 친히 보존하시며 또한 독생자(獨生子, the only begotten Son) 예수님을 메시아로 친히 이 땅에 보내주시는 하나님의 신묘막측(神妙莫測)한 마스터플랜이다(요1:14,18; 3:16,18; 요일4:9).

그렇다면 이것은 이번에 호주제 폐지 전의 민법 제781조 1항 곧 "자(子)는 부(父)의 성(姓)과 본(本)을 따르고 자(子)는 부가(父家)에 입적(入籍)한다."라는 관점으로 볼 때 더욱 이해가 잘 될 수 있을 것이다.

아울러 어린양이신 독생자 예수 그리스도의 신부로서 우리가 영원의 시간을 보낼 때에 우리의 이마에는 그분의 이름(his name)이 주어지게 될 것이라고 성경은 기록하고 있다(엡5:23-32; 계21:9; 22:4).

그렇다면 이것 또한 호주제 폐지 전의 민법 제826조 3항 곧 "처(妻)는 부(夫)의 가에 입적한다."는 관점으로 볼 때 더욱 쉽게 이해가 될 수 있을 것이다.

12. 마무리

1950년 이스라엘 국회에서 통과되어 그 후 개정된 '귀환법'을 보면 이스라엘은 이제 '모계사회'이다. 즉 성은 아버지의 성을 따르지만 유대인으로서의 정체성은 어머니로부터 물려받는다. 성경과 달리 아버지가 유대인일지라도 엄마가 이방인이면 그는 유대인이 아니다. 반대로 아버지가 이방인일지라도 엄마가 유대인이면 그 자녀는 아무런 문제없이 유대인이다.

정말 어느 때보다도 무화과나무의 비유를 배워야 할 시점이다(마 24:32,33). 인류 역사의 바로미터인 이스라엘이 이러할진대 호주제가 폐지되는 것이나 '다빈치 코드'가 전대미문(前代未聞)의 베스트셀러로 등장하는 것이 너무도 당연하다.

따라서 이처럼 페미니즘의 파고가 지구촌 곳곳에서 날로 높아져가는 이 시간, 우리는 인간을 미혹하였던 옛 뱀의 방법론 곧 범신론(汎神論, 너희가 신들과 같이 되리라, 창3:5), 윤회론(輪回論, 너희가 정녕 죽지 아니하리라, 창3:4), 상대론(相對論, 너희가 선악을 알리라, 창3:5), 밀교주의(密敎主義, 너희의 눈이 밝아지리라, 창3:5) 등이 또 어떻게 새롭게 포장이 되어 우리에게 접근해 오는지 잘 살펴보아야 할 것이다.

"정신을 차리라. 깨어 있어라. 너의 대적(對敵) 마귀가 울부짖는 사자 같이 두루 다니며 삼킬 자를 찾나니"(벧전5:8)

"그런즉 이와 같이 너희가 이 모든 일들을 볼 때에 그때가 가까이 곧 문들 앞에 이른 줄을 아느니라."(마24:33)

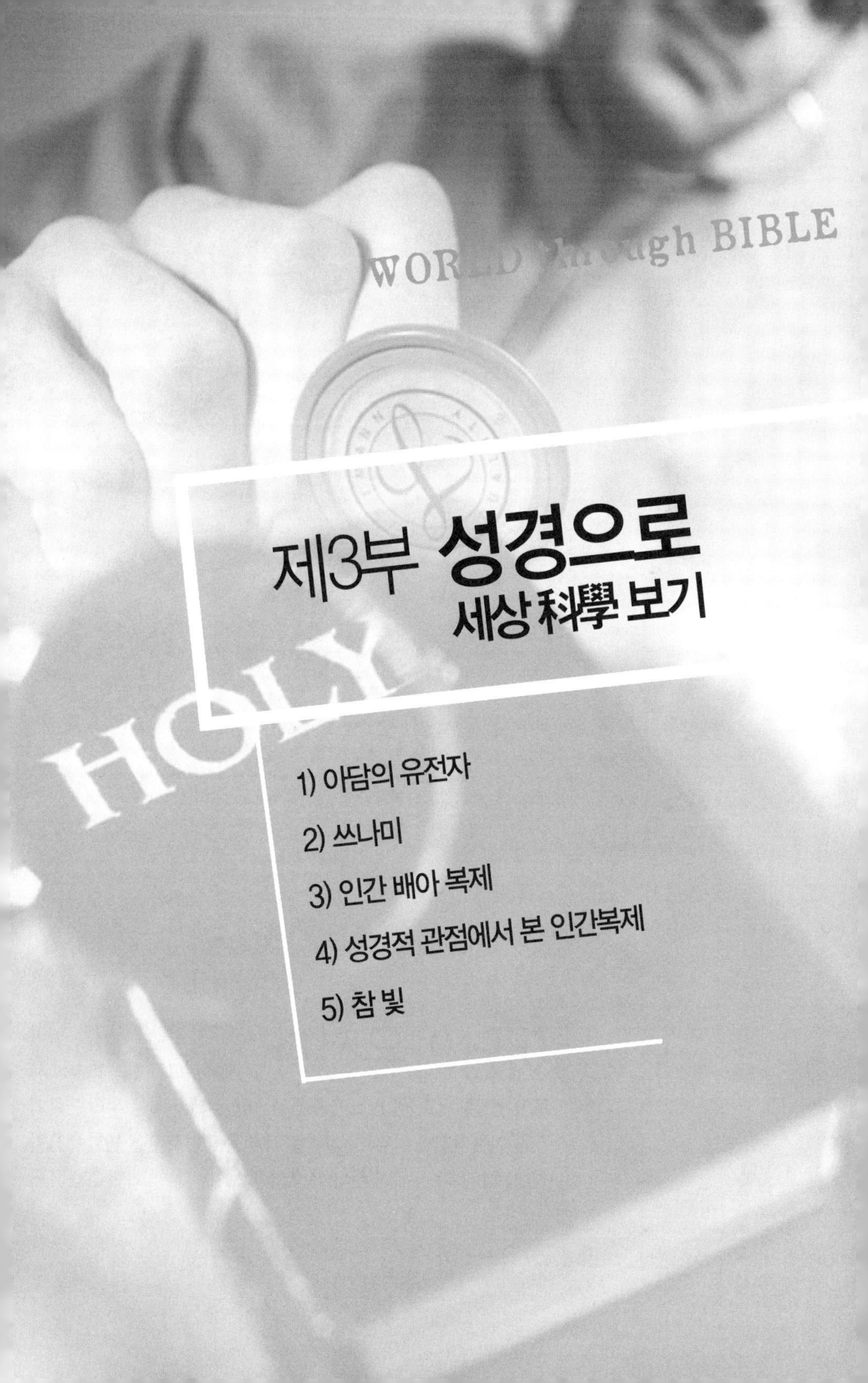

WORLD through BIBLE

제3부 성경으로 세상 科學 보기

1) 아담의 유전자

2) 쓰나미

3) 인간 배아 복제

4) 성경적 관점에서 본 인간복제

5) 참 빛

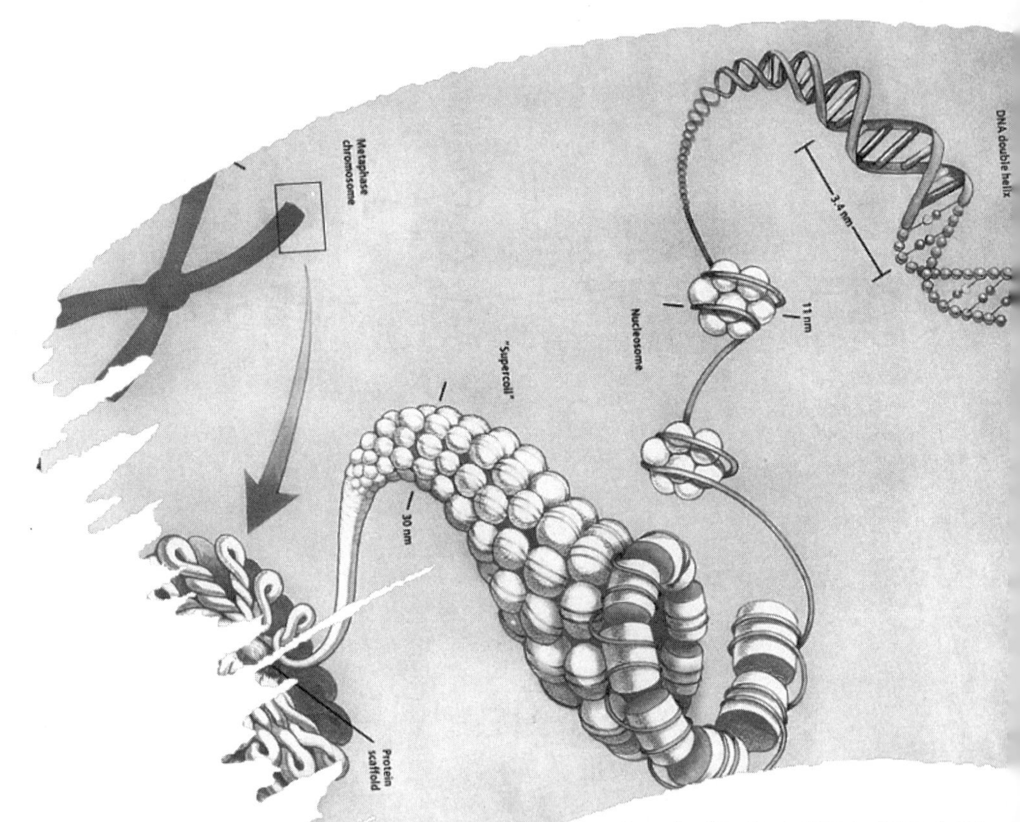

아담의 유전자

최근 우리 민족의 기원을 '바이칼'에서 찾고자 하는 학술적 시도가 활발해지고 있다. 최근 출간된 '바이칼에서 찾는 우리 민족의 기원'이란 책자도 화제다. '바이칼 기원'은 정말로 믿을 만한 주장인지, 그 너머에는 무엇이 존재하는지 살펴보자. 과학/2006.4.15

1 아담의 유전자

1. 들머리

방한 나흘째인 4월 6일 오후 '슈퍼볼 영웅' 하인즈 워드는 자신의 출생 장소인 서울 종로구 이화여대 동대문병원을 어머니 김영희씨와 함께 방문하였다.

워드는 어머니의 산고가 남아 있는 분만실을 둘러본 뒤 "믿어지지 않습니다. 여기는 내가 태어난 곳입니다. 나의 뿌리가 있는 곳입니다."라고 감격에 겨워하였다. 이어서 30년 동안 낡은 캐비닛 속에 처박혀 잠자던 자신의 출생증명서를 사뭇 진지하게 바라보다가 '1976년 3월 8일'이라는 낯익은 숫자를 확인하자 잠시 머뭇거리더니 이내 눈시울을 붉히고 말았다. 사실 이 한 장의 증명서를 위해 미국으로 간 지 무려 29년 만에 다시 한국 땅을 찾게 된 것이었기 때문이었다.

병원방문 내내 '살인미소' 를 잊지 않은 워드는 "내가 태어나고 시작된 곳을 보고 싶었는데 드디어 오게 되었습니다. 한국을 정말 사랑합니다. 태어난 곳에 돌아와 정말 감개무량합니다. 나는 복 받은 사람입니다." 라고 말한 뒤 병원을 떠났다.

이날 "하인즈 워드, 이곳은 당신이 태어난 병원입니다.(Heins Ward. This is the hospital where you had your beginning.)" 라고 적힌 플래카드를 내걸고 워드 모자를 환영한 이대병원측은 출생증명서를 기념사진첩으로 만들어 워드 모자에게 전달했고 기념 방문패도 증정했다.

이처럼 자신의 뿌리를 찾기 위한 갈망은 누구에게나 존재하는 원초적 본능이라 할 수 있을 것이다. 그런데 미국 토크쇼 진행자 오프라 윈프리가 DNA 검사에 의해 남아프리카 최대 부족인 줄루(Zulu)족이라고 판명되었듯이 이제는 단순히 족보나 문서, 증언 등의 고전적 방법이 아니라 유전자(DNA) 검사를 통해 뿌리를 찾는 일이 더욱 쉽고 정확하게 이뤄지고 있다.

2. 한민족의 뿌리(root of Koreans)

그래서 미국에선 지난 몇 년 사이에 자신의 정체성을 찾기 위해서 뿐 아니라 소수 인종에게 주는 혜택과 권리 등을 누리기 위해 DNA 검사를 받는 일이 유행하고 있기도 하다.

그러나 다인종 국가인 미국과 달리 단일 민족 국가인 우리나라에서는 DNA 검사가 친자확인이나 일부 범죄사건에서 주로 시행되어오다가 최근 들어 우리 민족의 뿌리를 찾는 데에도 이용되기 시작하였다.

즉 우리 민족의 뿌리를 시베리아 바이칼호(湖) 인근에서 찾을 수 있다고 믿는 사람들의 모임인 '한국 바이칼 포럼'을 이끌고 있는 서울의대 내분비내과 이홍규 교수의 활동이 대표적인 예라고 할 수 있다. 이 포럼엔 사학, 지질학, 고고학, 언어학, 민속학 등 여러 방면의 학자들도 40여 명이나 참여해서 유전학적 방법을 위시하여 다방면으로 한민족의 형성을 연구하고 있다.

당뇨병전문의인 이 교수가 바이칼호나 민족의 뿌리에 관심을 갖게 된 이유는 한국 사람과 중국 북부 사람들이 당뇨병을 유발하는 공통적인 유전자(HLA)형을 갖고 있다는 사실 때문이었다. 이 교수는 국내 사학자들의 모임에 나가 자신의 연구 내용을 발표한 후 시베리아를 찾아가 현지인들의 유전자를 직접 연구해 보기 위해 2002년 여름 '시베리아의 진주'로 불리는 바이칼호로 수십 명의 학자들과 함께 답사를 하였다.

현지답사 이후 '한국 바이칼 포럼'을 구성한 회원들은 각자의 분야에서 한민족의 기원에 대한 연구에 열심을 내기 시작하여 2004년과 2005년 영문으로 된 두 권의 의학 서적을 편찬하였다. 또한 최근에는 2002년 이후 회원들이 여러 차례 시베리아를 드나들며 연구한 결과를 집대성한 현장보고서인 '바이칼에서 찾는 우리 민족의 기원'(이하 '바이칼 기원')이라는 책자도 출간하였다.

그런데 이 '바이칼 기원' 에 의하면 우리 민족은 '북방문화' 를 소유한 대칸민족(great Khan people, 몽골리안)이며, 한민족의 원형은 바이칼 지역과 중국 남부에서 2원적으로 형성된 것으로 여겨지게 된다.

3. 인류의 기원(origin of man)

그렇다면 '바이칼 기원' 은 정말로 믿을 만한 주장인지, 또 '바이칼 기원' 이 맞다면 그 너머에는 무엇이 존재하고 있는지 살펴보지 않을 수 없다.

1987년 인류의 기원에 대하여 세계를 경악케 만든 하나의 가설이 발표되었다. 버클리대학의 월슨(Allan C. Wilson)이 그해 1월 7일자 네이처에 기고한 논문에서 세계 곳곳의 여성 147명의 미토콘드리아 DNA를 분석하여 이들의 염기 서열(nucleotide sequence)의 변이를 추적하여 계통도를 만들어 본 결과 ('균일론' 에 근거하여 백 만년에 2~4% 정도로 미토콘드리아 DNA변이가 있을 것이라는 가정 하에 계산을 하여) 지금으로부터 10만 년 내지 20만 년 전에 아프리카의 에티오피아 지방에 존재했던 한 여성이 현생인류의 공통의 조상이라는 주장을 하였다.

그의 주장은 수많은 논란을 불러 일으켰지만 10년 후인 1997년 10월 다른 연구팀(Stanford U, U of Arizona, U of Pennsylvania)에서 유사한 방법으로 남성의 세포핵 내의 DNA에 포함되어 있는 Y염색체 서열을 분석하여 발표한 남성 계통 흐름도에 의해서 다시 지지가 되었다. 즉 이들의 독립적인 결과도 현존하는 남성의 공통의 조상은 10만 년 내지 20만 년 전에 에티오피아 지방에 존재했던 한 남성이라는 것이었다.

그리하여 이 두 연구 발표를 종합해서 현생 인류는 지금으로부터 10만 년 내지 20만 년 전에 에티오피아 지방에 존재했던 한 남성과 한 여성의 자손이며, 아프리카로부터 세계 각지로 흩어졌다는 'Out of Africa 이론' 이 성립되었다.

그러면 현생인류(Homo sapiens) 공통의 조상은 '에티오피아' 에서, 또 우리 민족의 조상은 '바이칼' 에서 기원하는 것으로 정리를 할 수 있을까?

4. 진화론(evolutionism)

이홍규 교수나 윌슨 교수의 주장과 같은 최근의 연구결과들은 얼핏 보면 한 남자와 한 여자를 하나님께서 창조하시고 모든 인류가 그로부터 유래했다는 창조론과 맞물리는 점이 있어서 기독교계로부터도 주목을 받고 있는 것이 사실이다.

그러나 이들의 주장은 성경 속 인물들의 계보 연구에 의해 추정된 '세계 역사 6,000년 + 알파' 의 연대 계산과 큰 차이를 보인다는 점뿐만 아니라 기본적으로 '진화론' 이라는 '거짓된 가설' 에 의존한다고 하는 점에서 우리 그리스도인들이 결코 받아들일 수 없다.

진화론은 이홍규 교수가 '바이칼 기원' 의 들어가는 말 첫 문단에서 고백하였듯이 '재현이 불가능한' 것이다. 곧 재현성(reproducibility)이 없으므로 과학(science)이 아니다! 1859년 다윈이 '종의 기원' 이라는 책을 통해 진화론을 발표한 후 140여 년 동안 1억 개 이상의 화석이 발견되어 (25만종의 다른 생물로) 수천의 박물관에 보관되어 있지만 진화의 증거를 보여주는 화석은 하나도 발견되지 않았다.

그리고 가장 낮은 지층에서도 매우 복잡한 구조의 생물체가 발견되는 점, 진보된 생명체들의 갑작스런 출현(Cambrian explosion), 진화도중의 전이(중간)형태의 생물화석이 발견된 적이 없는 점, 화석으로 나타난 고대 동식물의 모습이 현재와 변함이 없는 점, (대홍수와 같은) '대격변'에 의해 화석이 형성되는 점, 화석과 지층의 형성은 짧은 기간에 이루어졌을 가능성이 매우 높은 점, 현대보다 고대 생명체의 크기가 더 큰 점, 수천만 년 전에 멸종했다는 생물들이 살아 있는 사실, 화석과 지층의 연대가 매우 젊다는 증거들, 화석의 퇴적순서는 진화순서가 아니라 서식지와 기동성 순일 가능성이 높은 점, 수많은 발자국 화석의 발견, 동물과 식물의 화석이 같이 발견되지 않는 점, 사람이 출현하였다는 시대(최대로 400만 년)보다 훨씬 이전인 수억 수천만 년 지층에서 사람의 두개골이나 뼈, 이빨 등이 발견되는 점, 수억 년 된 지층에서 사람의 발자국이나 흔적 또는 사람이 만든 도구들이 발견되는 점 등등을 보면 진화는 '거짓된 가설'임이 너무나도 확실하다.

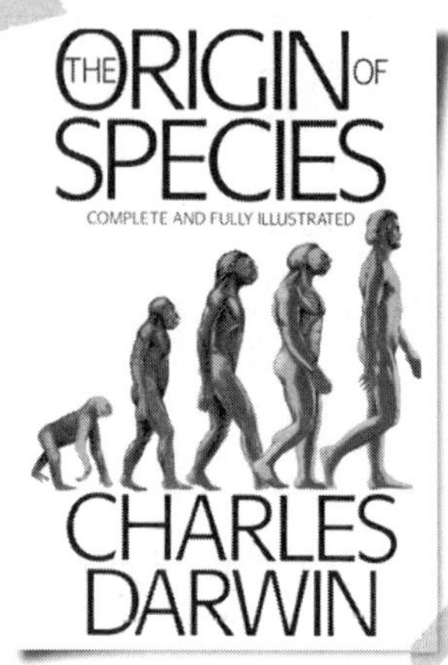

5. 유인원(hominid; anthropoid)

특히 'Out of Africa 이론'이나 '바이칼 기원'에서 현생인류(Homo

sapiens)의 조상으로 당연시 하고 있는 여러 유인원들(hominid)의 화석들은 거의가 다 잘못 해석되었음이 밝혀졌다.

주지하다시피 동일과정적 진화론에서는 사람은 원숭이나 작은 생물체의 직계 후손이었다고 말한다. 그리고 반은 원숭이고 반은 인간인 유인원의 뼈들이 발견되었다고 말하는데 이러한 주장은 교과서에도 그대로 실려 있다. 그러나 이들 유인원들의 뼈에는 심각한 문제점들이 있다.

첫째, 왜 오직 각 견본의 작은 뼈 조각 몇 개만 발견되는가? 왜 완전한 전체 뼈들은 결코 발견되지 않는가? 발견이 적을수록 많은 이론들이 만들어질 수 있다. 우리는 자바원인(Java Man)과 필트다운인(Piltdown Man)의 경우에서처럼 단지 몇 개의 뼈만이 사용될 때 원숭이의 두개골이 얼마나 쉽게 사람의 것으로 속여질 수 있는지를 분명히 경험하였다. 1972년 출간된 'Time-Life' 에서는 그 동안 발견된 모든 뼈들의 목록을 상세히 기술하고 있는데 총 1,400 예들 가운데 대부분이 뼈 조각들과 격리된 이빨 같은 것들이었다. 사람 전체의 완전한 뼈는 단 하나도 없었다. 거기에는 파편들과 조각들 외에는 아무 것도 없었다.

둘째, 왜 이러한 특별한 뼈들만 부패되지 않는가? 이들 뼈가 1백만 년 이상 된 것이라면 왜 부패되지 않았는가? 실제 뼈들은 흙 속에서 200년 안에 썩어 사라져버린다. 바위 암석에 화석으로 새겨진 경우와 혼동해서는 안 된다. 어떻게 수백만 년씩이나 된 뼈들이 진화론자들이 말하는 것과 같이 인도네시아나 중국, 영국 등의 습한 지역에서 발견될 수 있는가? 실제로 사람과 동물의 뼈들이 수백만 년 동안 썩지 않고 형태를 유지한다면 지금 전세계에는 수없이 많은 사람과 동물의 뼈들로 덮여 있어야 한다.

셋째, 진화론자들은 사람이 10만 년 전에서 진화를 멈췄다고 결정하였다. 만약 사람이 과거 10만 년 동안 동일했었다면 왜 10만 년 전에는 문자, 기술, 도시, 농사 등과 같은 것들을 만들지 못했을까? 왜 인간의 역사는 단지 5,000년보다도 적게 이뤄지고 있는가?

넷째, 언제나 한 시대마다 오직 한 종만이 발견되는 이유는 무엇인가? 왜 수백 수천 종은 없는가? 만약 이들이 우리의 조상이라면 수백만의 우리의 조상들이 있었을 터인데 말이다.

그래서 1996년 6월 3일자 Time지는 인류의 조상에 대한 특집기사를 마감하며 "현재로서는 원숭이가 진화되어 사람이 되었다는 주장은 사실 데이터에 입각한 과학적 주장이 아니라 한낱 상상에 불과하다."라고 결론을 짓고 있는 것이다.

6. 빙하기(glacial epoch; ice age)

아울러 'Out of Africa 이론'이나 '바이칼 기원'에서는 약 10만 년의 기간 동안 여러 차례 반복된 빙하기로 인해 인류의 이동과 민족적 특성이 설명될 수 있다고 하는데 이 또한 한낱 상상에 불과한 이야기다. 즉 지금까지 진화론자들은 수많은 노력에도 불구하고 합리적이며 만족할 만한 빙하이론을 하나도 제시하지 못하고 있다.

그렇지만 과거에 매우 격렬하고 돌발적인 기후의 대변화(cataclysm)가 있었다는 증거가 있다. 일례로 시베리아에 매장된 매머드들의 위 속에 들어 있는 나뭇잎과 나뭇가지들은 그 지역에서는 자라지 않고 훨씬 더 따뜻한 곳에서만 생장하는 식물들이다. 이를 통해 우리는 당시 시베리아의 기후는 오늘날보다 훨씬 더 따뜻하였고, 위 속에서 음식물의 분해가 이루어지기도 전에 매머드의 몸체가 꽁꽁 얼어버릴 정도로 당시의 기후가 갑자기 변했음을 알 수 있다. 그런데 이와 같은 기후체계의 붕괴는 '노아의 홍수'와 같은 지구전체를 덮었던 '대홍수'가 아니고서는 결코 설명할 수 없는 것이다(창7:11-8:14).

노아의 홍수 이전에 지구를 덮고 있던 수증기층(vapor canopy; water canopy)에 의해 강력한 태양 복사에너지가 흡수되었고, 이어 이 흡수된 열이 재복사됨으로 인해 전세계적으로 따뜻한 기후가 유지되었을 것이다(창1:6-8). 그리고 홍수가 나자 수증기층 내부에 저장되어 있던 열(latent heat)이 방출되어 해수가 데워졌으며, 또한 큰 깊음의 샘(fountains of the great deep)들이 터짐으로써 (약 50,000개 이상의 화산 및 수많은 해저의 화산들로부터) 엄청난 양의 용암 분출이 일어나 이미 데워진 해수를 더욱 데웠을 것이다(창7:11,12).

30°C 이상의 따뜻한 해수는 수년 동안 혹독한 겨울 눈폭풍을 일으킬 수 있는 충분한 수증기를 발생시켰을 것이다. 오늘날의 평균 해수 온도처럼 대양이 원래 4°C 정도였다 하더라도 약 50,000개의 활화산들은 평균 해수 온도를 올렸을 것이고, 이들이 분출한 재와 연무질로 인해 태양빛의 대부분이 차단되었을 것이다. 이러한 화산재와 연무질은 태

양으로부터 오는 복사열을 우주로 반사시켜 버리고, 지구로부터 외계로 탈출하려는 열을 잡아두는 역온실효과를 나타내는 역할을 했을 것이다.

이처럼 노아의 홍수 사건은 따뜻한 물로 채워진 대양, 혹한의 겨울 폭풍을 일으키기에 충분한 수증기의 근원 등을 만듦으로써 빙하기에 필요한 조건들을 제공하고 있는 것이다.

"얼음은 누구의 태에서 나왔느냐? 하늘의 흰 서리는 누가 생기게 하였느냐? 물들은 돌로 숨긴 것같이 굳게 숨겨져 있고 깊음의 표면은 얼어 있느니라." (욥38:29,30)

7. 분자시계(molecular clock, molecular chronometer, evolutionary clock)

'Out of Africa 이론' 이나 '바이칼 기원' 에서는 인류의 탄생 연대를 알기 위해 기존에 사용해오던 (그래서 어느 정도 그 비과학성이 일반인들에게도 드러난) 화석의 동위원소 측정법이 아닌 DNA 상에 남겨진 돌연변이율로부터 계산(분자시계, molecular clock)을 하고 있어서 아마도 전문지식이 없는 사람들이라면 이제는 꼼짝없이 이 분자유전학자들이 주장하는 바를 과학적 사실로 받아들일 수밖에 없을 것이다.

그러나 이 최첨단 과학기법이라 하는 분자시계는 근본적으로 심각한 문제점들을 내포하고 있는 또 하나의 '거짓된 가설' 에 불과한 것임을 알아야 한다. 곧 분자시계의 창시자인 버클리대학의 사리치(Sarich) 박사가 어떻게 분자시계를 보정(calibration)했는지부터 살펴보면 이

기법에는 다음과 같은 근본적인 문제들이 있음을 알 수 있다.

첫째로, 현 인류의 DNA 염기서열을 관찰할 때 어느 것이 변이한 것이고 어느 것이 변이하지 않은 것인지 어떻게 알 수 있다는 것인가? 첫 인간 아담의 유전자(DNA) 구조는 오직 하나님만이 아신다. 하지만 진화론자들은 인류가 침팬지로부터 진화했다는 거짓된 가정 하에 침팬지를 준거점(original reference)으로 사용한다.

둘째로, 사리치 박사는 한 걸음 더 나아가 진화론에서 화석의 빈도와 연대가 잘 알려진 몇 종의 돌연변이를 관찰하고, 그 화석의 연대와 비교하여 DNA의 기준변화율을 책정하였다. 그리고는 그 변화율을 침팬지와 사람에 적용하여 침팬지로부터 사람의 진화는 약 5백만 년에서 7백만 년 정도라고 주장하였던 것이다.

셋째로, 최근의 다른 진화론자들의 연구결과에 의하면 그 분자시계의 보정도 경우에 따라 엄청난 변화를 보여 신뢰할 만한 것이 되지 못한다고 발표되고 있다.

넷째로, 'Out of Africa' 연구팀들은 이미 인류화석학의 패러다임이 인류가 아프리카로부터 진화했다는 것임을 알고 실험 자료를 편파적으로 처리하여 아프리카 기원(Africa origin)의 결론에 도달한 것이라는 비평을 받고 있다.

마지막으로, 위의 'Out of Africa' 연구팀들이 사용한 분자시계는 전술한 바와 같이 사리치 박사의 화석에 의한 보정법과 그 변화율 계산에 근거한 것인데 작금의 분자생물학자들은 화석의 연구는 이제 진부한 것이기 때문에 첨단과학인 분자생물학으로 대치되어야 한다고 주장을 하고 있다. 아이러니컬하게도 그 첨단 분자생물학의 변화율 보정이 기존의 화석과 진화론의 연대 계산에 의해서 이루어지고 있는 데도 말이다. 이것이야말로 순환논리(circular reasoning)의 전형이다.

8. 아담의 유전자(Adam's gene)

따라서 'Out of Africa 이론'이나 '바이칼 기원'에서 주장하는 바와 달리 첫 인간 아담의 유전자(DNA)는 지금으로부터 약 6,000년 전에 하나님께서 그 어떤 피조물과도 다르게 창조하셨음을 우리는 확실히 알 수가 있는 것이다(창1-2장).

그런데 하나님께서 보시기에 심히 좋게 창조된 아담에게 유전적인 문제가 생기게 된 것은 창조 후 얼마가 지나지 않아서였다. 사탄이 첫 사람 아담과 이브에게 다가와 하나님의 말씀을 변개하여 유혹했을 때 말씀에 올바로 서 있지 못했던 이들은 자유의지(free will)를 남용하여 하나님의 명령을 어기고 선악과를 따먹게 되었다.

신들(gods)과 같이 되려는 교만(창3:5), 먹음직스런 열매를 따먹고 싶은 욕망(창3:6), 눈으로 보기에 즐거움(창3:6) 등으로 인해, 곧 육신의 정욕과 안목의 정욕과 이생의 자랑 때문에 아담과 이브는 그만 죄를 짓고만 것이다(요일2:16). 따라서 무질서도(entropy)가 증가하는 '열역학 제2법칙'이 태동되면서 아담의 유전자(DNA)도 불완전하게 변해버려

"정녕 죽으리라" (창2:17)하신 하나님의 말씀이 이뤄지게 되었다(창 3:17-19; 롬5:12).

'육체의 생명은 피에(in the blood) 있다' (레17:11상)고 하신 하나님께서 '인류의 모든 민족들을 한 피로 만드사 온 지면에 거하게' (행17:26상) 하시며 '죄의 삯은 사망' (롬6:23상)이라 선고하셨기 때문에 죄는 아담의 피에 영향을 미쳐서 그에게 죽음을 가져왔으며 동시에 아담의 피를 물려받은 모든 인류에게도 사망이 초래되도록 하였다. 즉 아담의 부패된 피를 통해 '죄의 유전자' 가 온 인류에게 예외 없이 전달되게 된 것이다.

"그러므로 한 사람으로 말미암아 죄가 세상에 들어오고 죄로 말미암아 사망이 들어왔나니 이와 같이 모든 사람이 죄를 범하였으므로 사망이 모든 사람에게 임하였느니라." (롬5:12)

9. 죄의 유전자(gene of sin)

소아청소년과 의사로서 또한 두 아이를 키우는 아버지로서 아이들의 여러 상황들을 관찰하면서 끊임없이 확인할 수 있었던 것은 시편기자의 다음과 같은 고백들이었다. "보소서, 내가 불법 중에서 형성되었으며 내 어머니가 죄 중에서 나를 수태하였나이다." (시51:5) "사악한 자들은 모태에서부터 떨어져 나갔으니 나면서부터 길을 잃고 거짓을 말하는도다." (시58:3)

세상에 갓 태어난 아기에게서 그 누가 죄의 그림자라도 발견할 수 있겠느냐고 반문하겠지만 성경은 우리의 바람과는 달리 죄 속에서 우리의 존재가 시작됨을 수없이 증언하고 있다. 사도 바울은 로마인들에게 보내는 서신에서 '모든 사람이 죄를 지어 하나님의 영광에 이르지 못하였고' (롬3:23), '의로운 자는 없나니 단 한 사람도 없으며' (롬3:10), '선을 행하는 자가 없나니 단 한 사람도 없다' (롬3:12)며 죄로부터 비켜서 있는 사람이 아무도 없음을 알려 주고 있다. 아울러 욥은 "누가 정결한 것을 부정한 것 가운데서 가져올 수 있나이까? 아무도 없나이다." (욥14:4)라면서 죄의 현상의 뿌리가 인간의 조성 시점으로까지 거슬러 올라감을 언급하고 있다.

그래서 아담으로부터 '죄의 유전자' 를 물려받은 아담의 후손들은 누구나 예외 없이 '죄의 삯' 인 사망을 자기 몫으로 받게 되어서 '육체적 사망' 과 함께 '영적 사망' 에까지 처해지게 되는 것이다(롬6:23상; 계20:10-15; 21:8).

"두려워하는 자들과 믿지 않는 자들과 가증한 자들과 살인자들과 음행을 일삼는 자들과 마법사들과 우상 숭배자들과 거짓말하는 모든 자들은 불과 유황으로 타는 못을 자기 몫으로 받으리니 이것이 둘째 사망이라." (계21:8)

10. 예수님의 유전자(Jesus' s gene)

그러면 이 죄의 유전자를 어떻게 치료하여야 둘째 사망 곧 영원한 지옥·불못의 형벌로부터 벗어날 수 있는 것일까? 그 답은 너무나도 간단하다. 죄의 유전자가 없는 피를 받아들이는 것이다.

첫 사람 아담 이래 모든 사람이 죄가 있는 SIN(+)혈액형을 갖고 있지만 마지막 아담으로 오신 예수님만은 죄가 없는 SIN(-)혈액형을 가지셨다(롬5:14하; 고전15:45; 마27:4). 따라서 아담의 유전자를 물려받지 않은 예수님의 유전자 곧 예수님의 피를 받아들이는 자는 누구든지 자기의 죄를 완벽하게 치료받을 수 있으며 구원에 이르게 된다(롬5:8,9; 히9:13,14; 요일1:7-9; 계12:10,11).

"그러므로 기록된바, 첫 사람 아담은 살아 있는 혼이 되었다, 함과 같이 마지막 아담은 살려주는 영이 되셨느니라." (고전15:45)

하나님께서는 여자를 창조하실 때 피가 여자로부터 여자의 후손에게 흘러가지 않도록 하셨다! 산모의 자궁에서 자라나고 있는 태아에게 산모는 태반을 통하여 태아의 성장에 필요한 영양분만을 공급할 뿐이고 피는 단 한 방울도 주지 않는다는 것은 의학적으로 아주 오래 전부터 입증된 사실이다.

태반을 통해 단백질, 지방, 탄수화물, 무기질, 항체 등등의 갖가지 영양소들과 산소는 수동적, 능동적, 또는 촉진적 이동(transport) 등의 기전에 의해 태아에게 넘어가고 대신 태아의 신진대사 작용으로 생긴 노폐물은 산모의 혈액으로 되돌아오게 된다. 그러나 태반 안에서 정상적인 경우 단 한 방울의 피도 서로 교환되지 않는다. 오로지 태아의 피는 태아 자체의 조혈기관(fetal hematopoietic organs)에서 생성되는 것이다!

따라서 하나님께서는 예수님이 죄가 없는 SIN(-)혈액형을 갖고 태어나도록 하시기 위해 처녀탄생이란 방법을 택하셨다. 처녀 마리아 속에서 성령님에 의해 수태된 예수님은 (비록 마리아는 죄가 있는 SIN(+)혈액형을 갖고 있었지만) 아무 문제없이 마리아로부터 영양분을 공급받을 수 있었던 한편 '육신적으로는 다윗의 자손' 이 되셨던 것이다.

11. 예수님의 피(Jesus' s blood)

그러므로 SIN(-)인 예수님의 피는 성령님께로부터 받은 무죄하신 피(innocent blood)요, 거룩하신 피(divine blood)요, 썩지 않은 피(incorruptible blood)인 것이다(마27:4).

악인을 결코 사하지 아니하시는(나1:3) 공의로운 하나님께서 죄로 말미암아 사망에 처한 인류를 구원하기 위해 취하실 수 있는 방법은 단 한 가지였다. 자신의 독생자(his only begotten Son)를 주시는 것밖에는 다른 방도가 없었다. 하나님이신 예수님께서는 사람으로 오셔서 자신의 몸에 온 세상 죄를 짊어지고 십자가에 달려 죽으셨다. 십자가에서 SIN(-)인 피를 흘려 그 피로 모든 사람의 죄 값을 지불하셨다.

그러므로 누구든지 예수님께서 자기 죄를 위하여 피 흘려 돌아가셨다고 믿는 그 순간 그 사람의 죄가 십자가로 이전되어 영원히 없어져 버리는 것이다!

"그분의 아들 예수 그리스도의 피가 모든 죄에서 우리를 깨끗하게 하시느니라." (요일1:7하)

"하나님께서 세상을 이처럼 사랑하사 자신의 독생자를 주셨으니 이것은 누구든지 그를 믿는 자는 멸망하지 않고 영존하는 생명을 얻게 하려 하심이라." (요3:16)

12. 마무리

앞서 간략히 살펴본 바대로 진화론은 과학이 아니라 거짓된 가설이다. 그럼에도 이 역시 수많은 현대인들이 최첨단 과학으로 굳건히 믿고 있는 것이 작금의 상황이다.

그렇다. 과학을 숭배하며 마귀들의 교리와 꾸며낸 이야기를 따르길 좋아하는 이 시대는 마지막 아담이신 예수님께서 다시 오시기 바로 직전(末世之末)인 것이다(딤전4:1; 딤후4:3,4).

이제 이 마지막 때를 살아가는 우리에게 말씀하시는 주님의 음성에 귀를 기울이도록 하자.

"정신을 차리라. 깨어 있어라. 너의 대적(對敵) 마귀가 울부짖는 사자 같이 두루 다니며 삼킬 자를 찾나니" (벧전5:8)

"오 디모데야, 속되고 헛된 말장난과 거짓으로 과학이라 불리는 것의 반론들을 피하며 네게 맡긴 것들을 지키라." (딤전6:20)

쓰나미 대참사

2004년말 남아시아를 강타한 지진해일(쓰나미) 대참사에 따른 사망자 수가 발생 3주가 지난 지금까지 15만 명을 훨씬 넘어서고 있다.

과학/2005.1.15

2
쓰나미

1. 들머리

2004년의 마지막 주일(主日, the day of the Lord) 인도양에서 발생한 지진과 그로 인한 지진해일(쓰나미)로 인해 발생 3주가 지난 지금까지 집계된 사망자만 15만 명을 훨씬 넘어서고 있다. 결코 유례가 없는 숫자이다.

그리고 재해 지역도 인도네시아를 위시하여 말레이시아, 태국, 버마, 방글라데시, 인도, 스리랑카, 몰디브 등 아시아 국가는 물론 소말리아, 케냐, 탄자니아, 세이셸 등 아프리카 국가에까지 이르렀고 피해국민의 분포도 우리나라를 비롯하여 아시아, 유럽, 미주, 오세아니아, 아프리카 등 지구촌 곳곳이 다 포함되어서 인류 역사상 유례가 없는 최악의 자연재난으로 기록이 되고 있다.

아울러 해안(津)을 뜻하는 쓰(tsu)와 파도(波)를 뜻하는 나미(nami)가 합쳐져서 '포구로 밀려드는 파도'를 의미하게 된 쓰나미(津波, Tsunami)가 무서운 줄은 이미 알고 있었지만 해저지진을 잘 관측할 수 있는 21세기 첨단과학 시대에 들어서도 이처럼 가공할 재해를 일으켰다는 사실로 인해 온 세계인들은 더욱 커다란 충격에 휩싸이고 있다.

그래서 우리나라도 그렇지만 세계 각국의 시민들이 함께 마음 아파하며 민간 차원에서도 구호에 적극적으로 동참하여 현재까지 세계 각국에서 모아진 구호자금은 역대 최고인 50억 달러를 상회하였다고 한다.

그런데 지구촌이 지진해일 복구에 하나가 되고 있는 것과는 달리 최근 우리나라에서는 이 번 참사에 대한 어느 대형교회 목사님의 설교 내용을 놓고 네티즌들이 극렬하게 대립되면서 쓰나미는 또한 이 시대의 '영적인' 화두로 급부상하고 있는 것이 작금의 상황이다.

따라서 이 글에서는 이미 매스컴을 통해 보도된 지진해일에 대한 일반적인 고찰과 더불어 성경적 관점에서 지진의 기전과 역사와 미래를 고찰해 봄으로써 함께 이 시대를 분별해보고자 한다.

2. 기전(Mechanism)

지구의 표층인 지각은 각각의 두께가 수십㎞에서 200㎞에 이르는 12개의 판(유라시아판, 아프리카판, 인도·호주판, 태평양판, 북아메리카판, 남아메리카판, 남극판, 필리핀해판, 카리브판, 코코스판, 나즈카판, 아라비아판 등)으로 덮여 있는데 이 들 판은 연간 수㎝ 정도의 속도로 움직이고 있다.

그래서 두 판이 접하는 부분에서는 판끼리 밀거나 서로 떨어져나가

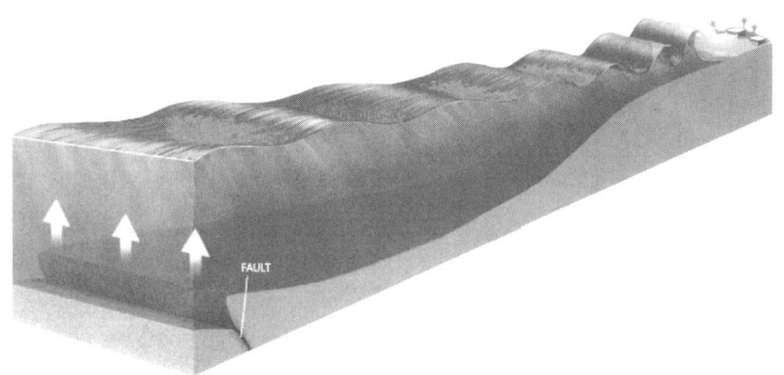

지구의 표층인 지각은 각각의 두께가 수십㎞에서 200㎞에 이르는 12개의 판으로 덮여 있다. 이 판들끼리 밀거나 서로 떨어져나가거나 부딪치는 가운데 지진이 발생하는데, 특히 수직단층 때 대규모 지진해일이 발생하게 된다.

거나 부딪치는 가운데 지진이 발생하는데 지각판이 부딪치며 서로 엇갈리는 형태인 수평단층에서는 지진해일이 발생하지 않지만 한쪽 지각판이 상대판에 부딪쳐 밀려들어가는 수직단층 때에는 대규모 지진해일이 발생하게 된다.

남아시아 전역을 초토화시킨 이번 참사는 이미 잘 알려진 대로 인도·호주판이 유라시아판의 아래쪽을 파고들면서 리히터 규모 9.0의 강력한 해저 지진을 일으켜 거대한 해일을 만들어냈기 때문에 발생하게 되었다.

지진해일은 바다가 깊을수록 파고는 높지 않고 속도가 빠른 반면 해안에 가까울수록 파고가 높아지고 속도는 느려진다. 인도양 주변국을 휩쓴 이번 쓰나미의 경우 해저 9㎞ 아래쪽에서의 지진으로 인해 지각이 약 11m 솟으면서 일어났는데 처음에는 길이 1,200㎞의 파도가 시속 700㎞로 달렸지만 파고는 크게 느끼지 못할 정도였다. 그러나 그 파도가 해변에 도착하는 순간 높이 10m의 거대한 해일로 돌변하여 이처럼 엄청난 재난을 가져오게 된 것이다.

그렇다면 지구의 표층이 12개의 판으로 갈라지지 않고 하나로만 되어 있었다면 지진도, 또 그로 인한 해일도 발생하지 않았을 텐데 도대체 언제부터 지각이 갈라져서 이처럼 지진과 쓰나미가 일어날 수 있게 된 것인지 한 번 살펴보지 않을 수 없다.

3. 노아의 홍수(the Flood of Noah)

"하나님께서 이르시되, 하늘 아래의 물들은 한 곳으로 함께 모이고 마른 육지는 드러나라, 하시니 그대로 되니라. 하나님께서 마른 육지를 땅(Earth)이라 부르시고 물들이 함께 모인 것을 바다들(Seas)이라 부르시니 하나님께서 보시기에 좋았더라." (창1:9,10)

이처럼 하나님께서는 창조 셋째 날에 땅(Earth)과 바다들(Seas)을 만드셨는데 이것은 오늘날 우리가 보는 것처럼 오대양육대주(五大洋六大洲)가 아니었다(창1:9-13).

즉 땅은 하나였고 바다는 그 땅을 기준으로 하여 동해, 서해, 남해, 북해 등과 같은 방식으로 불려졌음을 짐작할 수 있다. 아울러 '하나님께서 보시기에 좋았더라' 는 절대적 평가에서 알 수 있듯이 땅은 아담으로 인하여 저주를 받기까지 완전한 하나의 지각과 더불어 유토피아를 이루고 있었다(창3:17).

이후 아담의 타락으로 인해 땅이 저주받고 땅에서 가시덤불과 엉겅퀴가 나게 되었지만 지각은 여전히 하나로 이루어져 지진에 의한 재난은 발생하지 않고 있었다(창3:17,18). 또 시간이 흘러 땅이 아벨의 피를 받아 땅에게 저주가 더해졌지만 역시 지각의 변동은 일어나지 않았다(창4:11,12).

그러나 노아의 때에 땅이 하나님 앞에 부패하여 폭력이 땅에 가득하게 되자 하나님께서는 비로소 땅을 사람들과 함께 멸하리라고 작정하셨다(창6:11-13). 그리하여 노아가 육백세 되던 해에 큰 깊음의 샘들이 다 터지면서 땅에는 급격한 물리적인 변화가 발생하기 시작하였다(창7:11). 아울러 하늘의 창들도 열려 비가 사십 일 동안 밤낮으로 땅 위에 쏟아졌고 이 물이 백오십 일 동안 땅 위에 넘쳐나 온 하늘 밑에 있는 높은 산을 약 아홉 달 동안 다 덮게 되었다(창7:11,12,18,19,24; 8:5).

시편기자는 이 때의 상황을 다음과 같이 기록하고 있다.

"주께서 옷으로 덮는 것 같이 땅을 깊음으로 덮으시매 물들이 산들 위에 섰으나 주의 꾸짖으심에 그것들이 도망하고 주의 천둥소리에 서

둘러 물러가며 산들을 따라 오르고 골짜기들을 따라 내려가 주께서 그 것들을 위하여 기초를 놓으신 곳에 이르렀나이다. 주께서 경계를 정하사 물들로 하여금 넘어가지 못하게 하시며 다시 돌아와 땅을 덮지 못하게 하셨나이다." (시104:6-9)

4. 대격변(Cataclysm)

따라서 지각(地殼)은 물론 지구의 지리, 수리, 기상 등등에 있어서 이전의 세계 질서를 완전히 파괴시킨 전세계적 대격변(cataclysm)이 일어날 수밖에 없었다. 그런데 이것은 퇴적층의 화석들이 신속한 매장의 불가피성을 증명하고 있는 보편적 사실로써도 잘 알 수가 있으며 또한 인도의 땅이 태국·말레이시아를 지탱하는 대륙 밑으로 약간 파고들어가면서 발생한 이번 지진을 통해서도 충분히 짐작할 수 있다.

즉 진앙지인 수마트라 섬 끝부분이 남서부 방향으로 36m, 그 남서부 섬들도 역시 같은 방향으로 20m쯤 밀려난 것, 길이 560㎞, 폭 150㎞에 이르는 단층도 최대 13.9m 움직인 것, 그리고 기울기가 약 23.5도인 지구의 자전축이 영향을 받은 것 등을 보면 큰 깊음의 샘들이 다 터지고 하늘의 창들이 열려 일년 간 지구 전체가 물에 잠기는 노아의 대홍수로 인해 얼마나 엄청난 지각변동이 초래되었을지 쉽게 헤아려볼 수 있을 것이다(창7:11; 8:14).

그리하여 홍수 이후 급속도로 지각의 균열이 생겨나면서 여러 지각판들이 만들어져 각종 지진과 함께 홍수 이전과는 판이하게 다른 지형변화가 이루어졌을 터인데 일례로 히말라야 산맥은 홍수 이후 인도 지각판이 북쪽으로 밀고 올라가 아시아 대륙판과 충돌하면서 솟아오르게 되었을 것이다. 그리고 시간이 흘러 셈(Shem)의 현손(玄孫)인 벨렉(Peleg, dividing)의 시대에 이르러서는 확연하게 땅이 나뉘게 되어 오늘날과 같은 오대양육대주(五大洋六大洲)가 비로소 이뤄지게 되었다(창10:25).

"에벨에게 두 아들이 태어났는데 이 중 하나의 이름은 벨렉이니 이는 그의 시대에 땅이 나뉘었음이요." (창10:25)

5. 성경 속의 지진(Earthquakes in the Bible)

벨렉의 시대 이후로도 수많은 크고 작은 지진이 일어났겠지만 성경에서 최초로 언급된 '구체적인' 지진은 모세가 하나님과 만나려고 백성을 데리고 시내 산기슭에 섰을 때 일어난 지진이다(출19:17,18).

"시내 산이 온통 연기로 자욱하니 이는 주께서 불 가운데서 그 위로 내려오셨음이더라. 그 연기가 화로의 연기같이 위로 올라가고 온 산이 크게 진동하더라."(출19:18)

두 번째 지진은 고라와 다단과 아비람 등이 모세와 아론을 대적하였으므로 주님께서 심판의 도구로 사용하신 지진이다(민16:1-35).

"땅이 그 입을 벌려 그들과 그들의 집과 고라에게 속한 모든 사람과 그들의 모든 물건을 삼키매 그들과 그들에게 속한 모든 것이 산 채로 구덩이에 빠지며 땅이 그들 위에서 닫히니 그들이 회중 가운데서 멸망하니라."(민16:32,33)

세 번째 지진은 요나단이 '주께서 우리를 위하여 일하실 것이라. 이는 많은 사람으로 구원하시든지 혹은 적은 사람으로 하시든지 주께는 제약이 없기 때문이니라.' 하면서 자기의 병기든 청년과 함께 블레셋 사람들의 수비대에게로 건너가 싸울 때에 일어난 지진이다(삼상14:1-23).

"이 때에 군대와 들과 온 백성 가운데 떠는 일이 일어나매 수비대와 노략하는 자들도 떨었으며 땅도 흔들렸으니 이것은 참으로 큰 떨림이었더라."(삼상14:15)

네 번째 지진은 엘리야가 로뎀나무 밑에서 휴식을 취한 후 하나님의 산 호렙에 이르러 하나님께로부터 사명을 받으려 할 때에 일어난 지진이다(왕상19:4-18).

"그분께서 이르시되, 앞으로 나아가 주 앞에서 산에 서라, 하시더니, 보라, 주께서 지나가시는데 주 앞에서 크고 강한 바람이 산을 가르고 바위들을 산산조각으로 부수나 바람 가운데에 주께서 계시지 아니하

며 바람이 지나간 뒤에 지진이 있으나 지진 가운데에도 주께서 계시지 아니하고"(왕상19:11)

다섯 번째 지진은 예수님께서 십자가에서 돌아가시자 발생한 지진이다(마27:51-54).

"이에, 보라, 성전의 휘장이 위에서 아래까지 둘로 찢어지고 땅이 진동하며 바위들이 터지고…이 때에 백부장과 그와 함께 예수님을 지켜보던 자들이 지진과 그 일어난 일들을 보고 심히 두려워하여 이르되, 진실로 이분은 하나님의 아들이었도다, 하더라."(마27:51,54)

여섯 번째 지진은 예수님께서 부활하셨을 때 발생한 지진이다(마28:1,2).

"보라, 큰 지진이 나니 이는 주의 천사가 하늘에서 내려와 입구에서 돌을 뒤로 굴려 내고 그 위에 앉았음이더라."(마28:2)

일곱 번째 지진은 한밤중에 바울과 실라가 빌립보 감옥에서 기도하고 하나님께 찬양의 노래를 부를 때에 일어난 지진이다(행16:12, 25,26).

"이에 갑자기 큰 지진이 나서 감옥의 기초가 흔들리고 즉시 문이 다 열리며 모든 사람의 결박이 풀리니라."(행16:26)

6. 심판(judgment)

이상과 같이 성경에 나타난 역사적 지진들의 경우에서 알 수 있듯이 이번 남아시아의 지진과 쓰나미도 분명 하나님의 섭리 가운데 발생한 것임을 기억해야 한다(암3:6하; 마10:29).

"주께서 행하지 아니하셨는데 어찌 도시에 재앙이 있겠느냐?" (암3:6하) "참새 두 마리가 일 앗사리온에 팔리지 아니하느냐? 그러나 너희 아버지의 허락 없이는 그 중의 하나도 땅에 떨어지지 아니하리라." (마10:29)

특히 이번 지진해일의 피해지역이 대표적인 기독교 박해 지역이기 때문에 하나님의 심판이 이곳에 행해진 것이라는 주장은 일부의 우려와 달리 결코 비성경적인 내용이 아니다. '세계 종교의 자유 보고서 2004' (International Religious Freedom 2004)를 보면 인도네시아 최대 피해지역인 수마트라 섬 북부의 아체 지역은 인도네시아에서 유일하게 이슬람법인 샤리아에 의해 통치되고 있어서 많은 그리스도인들이 죽임을 당하기도 하였던 곳이고, 스리랑카도 목사를 구타하거나 교회를 방화할 정도로 기독교인에 대한 핍박이 드센 곳이며, 인도의 상당수 주에서는 아예 법적으로 기독교 개종이 금지되어 있고, 태국 푸켓의 경우 이슬람교뿐 아니라 중국계 무속 등 미신이 팽배하여 기독교 전파가 어려운 것으로 보고되고 있다. 따라서 하나님께서 충분히 개입하실 여지가 있다고 생각하는 것이 틀린 판단은 아닌 것이다.

"그런즉 내가 너희의 모든 불법으로 인하여 너희를 벌하리라, 하셨느니라." (암3:2하)

그런데 우리는 이미 이천 년 전에 예수님께서 이번 쓰나미 참사와 같은 사건을 두고 하신 말씀에 더욱 귀를 기울여야 할 것이다.

"그 때에 몇 사람이 와서 빌라도가 어떤 갈릴리 사람들의 피를 그들의 희생물에 섞은 일을 예수님께 고하매 예수님께서 그들에게 대답하여 이르시되, 너희는 이 갈릴리 사람들이 이런 일들을 당했다고 해서 그들이 모든 갈릴리 사람들보다 더 큰 죄인이었다고 생각하느냐? 내가 너희에게 이르노니, 아니라. 너희도 만일 회개하지 아니하면 다 그와 같이 멸망하리라. 또 실로암에서 망대가 무너져 깔려 죽은 저 열여덟 사람이 예루살렘에 거하는 모든 사람들보다 더 큰 죄인이었다고 생각하느냐? 내가 너희에게 이르노니, 아니라. 너희도 만일 회개하지 아니하면 다 그와 같이 멸망하리라."(눅13:1-5)

그렇다. 우리도 회개하지 아니하면 언제든 쓰나미 재난처럼 멸망할 수 있는 것이다.

7. 시대의 표적(Signs of the Age)

아울러 우리는 예수님께서 제자들로부터 주님께서 오시는 때의 표적과 세상 끝의 표적이 무엇이냐는 질문을 받으시고 다음과 같이 답하신 것을 기억하여야 할 것이다(마24:3-28; 눅21:5-24).

"또 민족이 민족을 왕국이 왕국을 대적하여 일어나고 곳곳에 기근과 역병과 지진이 있을 것임이라." (마24:7) "또 너희가 전쟁과 난리에 대하여 들을 때에 무서워하지 말라. 이는 이런 일들이 반드시 먼저 일어나야 하되 곧 끝이 오는 것은 아니기 때문이라. 또 그분께서 그들에게 이르시되, 민족이 민족을 왕국이 왕국을 대적하여 일어나겠고 곳곳에 큰 지진과 기근과 역병이 있겠으며 또 하늘로부터 두려운 광경과 큰 표적들이 있으리라." (눅21:9-11)

그런데 이번 남아시아 지진해일의 충격이 가라앉기도 전 세계 곳곳에는 이상 자연현상이 잇따르고 있다. 1월 8일부터 유럽 북부에 허리케인 수준인 시속 150km 이상의 폭풍우가 들이닥쳐서 노르웨이에서는 원유 생산이 중단되고 독일에서는 열차 운행과 여객선 운항이 금지됐으며 아일랜드에서는 15만 가구에 전기 공급이 끊겼고 영국에서는 3명의 사망자와 함께 수천 명의 이재민이 발생했다.

미국 캘리포니아 남부에도 폭설과 폭우가 쏟아져 11명이 숨졌는데 샌게이브리얼 산맥 인근에는 무려 690mm의 비가 내려 마을이 물에 잠기기도 했으며 시에라네바다의 고지대에는 지난해 12월 28일 이후 570cm의 눈이 쌓였고 네바다 주 리노레이크타호에도 195cm의 눈이 내려 1916년 이후 최대의 강설량을 기록했다.

브라질에는 가뭄과 폭우가 한꺼번에 몰려왔는데 남부 리우그란데두술 주 당국은 1월 10일 가뭄 비상사태를 26개 시에서 87개 시로 확대했고 북동부 지역도 식수 부족과 수확 위기 상황을 맞고 있는 반면 이 날 중부 4개 주에는 폭우주의보가 내려졌다.

이 밖에 멕시코에서는 1월 9일 수도 인근 포포카테페틀 화산이 증기와 재를 5km 높이까지 분출해 폭발 가능성이 우려되고 있으며 1월 10일 이란 북동부에서 리히터 규모 5.8, 남미 콜롬비아에서는 규모 4.8의 지진이 일어났다.

그렇다. 우리는 쓰나미를 포함하여 '곳곳에' (in diverse places) 일어나고 있는 이러한 자연재해들을 통해 주님께서 오시는 때가 임박했음을 깨달아야 할 것이다(마24:7,33; 눅21:11,28).

"그런즉 이와 같이 너희가 이 모든 일들을 볼 때에 그 때가 가까이 곧 문들 앞에 이른 줄을 아느니라." (마24:33) "이런 일들이 일어나기 시작하거든 위를 보고 너희 머리를 들라. 이는 너희의 구속(救贖, redemption)이 가까이 이르렀기 때문이라, 하시더라." (눅21:28)

8. 세계화(Globalization)

이번 인도양 연안의 쓰나미 참사를 두고 세계인들은 이구동성으로 '세계의 비극' 이자 '비극의 세계화' 라 평가하고 있다. 그런데 이러한 '세계화' 란 관점이 또한 하나의 시대적 표적임을 우리는 성경을 통해 깨달아야 한다(단2:24-45; 12:4; 계13:1-3; 17:8).

앞서 잠시 언급이 되었지만 이번 지진해일로 인해 지구촌 곳곳이 재난을 당하여 실제로 '국가 연합' (UN)에 가입된 191개 국가 중 약 1/5에 해당하는 42개 이상 국가의 시민들이 피해를 입었기 때문에 '세계의 비극' 또는 '비극의 세계화' 는 너무도 적절한 평가라 생각된다.

다시 말해서 1990년 이후 보고된 지진들 중 가장 강력하였던 리히터 규모 9.5의 칠레 지진(1960년, 5,700명 사망)이나 또 리히터 규모는 7.5였지만 사망자 수에서 최고를 기록한 중국 지진(1976년, 25만5천 명 사망)의 경우들도 단일 국가에서 일어나 그 국민만이 피해를 입었을 뿐인 데 반해 이번 쓰나미 참사는 그야말로 오대양육대주(五大洋六大洲)를 망라해서 피해가 일어난 재난임으로 '세계화된 최초의 재난' 이라는 데에 큰 의미를 부여해야 할 것이다.

그래서 더욱 더 온 세계인들은 이심전심으로 이번 참사의 구호에 적극적으로 참여하여(국가마다 나름대로의 전략이 작용하기는 했겠지만) 세계화된 재난 덕분에 구호의 손길도 세계화된다는 사실을 실감하게 되었을 것이다. 이는 "우리는 많은 것을 잃었지만 전세계가 보여준 유대로 힘을 얻었다."고 한 스리랑카 대통령의 감사성명에서도 충분히 확인될 수 있다.

그런데 '세계화된 재난'에 대한 인식이 증대되면서 세계인들의 관심은 '다음 지진 발생지는 어디며 과연 우리는 안전한가?'에 모아지고 있다. 왜냐하면 지진의 위협에서 벗어날 수 있는 지역은 지구상에 한 곳도 없음이 이미 과학적으로 판명이 났으며 또 이번에 경험했듯이 한 곳의 재난이 세계 여러 곳에까지 파급될 수 있기 때문이다.

그래서 지진 이후 지진해일 발생 여부와 규모를 예측하여 알려주는 조기 경보시스템을 갖추어 인명 피해를 줄이기 위해 세계 각국이 공동으로 네트워크를 만들어 함께 노력을 경주하고 있는데 일부 태평양 연안 국가들이 미국 하와이 소재 태평양쓰나미경보센터(PTWC)로부터 지진해일에 대한 정보를 제공받고 있는 것과 최근 '국가 연합'(UN)이 경제적으로 어려운 인도양 연안국들을 위해 국제적인 조기경보체제 구축을 추진키로 한 것 등은 세계화된 재난 대책의 좋은 예가 될 것이다.

9. 다가올 지진(Earthquakes to come)

그런데 이처럼 온 세계인들이 하나가 되어 열심히 범세계적인 재난관리를 한다 하여도 지진 발생 그 자체를 완전히 막을 수는 없다. 즉 이

번 쓰나미의 여파로 인도 아삼 주에서 엄청난 규모의 지진이 곧 일어날 가능성은 차치하고서라도 수마트라섬 일대에서 알래스카로 이어지는 환태평양 화산대나 아프리카 카나리아제도 등 지구촌 곳곳이 언제든 지진이 일어날 수 있는 지진의 잠재 위험 지역인 것은 주지의 사실이다.

최근 AFP 통신은 '아프리카 카나리아제도의 쿰브레 비에야 활화산 폭발로 쓰나미가 발생할 가능성이 높은데 이로 인해 미국의 북동부 해안까지 심각한 피해를 볼 것' 이라는 과학자들의 연구 결과를 다음과 같이 소개하였다. "지금까지 7번 폭발한 쿰브레 비에야 화산이 다음 번 폭발할 때는 섬의 서부 측면이 크게 붕괴되어 5천억 톤의 돌덩이가 물 속으로 한꺼번에 잠기면서 100m 이상의 해일이 발생하고, 이 해일은 시속 800㎞로 8시간 만에 대서양을 건너 미국 북동부 해안을 강타하여 바닷물이 내륙 20㎞까지 침투할 것이 예상된다."

그렇다면 이러한 지진은 정말 일어날 수 있는 것인지 한 번 성경을 통해 답을 구해보도록 하자.

"일곱째 천사가 자기 대접을 공중에 쏟아 부으매 큰 음성이 하늘의 성전에서 왕좌로부터 나서 이르시되, 다 이루어졌도다, 하시니 음성들과 천둥들과 번개들이 있고 또 큰 지진이 있어 얼마나 크고 강력한지 사람들이 땅 위에 있은 이래로 그와 같은 지진이 없었더라. 이에 그 큰 도시가 세 조각으로 갈라지고 민족들의 도시들도 무너지며 또 큰 바빌론이 하나님 앞에 기억되어 그분께서 그녀에게 자신의 맹렬한 진노의 포도즙 잔을 주시니 모든 섬이 사라지고 산들도 보이지 아니하더라." (계16:17-20)

그렇다. 분명 앞으로 큰 지진이 있을 것인데 사람들이 땅 위에 있은 이래로 경험하지 못했던 그리고 과학자들의 예상도 뛰어넘는 엄청난 지진이 발생하여 모든 섬이 사라지고 산들도 보이지 않게 될 것이다.

10. 마무리

이제 이 쓰나미 참사를 통해 '주님의 날'(主日, the day of the Lord; 사2:12; 13:6,9,13; 슥14:4,5; 마7:22; 10:15; 요6:39; 롬2:5,6,16; 고전3:13; 고후1:14; 빌1:6,10; 살전5:4; 딤후4:8; 벧후3:7,12; 유1:6; 계6:17)에 대한 카운트다운이 상당히 진행되고 있음을 진정 거듭 난 그리스도인들은 확실히 깨닫게 되었을 것이다.

그렇다면 이제 우리가 할 일은 무엇일까? 먼저 이 '주님의 날' 은 불신자들에게는 멸망과 심판의 날이 되지만 구원받은 하나님의 백성들에게는 영광과 소망의 날이 된다는 사실을 기억하자(사13:13; 슥14:4,5). 그리고 항상 말씀을 선포하고 주님의 이름을 찬송하며 그분의 구원을 날마다 나타내도록 하자(딤후4:2; 시96:2).

"너는 말씀을 선포하라. 때에 맞든지 맞지 아니하든지 항상 예비하라." (딤후4:2상) "주께 노래하고 그분의 이름을 찬송하며 그분의 구원을 날마다 나타낼지어다." (시96:2)

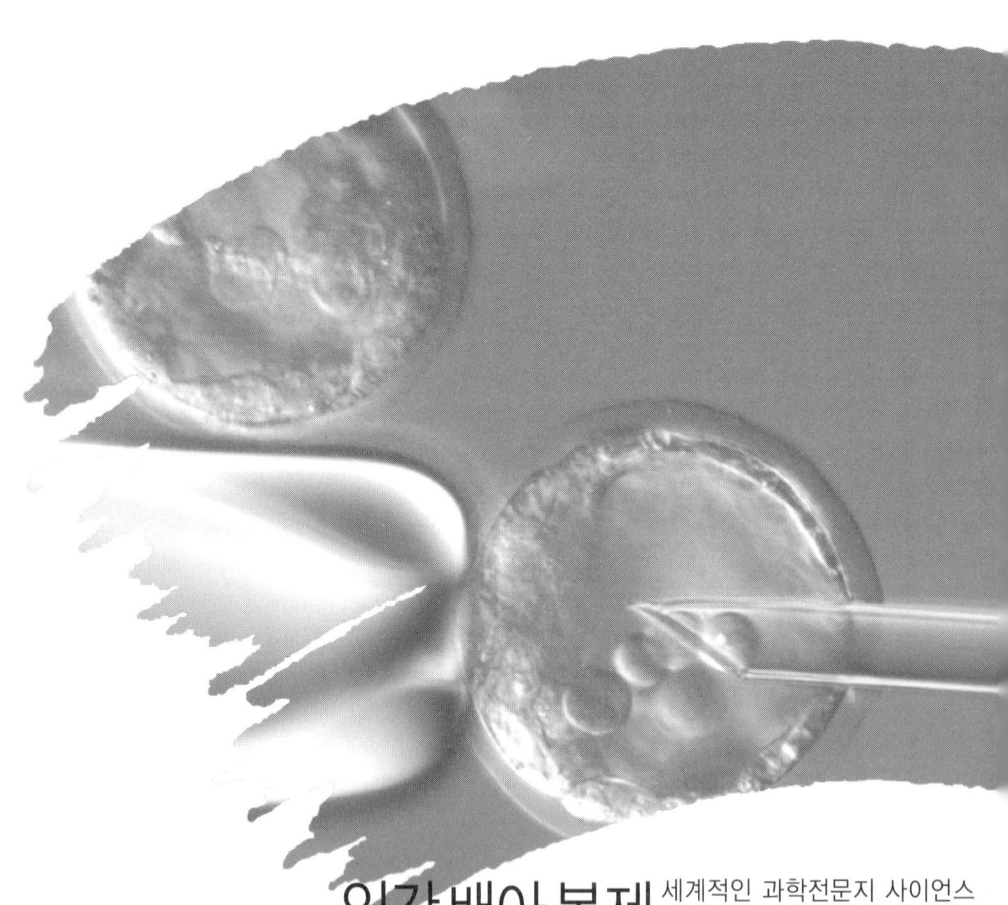

인간배아복제

세계적인 과학전문지 사이언스(Science)는 2004년 2월 12일 인터넷판을 통해 서울대 황우석 교수와 문신용 교수 등 한국의 과학자들이 사람의 체세포와 난자를 이용해 인간배아 줄기세포를 만들어냈다고 보도했다.

과학/2004.2.12

3

인간 배아 복제

1. 들머리

세계적인 과학전문지 사이언스(Science)는 2004년 2월 12일 인터넷판을 통해 서울대 황우석 교수와 문신용 교수 등 한국의 과학자들이 사람의 체세포와 난자를 이용해 인간배아 줄기세포를 만들어냈다고 보도했다(논제: Evidence of a Pluripotent Human Embryonic Stem Cell Line Derived from a Cloned Blastocyst).

이후 미국 뉴욕타임스, 영국 BBC, 프랑스 르 몽드 등 세계 주요 언론들도 우리나라 과학자들의 '인간 배아 복제' 성공 소식을 앞다퉈 크게 보도했으며 아울러 외신들은 이 연구 결과에 대해 놀라운 과학적 업적이라는 찬사와 함께 인간 복제에 대한 우려를 표시하면서 윤리적 논쟁이 가열될 것으로 전망했다.

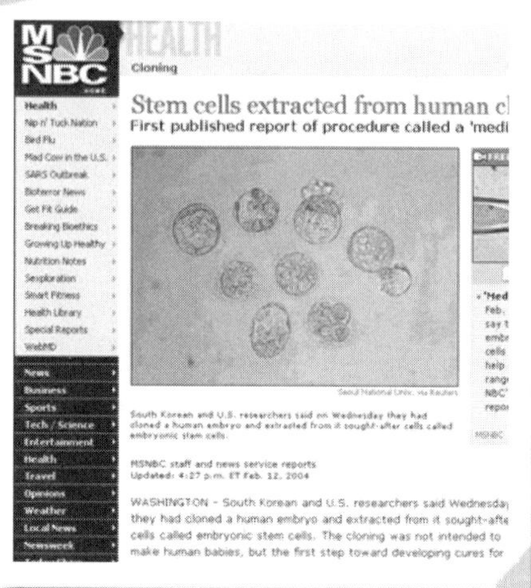

MSNBC
HEALTH
Cloning

Health
Nip n' Tuck Nation
Bird Flu
Mad Cow in the U.S.
SARS Outbreak
Bioterror News
Get Fit Guide
Breaking Bioethics
Growing Up Healthy
Nutrition Notes
Sexploration
Smart Fitness
Health Library
Special Reports
WebMD
News
Business
Sports
Tech / Science
Entertainment
Health
Travel
Opinions
Weather
Local News
Newsweek

Stem cells extracted from human cl

First published report of procedure called a 'medi

Seoul National Univ. via Reuters

South Korean and U.S. researchers said on Wednesday they had cloned a human embryo and extracted from it sought-after cells called embryonic stem cells.

MSNBC staff and news service reports
Updated: 4:27 p.m. ET Feb. 12, 2004

WASHINGTON - South Korean and U.S. researchers said Wednesday they had cloned a human embryo and extracted from it sought-afte cells called embryonic stem cells. The cloning was not intended to make human babies, but the first step toward developing cures for

우리나라 과학자들의 '인간 배아 복제' 성공 소식을 다룬 美 MSNBC뉴스 인터넷판 /2004.2.12 MSNBC(http://www.msnbc.msn.com/id/4244988)

그런데 오명 과기부 장관은 연합뉴스와의 인터뷰에서 "황 교수의 인간 배아줄기세포 복제 성공은 노벨 과학상에 근접한 세계적인 업적"이라면서 "과학기술 한림원 등 학계를 중심으로 의견수렴을 거쳐 (황 교수가) 지원 대상자로 선정되면 '황우석 후원회'를 결성해, 별도로 후원금을 조성해 지원할 계획"이라고 밝히기도 하였다.

그러자 참여연대, 한국여성민우회, 환경정의시민연대 등 10개 시민단체들은 성명서를 내고 "과학기술부는 황우석 교수를 노벨상 후보로 추천하기 위한 추진위원회 구성을 즉각 중단해야 한다"고 주장하면서 "과기부가 윤리적 논란이 많은 연구를 수행한 사람을 노벨상 후보로 추진하겠다는 것에 우려를 금할 수 없다"고 하였다. 즉 이들은 대부분의 국가에서 인간 배아 복제를 금지하고 있으며 엄격한 제한 하에 연구가 이뤄지고 있는 상황에서 노벨상 추진위를 구성한다는 것은 국제적 흐름에 어긋나므로 먼저 생명공학 연구에 대한 사회적 합의를 이끌어내는 것이 순서라고 말하고 있다.

그렇다면 이처럼 국내외적으로 핫이슈가 되고 있는 '인간 배아 복제' 는 어떠한 목적과 방법에 의해 진행된 것인지 또 어떠한 문제점들이 내재되어 있는지 제한된 지면을 통해 간략하게나마 살펴봄으로써 함께 이 시대를 진단해보도록 하자.

2. 왜 복제하려 하는가?

70년대와 80년대의 인기영화 '슈퍼맨' 의 주인공으로 우리에게 잘 알려진 영화배우 크리스토퍼 리브는 이제 날기는커녕 걷지도 못하고 있다. 그러나 1995년 불의의 승마사고로 척추를 다쳐 숨조차 쉴 수 없고 손가락 하나 까딱할 수 없는 전신마비에 빠져 사경을 헤매던 그가 피눈물 나는 투병 생활을 한 지 7년 만에 오른쪽 팔목 및 왼쪽 손가락과 발가락을 기적적으로 움직이게 되었고 또 거의 몸 전체에서 따끔하게 찌르는 충격을 감지할 수도 있게 되었는데 최근에는 호흡기 없이 숨을 쉴 수 있도록 횡경막에 전극을 이식 받고나서 언젠가는 반드시 걸을 수 있을 것이란 꿈을 버리지 않고 있다고 한다.

즉 그는 '줄기세포' (stem cell)로 만든 신경세포를 이식함으로써 자신의 손상된 척추신경이 재생될 수 있으리라는 확신을 갖고 있는 것인데 이제 한국 과학자들의 인간 배아줄기세포 복제 성공으로 말미암아 그의 꿈은 조만간 현실로 이뤄질 수 있으리라 전망이 된다.

1998년 10월 미국 위스콘신대 제임스 톰슨 박사와 존스 홉킨스대 존 기어하트 박사가 인간의 배아로부터 줄기세포를 배양하여 신경세포,

황우석 박사 /연합뉴스

심장근육세포 등 다양한 종류의 세포를 만들어내는 데 성공한 이후 '이식의학'(transplantation medicine)이라는 새로운 질병치료 개념이 생겨났다. 즉 당뇨병, 파킨슨씨병, 골관절염 등과 같이 세포가 제 기능을 하지 못하고 소멸되는 퇴행성 질환을 앓고 있는 환자에게 줄기세포를 이식하면 손상된 세포를 정상세포로 바꿀 수 있을 것이라는 희망을 갖게 된 것이다.

그래서 과학자들은 질병 치료용 줄기세포를 얻기 위한 배아 복제는 인간 복제와 구별해 '치료용 복제'(therapeutic cloning)라 부르기도 한다.

이는 황우석 교수의 경우에도 마찬가지이다. 그는 조선일보와의 인터뷰에서 "불교의 윤회(輪廻) 사상이 나의 연구의 철학적 배경이 아닌가 싶다"고 하면서 "여성의 난자를 이용해 복제 배아를 만들고, 이것으로 다른 환자의 난치병을 완치시킨다는 것이 생명을 이어가는 윤회의 완성일 수 있다"고 주장하며 인간 배아 복제에 대한 그 나름대로의 합목적성을 주장하고 있다.

3. 어떻게 복제하는가?

현재까지 줄기세포를 얻는 방법으로 냉동배아 줄기세포, 배아 생식세포, 성체 줄기세포, 그리고 복제 배아 줄기세포 등 크게 네 가지 방법이 시도되어 왔다. 이 중 가장 대표적인 방법은 불임 치료에서 남은 냉동 배아를 이용하는 것인데 이것은 해동과정에서 손상을 입을 수 있는데다 줄기세포를 이식하면 유전자가 맞지 않아 거부반응을 일으킬 수 있는 점이 문제가 되어 왔다.

따라서 이를 극복하기 위해 황 교수팀에서 했던 것과 같이 환자 자신의 체세포를 복제해 줄기세포를 얻는 방법이 나오게 되었는데 이렇게 하면 배아가 환자 자신의 체세포로 만들어 졌기 때문에 여기서 얻은 줄기세포를 자신에게 이식하여도 면역거부 반응이 없어지게 된다.

황 교수팀이 시행한 배아 복제는 기본적으로 복제양 돌리를 만든 것과 동일한 방법이라고 할 수 있다. 연구팀은 자원하는 여성 16명에게 난자가 배아 복제와 줄기세포 연구에 사용된다는 데 동의하는 서약서를 받고 호르몬을 주사해 보통 때보다 많은 난자를 생산하게 했다. 한 명당 한두 번씩 난자를 채취해 모두 242개의 난자를 얻은 후 이 난자에 체세포인 난구세포를 삽입하고 전기 충격을 가해 세포융합을 일으켰다.

연구팀은 세포융합이 완결된 배아 가운데 30개를 줄기세포를 얻을 수 있는 배반포기까지 배양하는 데 성공했다. 그리고 나서 줄기세포를 뽑아낼 만한 20개의 내부 세포 덩어리를 확보했다.

그러나 최종적으로 한 개의 내부 세포 덩어리에서만 성공적으로 '줄기세포주(株)' 를 확립했다. 즉 (세포주란 몇 차례 분열하면 죽는 보통의 세포와 달리 특수한 처리를 하여서 다른 세포로 분화되지 않고 영원히 분열하도록 만든 세포를 말하는데) 황 교수팀은 세계 최초로 복제 배아에서 줄기세포주를 확립했지만 이처럼 성공률은 매우 낮았던 것이다.

4. 무엇이 문제인가?

다시 말해 한 개의 줄기세포주를 얻기 위해 무려 242개의 난자가 파괴되고 소모되었던 사실을 주목하지 않을 수 없다. 특히 16명의 여성들이 난자를 기증하기 위해서 자신의 난소가 가늘고 긴 바늘에 찔리는 고통뿐 아니라 갖가지 부작용을 당했을 수도 있었는데 이러한 사실이 언론에 잘 보도되지 않는 것은 심히 유감스러운 일이 아닐 수 없다.

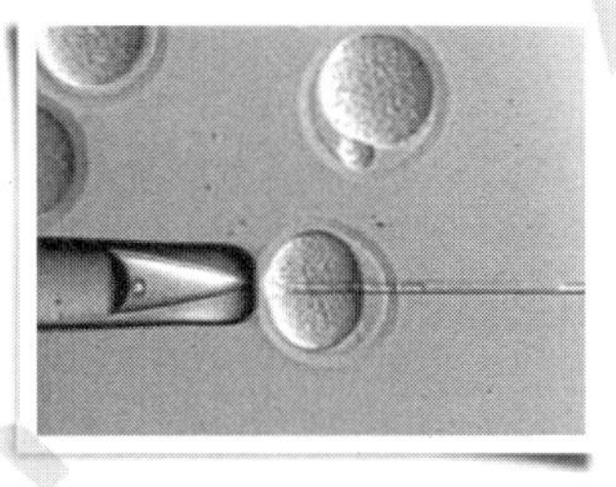

또한 전술한 바와 같이 난자를 많이 확보하기 위해 호르몬을 과다하게 투여할 수밖에 없는데 이로 인해 여성의 몸에는 많은 후유증이 발생할 수 있다. 즉 심할 경우에는 신속한 진전을 특징으로 하는 '난소과자극증후군' (Ovarian Hyperstimulation Syndrome)이 나타나 혈관 투과성이 증가되어 복강, 흉곽, 심낭막 등에서의 체액 삼출이 유발될 수 있다. 초기증상으로 중증의 골반통, 오심, 구토, 체중증가 등이 생기며 진전이 되면서 복통, 복부팽창, 구역, 구토, 설사 등의 소화기계 장애, 심한 난소 비대, 체중증가, 호흡곤란, 핍뇨, 혈액량 감소, 혈액농축, 전해질 불균형, 복수, 혈복강, 흉수, 급성 폐장애, 혈전증 등이 발생할 수 있다.

그리고 인간 배아 복제는 하나의 생명체일 수도 있는 배아를 파괴해야 한다는 문제도 있고 궁극적으로는 인간 복제로 이어질 수 있다는 엄청난 문제점을 지니고 있다.

그래서 선진국들에서는 인간의 난자를 이용한 연구를 기피하고 있지만 아쉽게도 우리나라에서는 이에 대한 사회적 합의나 제도적 장치가 아직 마련되어 있지 않은 실정이다. 그렇기 때문에 심지어 라엘리언마저도 기술력은 높지만 법률은 미비한 우리나라를 최적의 인간 복제

연구지역으로 손꼽기도 했다지 않는가.

아울러 황 교수가 지난 해 시민단체와 보건복지부 그리고 과학기술부가 8년간의 협의 끝에 탄생시키기로 한 생명윤리 기본법을 끝까지 거부했던 이유도 이제 그가 이번에 발표한 연구 성과를 보면 충분히 짐작이 되고도 남는다.

그렇지만 스타 과학자임에도 너무나도 겸손하고 청빈한 황 교수는 2004년 3월호 과학동아와의 인터뷰에서 "생명윤리법이 제정되던 상황에서 배아 복제를 시도한 데 대한 비판은 겸허하게 받겠다" 고 하면서 "인간 복제에 대한 생각은 추호도 없었으며 앞으로 일년 정도 모든 연구를 중단하고 사회 각계의 의견을 진지하게 청취하겠다" 고 밝히고 있다.

5. 복제 인간은 출현할 수 있는가?

엄밀히 말하면 '인간 배아 복제' 는 '인간 복제' 와 동의어이다. 왜냐하면 복제된 인간 배아를 여성의 자궁에 착상시키기만 하면 복제 아기가 탄생되기 때문이다. 따라서 이번 황 교수의 연구 성과가 나온 이후 복제 인간의 출현이 불가능하다는 주장은 이제 더 이상 설득력을 가질 수 없게 되어 버렸다.

물론 이번에 확립된 줄기세포는 남성의 체세포를 사용하지 않은 것이기 때문에 '여성용' 이란 제한점이 있고 또 배반포기까지의 배아 복제 성공률은 높은 반면 줄기세포주를 확립한 비율이 낮은 점 등 더욱 연구가 필요한 부분도 있지만 인간 복제에 대한 기술적인 한계를 더 이상 거론할 수 없는 상황이 되어 버린 것은 확실하다고 하겠다.

그리고 만약 세계 모든 나라에서 인간 배아 복제에 대한 연구가 사회적으로 또한 법적으로 완전히 금지된다고 하더라도 이를 어기고 복제를 시도해볼 과학자들이 없으리라는 보장은 아무도 할 수 없을 것이다.

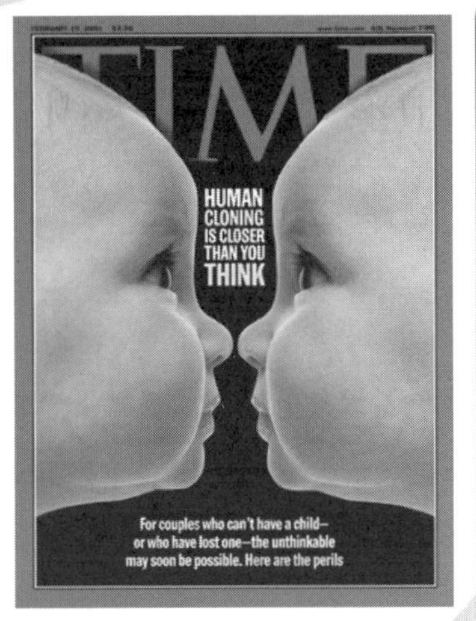

인간복제 문제를 다룬 〈타임〉紙의 표지

아울러 앞으로는 인간 복제의 우려를 씻기 위해 윤리적 논란이 큰 인간의 난자 대신에 인공 세포질을 만들어 체세포를 복제하려는 프로젝트도 황 교수에 의해 준비 중인 것으로 알려지고 있는데 만약 그 프로젝트가 성공하여 난자 사용에 대한 윤리적 논쟁은 사라진다고 하여도 인간 복제 가능성마저 다 없어지지는 않을 것이다.

또한 언젠가는 체세포의 유전자를 발생 초기로 돌려서 체세포 자체를 수정란 상태로 만들어 줄기 세포를 얻을 수 있다는 전망도 나오고 있는데 만약 이렇게 세포를 역분화(逆分化)시킬 정도로 생명공학이 발전될 경우에는 영화 '매트릭스'에서처럼 자궁내 성장 대신 인큐베이터를 이용하는 이차적인 인간 복제도 가능해질 것이다.

왜냐하면 하나님을 떠나 있으며 구원받지 못한 인간의 욕망이란 항상 죄와 불의의 길로 향할 뿐이기 때문이다(약1:15; 롬3:10-18). 따라서 인간 복제에 대한 욕망 곧 인간의 영생에의 집착을 너무나도 잘 아시는 하나님께서는 이 세상에 생명나무가 존재하는 동안 에덴의 동산 동쪽에 그룹들(cherubims)과 사방으로 도는 불타는 칼을 두어 생명나무에 이르는 길을 지키게 하셨던 것이리라(창3:24).

6. 복제 인간은 구원받을 수 있는가?

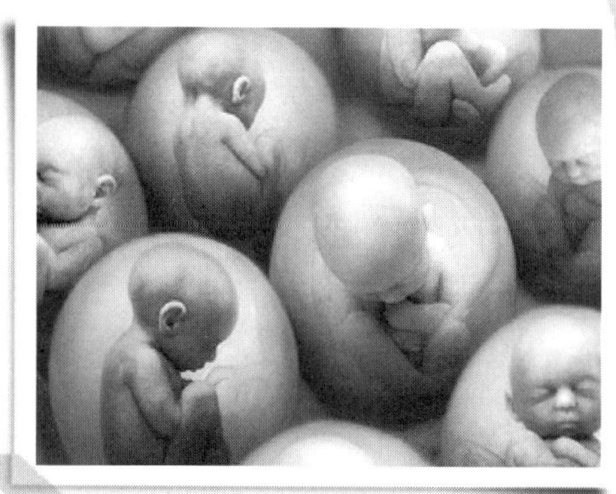

그렇다면 언젠가 혹시라도 복제 인간이 우리 곁에 등장하였을 때 우리는 그들을 어떻게 대하여야 하는 것인가?

비록 인간 복제라는 비윤리적이며 또한 무엇보다도 하나님의 창조섭리를 거스르는 반성경적인 방법에 의해 태어난 복제 인간이지만 그들이 영혼(soul)을 소유하고 있다면 그들에게도 구원의 가능성이 있는 것인지 질문해 보지 않을 수 없다.

왜냐 하면 복제양 돌리가 괴물이 아니고(새끼까지 낳을 정도로) 양이 분명했던 것처럼 복제 인간도 생물학적 측면에서 완전한 인간일 수 있기 때문이다. 또한 인간은 살아 있을 동안에는 결코 영혼(soul)과 육체를 나눌 수 없는 '전인적 존재'(holistic person)이므로 복제 인간도 혼(soul)적인 존재가 됨(becoming)이 예측될 수 있기 때문이다(창2:7).

"사람이 살아 있는 혼(魂)이 되니라."(and man became a living soul, 창2:7하)

다시 말해 복제 인간이란 '무성생식의 방법으로 원본 인간과 동일한 유전자를 지닌 존재가 신생아의 상태로 태어난 것' 으로서 쉽게 말하자면 '수십 년의 시간차를 두고 태어나는 일란성 쌍둥이' 라고 할 수 있는 존재이기 때문이다.

따라서 복제 인간은 원본 인간과 유전자만 같을 뿐 별개의 영혼(soul)을 소유한 별개의 인격(person)으로 성장할 것이 분명하다고 하겠다.

그렇다면 복제 인간(soul)은 구원받을 수 있는 것인가? 물론이다.

하나님께서는 한 인간이 태어나게 된 과정의 정당성과 그 태어난 인간 자체에 대한 관계하심을 별개의 문제로 다루고 계신다. 하나님이 원치 않으셨던 인본적인 방법에 의해 태어난 이스마엘에게 하나님께서는 큰 민족을 이루도록 복을 주셨고 또한 할례의 언약에도 동참할 수 있도록 하셨다(창16:1-4,15; 17:20,23-26). 아울러 유다가 그 며느리 다말과 근친상간하여 태어나게 된 베레스나 다윗이 간통하고 남편인 우리야를 죽인 후 아내로 삼았던 밧세바와에게서 태어난 솔로몬의 경우에서 보듯 하나님께서는 출생과정과 상관없이 한 영혼(soul)과 관계하고 계심을 알 수 있다(창38:12-30; 마1:3; 삼하11:2-27; 12:24,25; 마1:6).

그렇다. 예수님께서 말씀하셨듯이 "육에서 난 것은 육이요, 성령으로 난 것은 영" (요3:6)이며 또한 "살리는 것은 영이니 육은 아무것도 유익하게 하지 못하는" (요6:63) 것이다.

따라서 복제 인간도 복음을 올바로 전해 듣고 예수 그리스도를 구주로 받아들인다면 구원을 받지 못할 이유가 없는 것이다(마1:21; 요1:12; 요3:16; 롬10:13; 고전15:1-4). 왜냐 하면 그리스도의 보혈은 복제 인간을 포함한 모든 인간(soul)을 위해 흘려졌기 때문이다.

"그분의 아들 예수 그리스도의 피가 모든 죄에서 우리를 깨끗하게 하시느니라."(요일1:7하)

7. 마무리

구원받지 못한 모든 인간들에게 있어서 지고(至高)의 선(善)은 어떤 분야에서건 그들이 부인하는 하나님의 영역에 도전하는 일일 것이다. 특히 창조의 클라이막스로 하나님께서 만드셨던 인간을 복제하는 것은 그 어떤 것보다도 매력적인 아이템이 될 것이다.

그러나 설혹 인간을 복제하였다 하더라도 그것은 이미 존재하는 물질(세포)로부터 만들어진 간접적인 창조(mediate creation; 요2:1-11; 요6:5-14; 요9:1-41; 막7:31-37; 요5:1-9; 시51:10,17)에 불과할 뿐이다. 인간 복제는 삼위일체 하나님께서 하늘과 땅과 인간을 '무(無)에서'(ex nihilo; out of nothing) 만들어내신 직접적인 창조(immediate creation; 창1:1; 요1:1,3; 골1:16; 창1:2)에는 결코 비견될 수 없는 이야기이다.

우리는 하나님의 뜻에 반하여 행해지는 '인간의, 인간에 의한, 인간을 위한' 모든 행위들이 궁극적으로 심판으로 이어짐을 인류 역사의 태동에서부터 계속 확인할 수 있다(창3:6,19; 11:4-9).

따라서 이제 '인간 배아 복제'를 통해 창조자 하나님의 영역에 도전하는 생명공학의 결국이 어떠할 것인지 우리는 확실히 알 수가 있는 것이다.

"우리가 전체 일의 결론을 들을지니 하나님을 두려워하고 그분의 명령들을 지킬지어다. 그 까닭은 이것이 사람의 온전한 의무이기 때문이니 이는 하나님께서 모든 은밀한 일과 더불어 선한 일이든 악한 일이든 모든 일을 심판하실 것임이라."(전12:13,14)

"보라, 심판자께서 문 앞에 서 계시느니라."(약5:9하)

황우석 기자회견 세계 처음으로 "인간배아 줄기세포"를 만드는 데 성공한 서울대 황우석(오른쪽), 문신용 교수(왼쪽)가 18일 밤 인천국제공항으로 입국하여 기자들의 질문에 웃으며 답변하고 있다. 과학/2004.2.18 (서울=연합뉴스)

4
성경적 관점에서 본 인간복제

1. 들머리

2004년 2월 서울대 황우석 교수와 문신용 교수팀이 사람의 체세포와 난자를 이용해 '인간배아 줄기세포' (Pluripotent Human Embryonic Stem Cell Line)를 만들어내었다는 발표가 있은 이래 '인간 복제' 에 대한 우려와 논쟁이 날이 갈수록 증대되고 있다.

특히 황 교수의 '인간배아 복제' 성공으로 말미암아 세포가 제 기능을 하지 못하고 소멸되는 퇴행성 질환 환자에게 줄기세포를 이식하면 손상된 세포를 정상세포로 바꿀 수 있을 것이라는 희망(?)이 증폭되던 가운데 몇 달 전 알츠하이머병을 앓아온 로널드 레이건 전 대통령과 영화 '슈퍼맨' 의 주인공으로 말을 타다 떨어져 전신마비가 됐던 크리스토퍼 리브가 사망하자 줄기세포 연구 문제는 본격적인 정치적 이슈로도 부상하기 시작하였다.

그래서 지난 2004년 미국 대선에서 민주당 후보였던 존 케리 상원의원은 TV 토론회에서 리브의 이름을 거론하며 배아줄기세포 연구에 대한 연방정부의 재정지원을 제한하기로 한 부시 대통령의 결정이 파킨슨병이나 연소성 당뇨병 및 알츠하이머병 등으로 고통받고 있는 사람들에게 희망을 줄 수 있는 치료법을 개발하기 위한 연구 과정을 방해하는 것이라며 신랄히 비난을 하기도 했었다.

물론 미국인들이 일단은 케리를 선택하지 않았기에 줄기세포 연구에 관한 한 가장 보수적이 되어버린 미국에서는 향후 4년간 표면적으로 인간배아 복제가 금지될 전망이지만 성인세포에서 추출한 줄기세포를 이용하는 연구나 새로운 배아줄기세포주를 이용하는 민간 지원 연구는 이 같은 제한 정책에서 제외된다는 사실을 고려해 볼 때 '인간 복제' 를 향한 카운트 다운이 잠시라도 멈추어졌다고 볼 수 없는 것이 작금의 상황이다.

따라서 이 글에서는 인본주의적 관점에서 볼 때 불원한 장래에 이루어질 것으로 충분히 예상(?)되는 '인간 복제' 에 대해 성경적 조명을 해봄으로써 함께 이 시대를 분별하는 영적인 유익을 구해보고자 한다.

2. 생명(Life)

인간 복제를 포함한 생명 복제를 논하려면 먼저 생명에 대한 성경적 정의를 확실히 해두어야 할 것이다. 생물학에서 말하는 바와 달리 하나님께서는 일차적으로 '움직이는 피조물' (the moving creature) 곧 동물(動物)에서 생명이 존재한다고 말씀하신다(창1:20,30).

그리고 하나님께서는 인간을 자신의 형상과 모양에 따라 창조하시면서 인간에게 생명을 주셨는데 말씀으로 동물을 창조하셨던 것과 달리 땅의 흙으로 사람을 지으시고 '생명의 숨' (breath of life)을 그 코에 불어넣으셔서 사람이 '살아 있는 혼' (living soul)이 되게 하셨다(창1:26; 2:7). 그래서 아담 이후 역사상 존재하였던 모든 인간들의 생명은 하나님으로부터 나오게 되었다(눅3:38).

그러나 아담과 달리 그 후손들은 아담의 타락에 의해 영적으로 죽은 상태에서 태어나기 때문에 비록 하나님의 형상과 모양의 흔적은 갖고 있지만 타락한 아담의 모양과 형상에 따라 유한한 생명(life under death)을 소유하게 되었다(창9:6; 약3:9; 창5:3).

그러자 하나님께서는 영원한 생명을 잃어버린 인간을 위해 사랑과 은혜에 근거한 구원의 사역을 시작하셨다. 곧 영적으로 죽은 인간에게 친히 찾아오셔서 사람들을 구원하시려는 기쁜 뜻을 뱀(that old serpent)에게 내리신 형벌의 말을 통해 나타내보이시고 인간들로 하여금 이 구원의 기쁜 소식(gospel)을 받아들이도록 하셨다(계12:9; 창3:15). "내가 너와 여자 사이에 또 네 씨와 여자의 씨 사이에 적대감을 두리니 여자의 씨는 네 머리를 상하게 할 것이요, 너는 그의 발꿈치를 상하게 할 것이니라, 하시고"(창3:15)

이 말씀에 따라 예수 그리스도께서 여자의 씨(seed)로 이 땅에 오셔서 십자가의 죽으심과 부활을 통해 우리의 구원을 이루셨다. 따라서 예수님을 자신의 구주로 모셔들이는 자는 누구든지 '부활 생명'(resurrection life) 곧 '영원한 생명'(everlasting life)을 소유할 수 있게 되었다(마1:21; 요1:12; 3:16).

3. 인본주의(Humanism)

그러나 인간들은 하나님의 방법에 의해 영원한 생명을 얻으려 하지 않고 자신들의 방법으로 영생을 끊임없이 추구해 왔다. 곧 복음(gospel, 天乃人)이 아니라 종교(religion, 人乃天)를 통해 '결코 죽지 않으려는' 시도를 행해온 것이다(창3:4; 갈1:11-14).

오늘날 기독교와 유대교를 제외한 모든 종교의 기원이 되고 있는 바빌론(Babylon)에서 바벨탑을 세우게 된 과정을 보면 확실히 이 인내천(人乃天)의 인본주의(humanism)는 하나님의 방법과는 정반대였음을 알 수 있다.

즉 노아의 홍수 후 사람들이 동쪽에서부터 이동하다가 시날 땅에 있는 평야를 만나 거기에 거하게 되자 "다산하고 번성하여 땅에 충만하라" 고 하신 하나님의 말씀에 불순종하면서 온 지면에 널리 흩어짐을 면하려고 바벨이라는 도시와 탑을 세우게 되었다(창1:28; 9:1; 11:2,4, 9). 아울러 사람들은 하나님께서 창조하신 돌 대신 그들의 진보된 기술로 만든 벽돌로써 도시와 탑을 세워 하나님의 영광이 아니라 자신들의 이름을 내고자 하였다(창11:3,4; 고전10:31).

그런데 이러한 바빌론의 방법론은 언어가 혼잡하게 되어 사람들이 온 땅에 흩어지면서 함께 세계 곳곳으로 퍼져나가게 되었다(창11:8,9; 행17:26). 그리하여 '하나님의 신격' (Godhead)이 '사람의 기술이나 고안' (art and man' s device)으로 만들어질 수 있다는 의식이 하나님을 떠난 모든 인류에게 팽배해지게 되었다(행17:29).

그리고 21세기 생명공학의 디지털 시대를 맞아 이러한 인본주의의 종교적 방법론은 질병 치료용(therapeutic cloning)이라는 미명을 지닌 '인간(배아) 복제' 로 대치되어 '결코 죽지 않으려는' 시도를 계속하고 있는 것이다(창3:4).

이는 황우석 교수가 한 언론과의 인터뷰에서 "불교의 윤회(輪廻) 사상이 나의 연구의 철학적 배경이 아닌가 싶다" 고 하면서 "여성의 난자를 이용해 복제 배아를 만들고, 이것으로 다른 환자의 난치병을 완치시킨다는 것이 생명을 이어가는 윤회의 완성일 수 있다" 고 주장한 사실에서도 잘 드러나고 있는 것이다.

4. 복제(Duplication)

즉 인간 복제란 영(靈), 혼(魂), 육(肉)으로 구성된 인간에서 단순히 육(肉) 만을 복제한다고 하는 개념이 아니다(살전5:23; 히4:12). 이것은 이미 살펴본 대로 너무나도 '종교적' 이며 '영적' 인 문제이다.

특히 같은 생명 복제이면서도 동물의 복제와 인간의 복제가 같을 수 없음은, 즉 인간 복제가 영(靈)적인 문제임은 주님께서 욥(Job)의 나중을 처음보다 더 복되게 하신 구체적 내용들에서 잘 알 수가 있다. 욥기 42장을 보면 주님께서 욥의 포로된 것을 돌이키시고 욥이 이전에 소유했던 것의 '두 배를 주셨다' (duplicate)고 기록되어 있는데 양은 칠천에서 만 사천 마리로, 낙타는 삼천에서 육천 마리로, 소는 오백에서 천 겨리로, 암나귀는 오백에서 천 마리로 정확히 두 배가 되었지만 아들은 일곱, 딸은 셋으로 이전과 똑같은 수였다(욥1:2,3; 42:10,12,13).

즉 동물은 영혼(soul)이 없기 때문에 육(肉)이 죽으면 끝이지만 인간은 영혼(soul)을 소유한 존재이므로 욥의 고난 중 육(肉)이 죽었던 자녀들은 그 혼(魂, soul)이 살아서 낙원(paradise)에 있었기에 하나님께서는 욥에게 고난 후에 이전과 같은 수의 자녀를 주심으로써 자녀 수에 있어서도 완벽하게 '두 배' (duplicate)의 복을 베풀어 주셨던 것이다.

그렇다. (생물학적 측면에서 완전한 인간일 수 있는) 인간 복제는 복제양 돌리의 경우처럼 결코 단순히 육(肉)만의 복제로 그칠 수 없다. 왜냐 하면 영혼(soul)과 육체를 나눌 수 없는 '전인적 존재' (holistic person) 곧 '영혼과 몸이 같이 있는 단일체' (psychosomatic unity)로서 인간이 복제되는 것이므로 복제의 대상이 된 세포를 공여(供與)한 사람의 혼(魂, soul)과는 또 다른 혼

(魂, soul)이 복제된 육(肉)에 함께 내재될 수 있기 때문이다.

5. 생명 나무(the Tree of Life)

그렇다면 인간 복제가 이루어질 때 하나님께서는 그저 '인간의 기술과 고안' (art and man' s device)에 이끌려 복제된 인간의 육(肉)에다 영혼(soul)을 허락하실 수밖에 없게 되는 것일까?

이에 대한 답을 구하기 위해서는 창세기의 에덴 동산으로 돌아가 하나님과 인간과의 상호 반응(interaction)을 살펴봄이 좋으리라 생각된다. "주 하나님께서 동쪽으로 에덴에 동산을 세우시고 자신이 지은 사람을 거기 두셨으며 또 주 하나님께서 보기에 아름답고 먹기에 좋은 모든 나무를 그 땅에서 내어 자라게 하시니 그 동산 한가운데에는 '생명 나무'와 '선악(善惡)을 알게 하는 나무' 도 있더라." (창2:8,9)

왜 하나님께서는 동산 한가운데에 이처럼 특별히 두 나무를 두셨다고 언급을 하시는 것일까? 아마도 아담과 이브가 동산 어디에 있어도 이 두 나무는 동산 한가운데 있었기 때문에 바라볼 수 있었을 것인데 이로써 하나님께서는 우리의 삶의 모든 영역에서 창조주인 하나님과 피조물인 인간의 차이를 이 두 나무를 통해 우리에게 보여주시고자 하셨던 것이리라. 즉 생명을 주시는 분은 오직 하나님이시며 선과 악의 판단도 오로지 하나님께 속한 것이라는 사실을 인간에게 제시하고자 하나님께서는 에덴 동산의 조경(造景)을 그렇게 하셨으리라 생각된다.

그리고는 인간에게 '자유의지' (freewill, 레22:18,21,23; 23:38; 민15:3; 29:39; 신12:6;17; 16:10; 23:23; 대하31:14; 스1:4; 3:5; 7:13,16; 8:28; 시

119:108)를 주신 하나님께서는 '선악을 알게 하는 나무' 에서 나는 것을 먹는 날에 반드시 '죽을 것' 임을 선포하셨다(창2:17). 그래서 만약 아담과 이브가 말씀에 순종하여 '선악(善惡)을 알게 하는 나무' 에서 나는 것을 먹지 않았다면 하나님께서는 '생명 나무' 에로 초청을 하셨겠지만 안타깝게도 그들이 불순종하자 하나님께서는 '생명 나무' 에로 접근을 금(禁)하시게 되었던 것이다(창3:22-24, 참조: the Discovery of Genesis by C. H. Kang & Ethel R. Nelson)

6. 심판(Judgment)

하나님의 말씀에 불순종한 결과 아담과 이브에겐 '고통' (sorrow)의 삶이 시작되었으며 이 세상에는 '열역학 제2법칙' (엔트로피 증가의 법칙)이 태동하게 되었다(창3:16-19). 그리고 아담은 하나님의 말씀대로 죽을 수밖에 없는 존재가 되었다(창3:19하). 그리하여 먼저 영(靈)적으로 죽은 아담은 930세를 고통 가운데 살면서 많은 자손을 낳은 후 그 육(肉)도 결국은 죽음을 맞이하게 되었다.

즉 아담이 타락하자마자 '사랑' 의 하나님께서는 곧바로 '구원' 의 메시지를 선포하시고 또한 구원의 방법론을 곧바로 행해보이셨지만 또한 '공의' 의 하나님께서는 아담을 '심판' 하셔서 930년(추정)의 간격을 두고 영(靈)과 육(肉)이 죽게 하셨으며 그 사이에는 고통의 순간들을 허락하셨던 것이다(창3:15,21; 고전15:45; 창5:5).

그렇다면 이제 수정란(受精卵, fertilized ovum)부터 영(靈), 혼(魂), 육(肉)을 지닌 하나의 인간이라고 간주하는 보편적 관점에서 볼 때 이미 황우석 교수에 의해 인간 복제는 시작이 된 것이고 따라서 '생명 나무' 에로의 접근이 이루어진 것이므로 하나님의 심판이 어떠한 형태로든 나타나야 할 것이다.

그런데 황 교수의 인간배아 복제는 착상(着床, implantation) 전의 상태로서 마치 '생명 나무' 에서 나는 것을 따서 막 입에 넣고 있는 순간에 비유할 수 있으리라 생각된다. 그러므로 아직은 먹어서 소화흡수를 시켰다고는 할 수 없기 때문에 준비된 하나님의 심판이 아직까진 유보가 된 상황이라 할 수 있을 것이다.

다시 말해서 '선악(善惡)을 알게 하는 나무' 에서 나는 것을 먹고 난 이후 초래된 하나님의 심판에서 알 수 있듯이 '인간의 기술과 고안' (art and man' s device)에 의해 복제된 인간의 육(肉)에다 영혼(soul)이 허락되어서 그 복제된 인간이 선(善)과 악(惡)을 분별할 수 있게까지 될 경우 하나님께서는 방관치 아니하시고 곧바로 가시적인 심판을 행하실 것임은 자명한 이치이다(신1:39; 사7:15,16).

7. 대환난(the Great Tribulation)

그런데 앞으로 곧 다가올 단일세계정부(One World Government) 하에서 '인간 복제' 와 같은 바이오산업은 정부의 엄격한 통제를 받게 될 것이다. 그래서 궁극적으로 적그리스도는 게놈프로젝트 등을 통해 밝혀진 인간의 '유전 정보' (image)를 조작한 후 여기에 '생명' (life)을 부여하는 인간 복제 기술을 적용시켜 마치 전능자로서 사람들로부터 경배를 받고자 할 것이다(계13:15).

"또 그가 그 짐승의 형상(image)에게 생명(life)을 줄 권능이 있어 그 짐승의 형상으로 하여금 말도 하게 하고 그 짐승의 형상에게 경배하고자 하지 아니하는 자들은 다 죽이게도 하더라." (계13:15)

그러나 주 예수님께서는 역사상 전무후무한 심판이 곧바로 이 세상에 임할 것을 말씀하신다.

"이는 그 때에 큰 환난(great tribulation)이 있을 것임이니 세상이 시작된 이래로 이때까지 이런 환난이 없었고 이후에도 없으리라. 주께서 그 날들을 짧게 하지 아니하시면 어떤 육체도 구원을 받지 못할 것이로되 택하신 자들을 위하여 그 날들을 짧게 하시리라." (마24:21,22)

주 예수님께서 '인간 복제' 와 같은 악(惡)을 행하는 자들을 자신의 임재 가운데서 영존하는 파멸로 징벌하시기 위해 다시 오실 터인데 우리는 바로 그 때가 임박했음을 성경에 제시된 여러 표적들이 확연히 드러나고 있는 세태들을 보면서도 깨닫게 된다(살후1:7-9; 마13:39-43; 단12:4; 나2:3,4; 마24:7,12; 딤전4:1-4; 딤후3:1-5; 약5:3; 벧후3:3,4).

그런데 대환난 기간 중 심지어는 5개월 동안 메뚜기에 의해 고통을 받더라도 사람은 죽지 않는다(계9:3-6). 아마도 역설적으로 인간 복제 기술과 같은 바이오테크놀로지의 결과로 인해서겠지만 견디기 어려운 고통의 연속 속에서 차라리 죽음을 갈망한다 해도 죽을 수 없는 상황이 초래되는 것이다. 죽음이 멈춰진 때보다 최악의 고통의 시대가 또 있을까? 이것은 마치 죄인들이 지옥에서 영원한 고통을 받고 있는 것과 마찬가지인 상태일 것이다.

8. 마무리

서울대 황우석 교수팀의 인간배아 복제 연구가 미국 과학전문지 '사이언스'의 '올해 10대 연구' 중 3위로 선정됐다. 사이언스 2004년 12월 17일자는 '미국 항공우주국(NASA) 화성탐사 로봇의 생명탐사 업적'을 올해 최고의 연구 성과로 소개하고 '인도네시아에서 발견한 소형 인류 화석'에 이어 세 번째로 황 교수팀의 업적을 선정했는데 이 주목받는 세 가지 연구 모두의 기저에는 성경과 하나님을 부인하는 진화론과 인본주의가 깊이 뿌리박혀 있다.

그렇다. 비단 사이언스의 평가뿐이랴. 구원받지 못한 인간들에 의한 모든 인본주의의 행위들은 세상 사람들로부터 찬사를 받게 된다. 그러나 하나님의 뜻에 반하여 행해진 이 모든 것들이 궁극적으로 심판에 처해지게 됨은 명약관화한 사실이다(눅6:26; 창3:6,19; 11:4-9).

이미 생명 나무에서 나는 것을 따기 시작하여 대환난의 카운트 다운에 들어간 시대를 우리가 살아가고 있음을 기억하자. 아울러 대환난 기간 중 영존하는 복음을 지닌 천사가 외치는 소리에 미리 아멘으로 화답토록 하자.

"그가 큰 음성으로 이르되, 하나님을 두려워하고 그분께 영광을 돌리라. 이는 하나님의 심판의 시간이 이르렀음이니 하늘과 땅과 바다와 물들의 근원들을 만드신 분께 경배하라, 하더라." (계14:7)

참빛

이 글에서는 빛에 대하여 일반적인 물리학적 고찰을 하고 난 후 또한 이를 성경적인 관점으로 해석해봄으로써 아직 '참 빛'이 무엇인지 모르는 이들이 깨닫고 '참 빛'을 받아들일 수 있도록 도움을 주고자 한다. 과학/2005.7.15

5
참 빛

1. 들머리

빛이 없는 세상을 생각할 수가 있을까? 어둠을 걷어가는 한 줄기 햇살이나 어두운 밤 구름이 걷히면서 내리쬐는 달빛을 예찬한 시인들의 노랫말을 듣지 않더라도 우리는 우리의 기본적 인식과 판단이 빛에 의해서라야 그 기능이 가능해짐을 잘 알고 있다. 즉 모든 물질의 존재는 바로 빛에 의해서 그 의미와 가치가 부여되고 특히 우리의 건강과 생명을 보존하는 데 빛이 필수불가결한 요소임은 주지의 사실이다.

그래서 물리학이 발달하지 않은 고대로부터 최첨단 과학시대인 21세기 오늘에 이르기까지 인간의 역사 속에서 이 빛에 대한 관심은 끊이지 않아 왔다. 다시 말해서 빛의 조명을 통해서 우리의 인식세계가 가능하게 되므로 빛의 근원적 탐구로써 철학적 명제도 풀어볼 수 있으리라는 기대가 인류에게는 늘 있어 왔던 것이다.

그러나 지금까지 인간이 빛을 추구하고 탐구하며 발견하였던 수많은 데이터들은 그 자체로써 우리를 '참 빛'(the true Light)으로 인도해 주지 못하였다. 하지만 하나님의 은혜로 '참 빛'을 먼저 받은 이들은 여기에 하나님의 말씀이 비추일 때 (물론 다른 어떤 아이템들에서와 마찬가지로) 진리가 더욱 명확히 드러나게 됨을 확인할 수 있었다.

따라서 이 글에서는 빛에 대하여 일반적인 물리학적 고찰을 하고 난 후 또한 이를 성경적인 관점으로 해석해봄으로써 아직 '참 빛'이 무엇인지 모르는 이들이 깨닫고 '참 빛'을 받아들일 수 있도록 도움을 주고자 한다(딤후3:16; 요1:9; 요일2:8). 아울러 이미 '참 빛'을 소유한 이들도 빛의 과학적 고찰을 통해 매일의 삶 속에서 빛의 진정한 가치와 존재를 느끼며 더욱 굳건한 믿음의 삶을 살아갈 수 있었으면 한다.

2. 빛(light)

빛은 본래 파장이 0.4~0.75㎛인 가시광선(visible rays)을 말하지만 넓은 의미로는 자외선(ultraviolet rays)과 적외선(infrared rays)도 포함한다.

전파속도는 진공 중에서 초속 약 30만km(299,790.2±0.9km/s)에 달하며 물질 중에서는 물질의 굴절률에 반비례하게 된다. 그리고 음파나 무선용 전파에 비하여 파장이 짧아 균일한 매질 내에서는 거의 직진한다. 그래서 일반적으로 빛을 광선(光線)이라 하고, 이에 반하여 빛을 파동으로 고찰하는 경우에는 광파(光波)라 한다.

또한 일정한 파장의 빛은 각각의 파장에 대응하는 색감(色感)을 주게 되므로 파장이 모두 같은 빛을 단색광(單色光), 단색광이 혼합된 보통 빛을 복합광(複合光)이라 한다. 복합광은 프리즘이나 회절격자를 통해 단색광으로 나눌 수가 있는데 이렇게 나누어 배열한 것을 이 빛의 스펙트럼이라고 한다.

그런데 우리가 이 땅에서 느끼는 빛의 근원은 우주에서 오는 복사에 의한 소량의 빛과 지구에 도달하는 소량의 별빛을 제외하고는 대부분 지구가 속한 태양계의 중심인 태양으로부터 오는 것이다.

그러므로 빛에 대하여 보다 깊은 이해를 하기 위해서는 먼저 햇빛을 내보내는 태양에 대한 기본적인 물리적 자료들부터 살펴보는 것이 순서일 것이다.

3. 태양(sun)

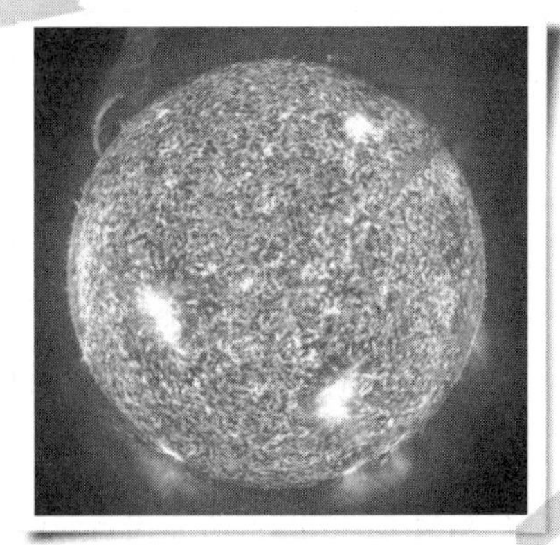

태양은 태양계에서 가장 특기할 만한 존재로서 태양계의 약 98%에 해당하는 질량을 차지하는 거대한 천체이다. 그 직경은 140만km로서 지구의 109배에 상당하고 부피는 130만 배에 달한다. 그러나 밀도의 차이 때문에 태양의 무게는 지구 무게의 33만 배 정도밖에 되지 않는다. 또 1회 자전하는데 25일이 걸리므로 태양의 하루는 지구의 25일에 해당된다.

지구에서 태양까지의 평균 거리는 1억5천만km로서 지구에서 달까지의 거리의 400배나 된다. 즉 지구에서 태양까지는 걸어서 4,000년, 비행기로 20년, 초속 7km 속도의 우주선으로 250일, 빛으로는 8분 19초가 걸리게 된다.

관찰할 수 있는 가장 외층을 광구(photosphere)라 부르는데 그 온도는 섭씨 6천도나 되며 여기저기서 에너지의 분출이 일어나기 때문에 태양의 표면은 얼룩덜룩하게 보인다.

태양 에너지는 태양의 깊숙한 곳에 있는 핵으로부터 생성되는데 이 곳에서는 온도(섭씨 1,500만도)와 압력(지구의 해수면 대기압의 3,400억 배)이 매우 높아 핵반응이 일어날 정도이다.

태양은 너무나 밝기 때문에 지구상의 물체를 기준으로 해서 그것의 밝기를 표시한다는 것은 매우 어렵다. 따라서 우리 눈과 태양 사이에 아무리 밝은 전등을 놓는다 하더라도 그것은 흰 원반 위의 검은 점같이 보일 것이다.

태양 표면의 일 평방미터는 계속해서 10만 마력의 에너지를 생산해 낼 수 있는 열을 복사하고 있다. 그래서 태양으로부터 멀리 떨어져 있는 지구가 받고 있는 태양열의 복사는 고작해야 태양이 방출하는 빛과 열의 22억 2천 2백만 분의 1에 불과할 뿐이지만 지구에 전달되는 태양열은 매년 30m 정도 두께의 얼음을 녹여 버릴 수 있을 정도로 강력하다.

4. 지적 설계자(intelligent designer)

그런데 만약 이와 같은 태양의 질량, 직경, 밀도 및 방출하는 빛과 에너지가 지금보다 조금이라도 많거나 적다면, 또는 태양이 지구에 조금이라도 가깝거나 멀다면, 또는 태양주위를 도는 지구의 궤도(orbit)가 원형이지 않고 다른 행성들처럼 타원(ellipse)이라면 우리가 현재 살아오고 있는 이 지구는 너무 뜨겁거나 추워서 생명체가 살기에 적합하지 않은 곳이 되었을 것이다. 왜냐하면 모든 생물이 특별한 문제없이 화학적으로 반응하며 살아갈 수 있는 온도의 범위는 매우 제한되어 있기 때문이다.

그렇다면 이와 같은 태양과 빛에 연관된 물리적 지표들이 우연이나 확률 또는 오랜 시간의 산물일 수 있을까?

결코 그럴 수 없다. 지면관계상 수많은 과학적 데이터들을 다 언급할 수 없지만 물리학, 화학, 생물학, 천문학, 지질학 등 우리가 관찰할 수 있는 모든 과학적 지표들은 (앞서 간단히 빛과 태양에 대해 살펴본 바와 마찬가지로) 이 우주에는 '지적 설계자' (intelligent designer)가 존재함을 너무나도 잘 드러내주고 있다.

그렇다. 성경은 바로 이 우주의 지적 설계자이신 하나님을 당당히 선포한다. "처음에 하나님께서 하늘과 땅을 창조하시니라." (창1:1)

또한 성경은 창조주 하나님께서 말씀으로 빛과 태양을 창조하심을 보여준다. "하나님께서 이르시되, 빛이 있으라 하시매, 빛이 있었고 하

나님께서 그 빛을 보시니 좋았더라." (창1:3-4상) "하나님께서 이르시되, 하늘의 궁창에 광체(光體)들이 있어서 낮과 밤을 나누고 표적과 계절과 일자(日字)와 연한(年限)을 나타내는 표가 되라. … 하나님께서 커다란 두 광체를 만드사 큰 광체로 하여금 낮을 다스리게 하시고 작은 광체로 하여금 밤을 다스리게 하시며 또 별들도 만드시고" (창1:14,16)

5. 빛이신 하나님(God is light)

이처럼 하나님께서는 모든 빛과 모든 생명의 근원이 태양이 아니라 하나님 자신임을 보여주시기 위해서 태양이 창조되기 이전에 빛이 존재하도록 하셨다.

"그런즉 우리가 그분에게서 듣고 너희에게 밝히 드러내는 소식이 이것이니 곧 '하나님은 빛이시요' (God is light), 그분께는 어둠이 전혀 없다는 것이라." (요일1:5)

그렇다. 하나님은 빛이시기 때문에 그분 안에는 어두움이 조금도 존재할 수 없다. 따라서 인간이 만들어낸 어떤 불빛도 태양의 밝기와 비교해볼 때에는 검은 점에 불과한 것처럼 인간의 관점에서 볼 때 매우 위대해 보이는 인간의 어떠한 업적과 노력 등도 거룩하시고 완전하신 하나님의 관점에서 볼 때에는 단순히 검은 점들에 불과할 뿐이다. 다른 말로 해서 성경은 그것을 '더러운 누더기' (filthy rags)라고 부른다(사64:6; 비교 슥3:3,4).

인간이 자신의 행위에 의해, 자신의 노력과 자신의 수고에 의해 의롭게 되려고 애쓰는 이 모든 것이 얼마나 무의미하며 어리석은 것인가? 부연컨대 인간의 모든 업적과 노력은 살아 계신 하나님의 거룩하신 요구에 비교해 볼 때 하나의 검은 점으로 남아 있을 수밖에 없는 것이다.

그런데 앞에서 잠시 언급하였듯이 햇빛은 '눈에 보이지도 않고 느끼거나 볼 수도 없는' 화학선(chemical/ultraviolet rays)과 '눈에는 보이지만 감지될 수는 없는' (가시)광선(light/visible rays) 및 '감지될 수는 있지만 눈에는 보이지 않는' 열선(heat/infrared rays) 등 세 가지 종류의 광선으로 구성이 되어 있다.

그래서 우리는 빛이신 하나님께서 또한 삼위일체(三位一體, trinity, triune God, 요일5:7)이시라는 사실을 묵상하면서 햇빛의 화학선은 어느 누구도 본 적이 없고 느끼거나 볼 수도 없는 아버지 하나님에 해당됨을 이해하게 된다. 또한 (가시)광선은 우리가 볼 수는 있지만 감지할 수는 없기 때문에 이 세상의 빛(요8:12; 9:5)이신 아들 예수님에 해당되며, 열선은 믿는 자들의 삶 속에서 감지되지만 결코 눈에 보이지는 않는 성령님에 해당됨을 알 수 있게 된다.

6. 완전하신 하나님(His way is perfect)

아울러 이러한 사도 요한의 빛에 대한 가르침을 '태양 광선의 분광(分光)' (the solar spectrum)과 연결시켜 보면 완전하신 하나님을 더욱 잘 이해할 수 있게 된다(삼하22:31상; 시18:30상).

무지개 속에서나 혹은 잘 깎여진 다이아몬드나 유리의 번쩍임 속에 드러나는 태양 광선은 스펙트럼(分光)을 형성하며 일곱 개의 색깔로 구성되어 있음을 우리는 쉽게 발견할 수 있다. 즉 햇빛이 프리즘을 통과하여 자기 길로 나아가게 될 때 각각의 색깔을 가진 빛들이 서로 다른 각도로 굴절되어 일곱 가지 색깔로 보이게 되는데 그 스펙트럼의 맨 위쪽은 보라색, 맨 아래는 빨간색으로 나타난다. (그러나 보라색 위에 있는 자외선은 화학선으로서 인간의 눈에는 보이지 않으며 빨간색 밑에 있는 적외선 역시 눈에 보이지 않는다.)

이처럼 가시광선이 보라색에서 붉은색에 이르는 일곱 가지의 기본 색깔들로 나뉘어 질 수 있다는 사실은 하나님의 신성(神性)의 완전하

심을 말해 주는데, 왜냐하면 '일곱' 이라는 숫자는 주지하다시피 완전함을 나타내며 하나님께서는 완전하신 분이시기 때문이다.

그리고 태양 광선의 스펙트럼은 우리에게 하나님의 신성의 일곱 가지 기본적 영역들도 말해 준다. 성막에서도 드러나듯이 붉은색은 그분의 희생을, 푸른색은 그분의 하늘에 속한 속성을, 자주색은 그분의 왕으로서의 인격을 나타내 주며 그 외의 다른 색깔들도 역시 하나님의 속성들을 보여준다(출25:4; 26:1). 하나님께서는 자신의 속성과 은혜와 역사하심에 있어 완전하신 분이시다(삼하22:31상; 시18:30상).

"하나님으로 말하건대 그분의 길은 완전하고"(삼하22:31상; 시18:30상).

7. 하나님의 속성(two basic attributes of God)

태양으로부터 복사되어 나오는 광선들은 생물체에 이로운가 유해한가에 따라 두 가지로 구분할 수 있다. 곧 태양 광선들 가운데 생물체에 치명적인 것들과 생물체의 생존에 필수적인 것들이 함께 섞여 있는 것이다. 그래서 하나님께서는 인간들이 이 지상에서 계속해서 살아남도록 하기 위해 치명적인 광선들을 차단하고 생명을 주는 광선들을 받아들일 수 있게끔 지구를 둘러싸고 있는 공기를 통해 조치를 취해주셨다.

공기는 빛을 굴절시키는 능력이 매우 크기 때문에 어떤 광선이 공기에 부딪치게 되면 빛들은 반사되어 굴절된다. 햇빛 속에 있는 치명적인 광선들은 굴절률이 매우 크므로 그들이 이런 공기층에 부딪치게 되면 굴절 현상에 의해 현저하게 꺾여져서 대부분은 지구를 지나쳐 흘러가

버리며 또 이와는 반대로 생명을 주는 광선들은 쉽게 굴절되지 않고 지구로 곧장 들어오게 된다.

따라서 이와 같은 관점에서 빛이신 하나님께서는 다음과 같이 두 가지 종류의 광선으로 구성된 분이라고 말할 수 있다.

첫째로 하나님은 '공의(公義)의 광선' 이시다. 하나님께서는 죄에 대한 완전한 보상과 자신의 거룩하신 법을 거역한 자들에게 무한한 형벌을 요구하시는 분이시다. 그러므로 이 광선은 죄에 물든 모든 피조물들에게 파멸과 저주를 불러온다(롬6:23상).

둘째로 하나님은 '사랑의 광선' 이시다. 하나님께서는 자신이 지으신 피조물들의 구원과 기쁨과 구속(redemption)을 갈망하시는 분이시다(롬6:23하; 요3:16).

하나님께서는 이 두 가지 속성들을 모두 갖고 계신다. 즉 하나님은 공의로우신 분이시며 동시에 사랑 그 자체이시다(시7:9; 사45:21; 요일4:8,16). 따라서 죄인인 우리가 하나님의 공의의 광선으로부터 살아남기 위해서는 그분의 공의가 충분히 만족되어 걸러짐과 동시에 그분의 사랑이 그분이 지으신 피조물들의 삶 속으로 흘러들어갈 수 있도록 하는 어떤 방법이 반드시 필요하게 되는 것이다.

8. 방패되신 그리스도(the shield of Christ)

그런데 우리는 이러한 조치들이 주 예수 그리스도 안에서 완전하게 마련되었음을 발견할 수 있다. 그리스도이신 예수님께서는 우리처럼 인간의 모습을 입으시고 이 세상에 오셨으며, 갈보리에서 하나님의 법의 정당한 요구를 만족시키셨고, 하나님께서 필요로 하시는 바를 성취하셨으며, 하나님의 심판 속에 담긴 진노가 자신에게 쏟아지게 하셨다.

즉 그리스도께서는 자신이 죽기까지 사랑하신 모든 사람들의 생명에 하나님의 '공의의 광선' 이 굴절되어 비켜가도록 하신 것이다. 이는 마치 그리스도께서 지구를 둘러싸고 있는 대기권과 같이 되신 것이다.

따라서 그리스도께서는 우리에게 보호막(방패, shield)이 되어주시며 또한 자신의 완전하신 사랑으로 하나님과 사람 사이의 중재자가 되어주시는 것이다(시84:11상; 갈3:20; 딤전2:5; 히12:24). "이는 주 하나님께서 해(sun)와 방패(shield)가 되시기 때문이니이다."(시84:11상) 그렇다. 하나님께서 우리의 방패가 되어주실 수 없는 한 결코 우리의 태양도 되실 수 없다. 그러므로 하나님께서는 우리의 방패되신 예수 그리스도 안에서 우리에게 생명을 주시는 분이 되시고, 은혜를 주시는 주님과 구원자가 되시는 것이다.

최첨단 암치료기법 중의 하나로 널리 사용되고 있는 '치료방사선'의 경우를 생각해보자. 암세포는 라디움(radium)에서 방출되는 (눈에 보이지 않는) 강력한 빛에 의해 죽게 되는데 만약 납이라고 하는 보호막(방패, shield)이 없다면 정상세포도 같이 죽게 되어 라디움 광선은 우리에겐 치명적인 광선밖에는 될 수가 없을 것이다. 그러나 편재하는(ubiquotous) 가장 평범한 물질인 납(lead)으로써 정상세포에게 내리쬐는 라디움 광선을 차단할 수 있기 때문에 이제 그 광선은 납이 있는 한 이전에는 죽을 수밖에 없었던 이들에게 생명을 가져다줄 수 있다.

이와 마찬가지로 예수 그리스도께서는 그분 자신의 희생을 통해 누구든지(ubiquotous) 그분을 믿기만 하면 멸망치 않고 다 구원받을 수 있도록 해주시는 것이다(요3:16).

"하나님께서 세상을 이처럼 사랑하사 자신의 독생자를 주셨으니 이것은 누구든지 그를 믿는 자는 멸망하지 않고 영존하는 생명을 얻게 하려 하심이라." (요3:16)

9. 반석이신 그리스도(that Rock was Christ)

구약을 대표하는 하나님의 사람인 모세(요1:17)가 주님의 영광을 보길 간구하자 하나님께서는 다음과 같이 말씀하셨다.

"그분께서 이르시되, 내가 내 모든 선함을 네 앞에 지나가게 하고 주의 이름을 네 앞에 선포할 것이요, 또 은혜를 베풀 자에게 은혜를 베풀고 긍휼을 베풀 자에게 긍휼을 베풀리라, 하시고 또 이르시되, 네가 내 얼굴을 보지 못하리니 이는 나를 보고 살 자가 없을 것임이니라. 주께서 이르시되, 보라, 내 옆에 한 곳이 있으니 너는 반석 위에 설지니라. 내 영광이 지나갈 때에 내가 너를 그 반석 틈에 두고 내가 지나가는 동안에 내 손으로 너를 덮었다가 내 손을 거두리니 네가 내 뒷부분을 볼 것이나 내 얼굴은 보지 못하리라, 하시니라." (출33:19-23)

이처럼 하나님께서는 어떤 반석의 틈 안에 모세를 숨기시고 나서 그

곁으로 지나가셨는데 바로 그 때 모세는 주님을 보게 되었지만 반석으로 말미암아 죽지 않고 살 수 있었다. 즉 하나님께서는 이 말씀을 통해 우리가 하나님을 볼 수 있으려면 오직 반석이신 예수 그리스도 안에 있어야만 한다는 사실을 모세에게 가르쳐 주신 것이다("그 반석은 곧 그리스도였느니라(that Rock was Christ).", 고전10:4하).

다시 말해서 모세는 원래 하나님을 볼 수 없는 죄인이었지만 '만세반석' (the Rock of ages)이신 그리스도 안에 숨겨져서 하나님을 볼 수 있었다. 이는 반석이신 그리스도께서 하나님의 '공의의 광선' 을 걸러 내고 오직 그 영원하신 분의 '사랑의 광선' 만이 통과할 수 있도록 하였기 때문이다.

10. 빛의 천사(an angel of light)

그래서 누구든지 모세처럼 반석이신 예수 그리스도께로 나아가 그 분 안에 거하게 되면, 곧 예수님을 구원자와 주님으로 마음에 모셔들이

기만 하면 구원을 받고 하나님의 아들이 되어 영생을 소유하게 되는 것이다(롬10:9,10,13; 요1:12; 3:16).

그러나 사탄은 한 영혼이라도 더 자기와 함께 지옥불못에 들어가도록 하기 위해 하나님께서 베풀어주시는 이러한 믿음(faith)과 은혜(grace)의 복음(gospel)을 행위(work)와 율법(law)의 종교(religion)로 교묘히 바꿔치기를 해오고 있다(롬1:17; 11:6; 갈1:6; 2:21; 엡2:8,9).

일례로 주님의 교회가 세워지는 기초를 '반석' (petra, the solid immovable bedrock; a great mass like a cliff, 마16:16-18)이 아니라 '돌' (petros, a single stone; Cephas, 요1:42하)로 대치하면서 뭇 영혼들을 수천 년 동안 멸망으로 이끌어가고 있는 중이기도 하다.

사실 이러한 사탄의 전략은 반석 위에 주님의 교회가 세워지기 훨씬 전, 인류의 태동과 더불어 전개되어 왔던 것인데 특히 '참 빛' (the true Light)되신 창조주 하나님 대신에 피조물에 불과한 태양(a light)을 숭배하게 하면서 수많은 영혼들이 영원히 하나님과 격리되도록 하였다(욥31:26,27). 그리하여 심지어는 택함을 받은 이스라엘조차도 하나님께로부터 태양 숭배에 대해 경고를 받았지만(신4:19; 17:3) 그들은 버젓이 하나님 대신 태양을 신으로 숭배하기도 하였던 것이다(왕하23:3-14; 렘19:13).

원래 사탄은 '기름부음을 받은 덮는 그룹' (the anointed cherub that covereth, 겔28:14)이었고 또 타락하기 전 이름이 루시퍼(Lucifer, helel, light bringer, 사14:12)라 불릴 정도였기 때문에 언제든 '빛의 천사' (an angel of light)로 가장할 수 있어서 마치 참 빛(the true Light)되신 하나님인양 하며 우리에게 나타나는 것이다(고후11:13-15).

"이는 그러한 자들이 거짓 사도요, 속이는 일꾼이며 자기를 그리스도의 사도로 가장하는 자들이기 때문이라. 그것은 결코 놀랄 일이 아니니 이는 사탄도 자기를 빛의 천사(an angel of light)로 가장하기 때문이라. 그러므로 사탄의 사역자들 또한 의의 사역자로 가장한다 하여도 결코 큰 일이 아니니라. 그들의 마지막은 그들의 행위대로 되리라."(고후 11:13-15)

11. 참 빛(the true Light)

그러나 빛의 천사로 가장하던 사탄은 '참 빛'(the true Light, 요1:9; 요일 2:8)이 비추일 때, 곧 의(義)의 해(the Sun of righteousness, 삼하23:4; 시67:1; 84:11; 말4:2; 계1:16)가 떠올라 사탄의 빛이 어둠으로 밝혀질 때 최종 심판을 받고 불못에 던져지게 된다(계20:10).

"또 그들을 속인 마귀가 불과 유황 못에 던져지니 거기에는 그 짐승과 거짓 대언자도 있어 영원무궁토록 밤낮으로 고통을 받으리라."(계 20:10)

그리하고 나면 새 하늘과 새 땅이 도래하고 하늘로부터 거룩한 도시 새 예루살렘이 내려오게 되는데 구원받은 자들은 밤이 없고 해와 달이 빛을 비출 필요가 없는 그 도시로 들어가게 되는 것이다(계21:1,2,23-25).

"그 도시에는 해와 달이 빛을 비출 필요가 없으니 이는 하나님의 영광이 그 도시를 밝혀 주고 어린양께서 그 도시의 광체(光體)이시기 때문이라. 구원받은 자들의 민족들이 그 도시의 빛 가운데서 다니겠고 땅의 왕들이 자기의 영광과 존귀를 가지고 그리로 들어가리라. 그 도시에는 밤이 없으므로 낮에 그 도시의 문들을 도무지 닫지 아니하리라."(계21:23-25)

그러나 새 예루살렘에는 아무나 다 입주할 수가 없다. 그 도시에 들어가기 위해서는 한 가지 조건이 필요하다. 곧 '참 빛'(the true Light)되신 어린양 예수 그리스도를 구주로 영접하여 '어린양의 생명책'(the Lamb's book of life)에 이름이 기록되어야만 하는 것이다(계13:8; 21:27).

"더럽게 하는 것은 어떤 것이든지 결코 그리로 들어가지 못하며 또 무엇이든지 가증한 것을 이루게 하거나 거짓말을 만드는 것도 들어가지 못하되 오직 '어린양의 생명책'(the Lamb's book of life)에 기록된 자들만 들어가리라."(계21:27)

12. 마무리

우리 모두는 언젠가 '참 빛'(the true Light)되신 하나님 앞에 반드시 서야만 한다. 그런데 우리 모두는 죄인이기 때문에 보호막이 없다면 '참 빛' 되신 하나님으로부터 나오는 '공의의 광선' 에 의해 멸망당하여 영원한 지옥불못에 던져질 수밖에 없게 될 것이다.

그러나 우리가 방패(shield)와 반석(Rock)이 되어주시는 예수님을 구주로 모시고 있다면 우리는 걱정할 필요가 없다. 왜냐하면 예수님께서 하나님의 '공의의 광선' 을 대신 담당해주시고 오직 하나님의 '사랑의 광선' 만이 우리에게 들어오도록 해주실 것이기 때문이다.

독자 여러분, 당신은 예수 그리스도의 보호하심을 받고 있습니까?

당신은 어린양 예수 그리스도의 생명책에 이름이 기록되어 있습니까? 당신은 진실로 예수님을 당신의 구원자와 주님으로 영접하였습니까?

만일 그렇지 않다면, 예수님께서 약속하신 다음의 말씀들을 꼭 기억하시기 바랍니다.

"진실로 진실로 내가 너희에게 이르노니, 내 말을 듣고 또 나를 보내신 분을 믿는 자에게는 영존하는 생명이 있고 또 그는 정죄에 이르지 아니하리니 사망에서 생명으로 옮겨졌느니라." (요5:24).

"그때에 예수님께서 다시 그들에게 말씀하여 이르시되, 나는 세상의 빛이니 나를 따르는 자는 어둠 속에 다니지 아니하고 생명의 빛을 얻으리라, 하시니라." (요8:12)

제4부 성경으로 세상 文化 보기

WORLD through BIBLE

1) 올드보이

2) 말아톤

3) 반지의 제왕

4) 밀양

5) 패션 오브 크라이스트

올드보이 구랍 11일 개최된 제24회 청룡영화상 시상식에서 '올드보이'는 감독상(박찬욱), 남우주연상(최민식), 여우조연상(강혜정)의 3개 부문을 수상하면서 최다 수상을 기록하였다. 문화/2003.12.11

1
올드보이

1. 프롤로그(Prologue)

구랍 11일 개최된 제24회 청룡영화상 시상식에서 '올드보이' 는 감독상(박찬욱), 남우주연상(최민식), 여우조연상(강혜정)의 3개 부문을 수상하면서 최다 수상을 기록하였다. 그리고 세계적인 인터넷 영화사이트 '에인트잇쿨(aint-it-cool-news.com)' 이 뽑은 '올해의 10대 영화' 로도 선정이 되었다.

'에인트잇쿨' 의 운영자이며 할리우드에서 가장 영향력 있는 100인

중 한 명으로 선정된 바 있는 해리 놀스(Harry Knowles)는 " '올드보이' 가 당신이 앉아 있는 곳을 뒤흔들며 마음속에 깊이 남을 것" 이라고 평하고 최민식에 대해서도 "올해 모든 영화의 연기 중 최고" 라고 치켜세웠다. 아울러 "굉장한 연기자와 솜씨 좋은 감독, 매력적인 촬영과 놀랄 만한 각본으로 구성된 이 영화는 관객을 끌 만한 충분한 가치가 있는 영화" 라고 극찬하였다.

이러한 평가에 걸맞게 이 '올드보이' 는 현재까지 일본, 영국, 프랑스 등과는 총 250만 불의 수출계약을 맺기도 하였으며 또한 좀처럼 같은 목소리를 내기 힘든 수많은 영화평론가들에 의해 (미네기시 노부아키의 동명 일본 만화의 설정을 따왔지만) 원작의 명성에 기대지 않는 창조적인 각색과 풍부한 영상적 표현으로써 우리나라 영화의 수준을 확실하게 업그레이드시켜준 놀랄 만한 작품으로 평가받고 있기도 하다.

그렇다면 이미 이 영화를 감상한 수백만의 영혼들뿐 아니라 앞으로 접하게 될 세계인들에게도 분명 놀라운 충격을 주게 될 그 창조성(?) 즉 어느 영화보다도 스포일러(spoiler: 영화 내용에 대한 과도한 정보 노출) 방지를 철저히 할 수밖에 없었던 반전의 내용이 담고 있는 코드에 대해 성경적 조명을 함으로써 우리가 살아가고 있는 '올드보이의 시대' 를 함께 진단해 보도록 하자.

2. 시놉시스

오늘만 대충 수습하며 살기에도 힘든 인물 '오대수' (최민식 분)는 술이 거나하게 취해 경찰서에서 행패를 부리다가 결국은 친구 '주환' (지대한 분)이 그를 데리러 온 날 새벽 어느 공중전화 부스 근처에서 감쪽같이 사라진다. 정체 모를 괴한에게 납치되어 얼마나 또 왜 갇혀 있어야 하는지 모르는 채 8평의 감금방에서 군만두로 연명하던 대수는 감금된 지 1년이 지나 텔레비전을 통해 자신의 아내가 살해되었고 자기가 가장 유력한 살해용의자로 지목되는 것을 보게 된다.

그동안 자신이 저지른 '악행의 자서전'을 기록하기 시작하면서 동시에 자기를 납치한 그 누군가에 대한 처절한 복수를 다짐한다. 그러기 위해 열심히 몸을 단련하기도 하며 또 침대 밑의 벽을 숟가락으로 계속 파서 외부세계와 통하는 벽돌 한 장 크기의 구멍을 만들어 탈출을 목전에 두기까지 하였지만 갑자기 또 다시 영문을 모른 상태로 풀려나게 된다.

15년 만에 풀려난 오대수는 우연히 만나 사랑에 빠지게 된 일식 조리사 미도(강혜정 분)와 함께 감금의 사연을 더듬어가기 시작한다. 유일한 단서였던 군만두에서 나온 나무젓가락 포장조각에 쓰여 있었던 중국집 이름을 근거로 동명의 중국집들을 전전하며 자신을 감금했던 사람과 그 이유를 찾아보려고 온갖 노력을 다 기울인다.

결국 오대수는 우여곡절 끝에 자기를 납치하였던 주범을 만나게 되는데 그는 이우진(유지태 분)이라는 청년 실업가였다. 그는 대수에게 가둔 이유를 알아내면 자신이 기꺼이 죽어주겠다며 게임을 제안한다. 대수에게 주어진 시간은 5일. 대수는 혼신의 노력을 기울여 그 이유를 찾아가는데 마침내 자신이 다녔던 고향 고등학교에 가서야 비로소 왜 자신이 15년 간 갇혀 지내게 되었는지 알게 된다.

3. 우진과 수아

전학을 앞두고 학교 운동장에서 시간을 보내던 오대수. 그는 같은 학년의 여학생 수아(윤진서 분)를 보게 된다. 호기심에 그녀가 앉은 벤치 옆으로 다가간다. 자신의 이름을 알고 있는 그녀. 스스럼없이 오대수의 땀에 젖은 머리를 살짝 만져주기도 한다. 내심 자신에게 관심을 가지고 있는 여학생으로 착각한 오대수. 그녀가 부탁한 이야기를 막 시작하려는 찰나 여학생은 갑자기 자리를 떠나고 황망한 오대수는 그녀의 뒤를 몰래 좇아간다. 그리고 청순해 보였던 그 여학생이 아직 짧은 머리의 남학생 곧 자기 남동생인 우진과 과학실에서 서로의 몸을 탐하는 충격적인 광경을 보게 된다.

그렇다. 남매간의 근친상간은 오대수의 눈으로만이 아니라 우리 사회로부터 확실한 금기의 대상임은 불문가지이다. 그러나 올드보이의 박감독은 동성동본간의 사랑이 부당하게 억압받고 있는 현실을 타파

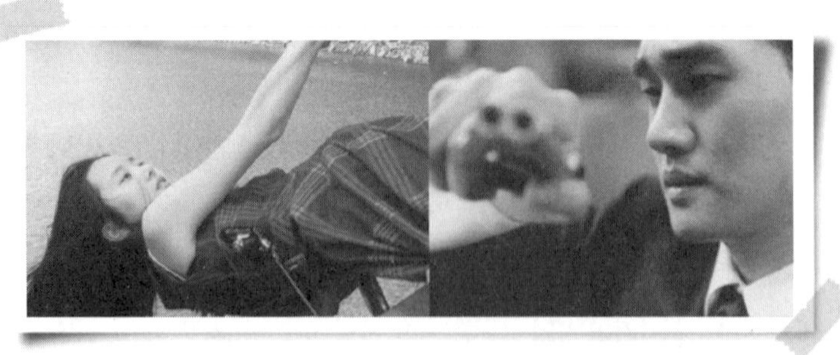

하기 위해 이러한 설정을 하게 되었다고 말하고 있다. 그렇다면 우진과 수아의 경우에서처럼 친남매간의 에로스와 가인이 자기 누이 중에서 아내를 택할 수밖에 없었던 것과는 뭐가 다를 것인가 하는 의문이 생길 수도 있겠다(창4:17).

물론 인류가 하나님의 말씀대로 '다산하고 번성하여 땅에 충만하기' 위해서 첫 세대인 아담과 이브의 자녀들은 남매임에도 서로 결혼을 해야만 했다(창1:28). 그러나 나중 세대에 있어서는 하나님께서 남매간의 결혼이란 '근친상간' 을 철저히 금지하셨다(레18:9,29).

"너는 네 누이 곧 집에서 태어났든지 다른 곳에서 태어났든지 네 아버지의 딸이나 네 어머니의 딸의 벌거벗음 곧 그들의 벌거벗음을 드러내지 말라." (레18:9)

"이는 누구든지 이런 가증한 일 가운데 하나라도 행하는 자 곧 그것들을 행하는 혼들은 자기 백성 중에서 끊어질 것임이라." (레18:29)

이것은 비단 성경뿐만 아니라 대부분의 세상 법조문들에서도 마찬가지인데 그 이유는 이 같은 결혼을 통해서 태어난 자녀들이 기형아가 되거나 병약하거나 저능아가 될 가능성이 훨씬 더 많기 때문이다. 이 같은 확률에 대한 유전학적 근거는 이처럼 해로운 특성을 유발하는 변이 유전자를 양쪽 부모가 다 가지고 있을 경우에 그것을 물려받은 자식들한테서 실제로 나타날 가능성이 크다고 하는 사실이다.

그렇지만 아담과 이브의 유전 체계에는 변이된 유전자가 없었기 때문에 가인처럼 아담의 다른 아들들이 자기 누이와 결혼했다 해서 유전적인 이상이 생겨날 수는 없었다. 사실 근친간의 결혼이 유전적으로 해롭게 되어 인류의 피 속에 유전적 변이가 축적되기 시작한 것은 여러 세대가 지난 후였다. 특히 노아의 홍수이후에는 궁창 위에 있던 물층(water canopy)의 소실로 말미암아 균일한 온도와 적절한 습도를 유지케 하였던 온실효과도 사라지고 유해한 우주광선에 노출됨과 동시에 각종 스트레스원이 더욱 증가하기 시작하여 활성산소가 과다 생성됨으로써 DNA 유전자 손상과 변이가 증대되게 되자 하나님께서는 명확하게 남매간의 결혼을 금하시게 되었던 것이다.(이에 대해 좀더 알고 싶으신 분은 졸저 〈성경으로 세상보기〉 중 '성경 속 수명 이야기' 를 참조하시기 바란다.)

4. 대수와 주환

한창 혈기왕성한 십대의 오대수가 남매간의 근친상간 광경을 보고 외면했다면 오히려 정상이 아니었을지도 모른다. 그는 이삿짐을 나르는 것을 도와주러 온 친구 '주환' 에게 자신이 학교에서 본 그 광경을 말한다. 그리고 아무에게도 이야기하지 말라며 신신당부한다. 그러나 자신의 여자친구를 만나러 간다던 주환은 건성으로 대답하고 오대수에게 안녕을 고한다. 그리고 오대수는 그 기억을 까맣게 잊는다.

그렇지만 주환의 입을 통해 수아에 대한 소문이 걷잡을 수 없이 이상하게 퍼져나간다. 수아가 여러 남자들과 놀아난 결과 임신까지 하였다는 것인데 이 소문을 들은 수아는 근심하여 자신이 임신하였다고 믿어버리고는 동생 우진한테 안녕을 고하며 우진의 손을 놓고 합천댐에서 떨어져 스스로 목숨을 끊는다.

그렇다. 대수와 주환의 경우에서와 같이 혀를 잘못 놀려 말 한마디로써 사람을 얼마든지 죽일 수 있다(약3:2-8).

"우리가 다 많은 것에서 실족하나니 만일 말에 실족하지 아니하면 그는 곧 완전한 사람이요, 능히 온 몸도 제어하는 사람이라. … 혀는 능히 길들일 사람이 없기 때문이니 이것은 다스릴 수 없는 악이요, 죽이는 독으로 가득한 것이라." (약3:2,8)

그런데 대수와 주환처럼 성적인 스캔들에 관해 소문을 쉽게 퍼뜨리는 인물이 성경에도 소개가 되고 있다. 즉 노아가 포도주를 마시고 취하여 자기 장막 안에서 벌거벗은 채로 있는 것을 본 '가나안의 아버지' 함이 이 사실을 밖에 있는 두 형제에게 알려 나중에 노아로부터 저주를 받게 되는 사건이 창세기에 잘 나타나 있다.

"노아가 농부가 되어 포도원을 세우고 포도주를 마시고 취하여 자기 장막 안에서 벌거벗은 채 있더니 가나안의 아버지 함이 자기 아버지의 벌거벗은 것을 보고 밖에 있는 두 형제에게 고하매 셈과 야벳이 옷을 취하여 자기들의 어깨에 올려놓고 뒷걸음쳐 들어가 자기 아버지의 벌거벗은 것을 덮더니 그들의 얼굴이 뒤를 향하였으므로 그들이 자기 아버지의 벌거벗은 것을 보지 아니하였더라. 노아가 포도주에서 깨어나 자기의 작은 아들이 자기에게 행한 일을 알고 이에 이르되, 가나안은 저주를 받을 것이요, 그 형제들에게 종들의 종이 될 것이니라, 하고 또 이르되, 주 곧 셈의 하나님을 찬양하리로다. 가나안은 셈의 종이 되며 하나님께서 야벳을 크게 만드사 셈의 장막에 거하게 하시고 가나안은 그의 종이 될 것이니라, 하였더라." (창 9:20-27)

많은 성경 주석가들은 노아가 벌거벗었다는 것으로 보아 노아에게 성적인 죄가 있었을 가능성이 높다고 해석을 한다. 그렇다면 이러한 성적 스캔들은 성적인 관심이 많고 성적 방종을 하기 쉬운 가나안이나 함

같은 자에 의해 빨리 타인에게 전파가 될 수 있는 것도 당연하리라 생각된다.

5. 최면술사

누나에 대한 좋지 않은 소문은 우진에게 있어 분노하고도 남을 일이었으리라 생각된다. 수아는 소문처럼 남자들과 성적으로 문란했던 여자가 아니었다. 수아는 우진만을 사랑하고 있었고 우진에게만 몸을 허락한 우진의 연인이었기 때문이었다. 하지만 소문을 듣고 낙심한 수아가 사살하자 우진은 누나를 자살로 몰아간 그 소문의 최초 발설자 오대수에게 복수를 시도하게 된다.

그래서 십여 년의 시간이 흐른 뒤 우진은 청년실업가로 성공하자 막강한 자금력을 갖고 매우 뛰어난 능력의 최면술사를 고용해 오대수를 기계적으로 움직이도록 조치하게 된다. 만약 그렇게 하지 않았다면 오대수가 감금방에서 풀려난 뒤 이우진을 찾아내는 일은 불가능했을 것이고 또 이우진에 의해 로봇 내지는 인형으로 길들여진 오대수는 이우진에 의해 자신에게 주어진 끔찍한 운명을 그대로 받아들일 수가 없었을 것이다.

그래서 15년이나 감금됐던 중년의 남자 오대수와 일식집에서 보조요리사로 일하던 소녀 미도는 (일반적으로 '사랑' 같은 주제에 대한 암시는 현실적으로 불가능하며, 또한 사회통념상 어긋나는 행위에 대한 암시도 불가능한 것으로 알려져 있으나) 최면술로 인해 특정한 멜로디에 반응하여 사랑이라는 감정을 갖게 된다.

그렇다. 오늘날 최면은 이우진의 선택에서 보듯 하나의 검증된 과학적인 (또는 의학적인) 기술이라고 알려져 점차 별다른 저항 없이 보편화되고 있는 추세이다. 그러나 하나님께서는 최면의 배후에는 악한 영들의 커넥션이 있는 것이라고 하시면서 최면술사(enchanter, charmer)는 주님 보시기에 가증한 자라고 단언하신다(레19:26; 신18:10-12).

"자기 아들이나 딸을 불 가운데로 지나가게 하는 자나 점을 치는 자나 때를 관찰하는 자나 요술하는 자(enchanter)나 무당이나 마법사(charmer)나 부리는 영에게 묻는 자나 마술사나 강신술사가 너희 가운데 있지 못하게 할지니라. 이는 이런 일들을 행하는 자가 다 주께 가증한 자이기 때문이니 이런 가증한 일들로 인하여 주 네 하나님께서 그들을 네 앞에서 좇아내시느니라." (신18:10-12)

6. 대수와 미도

오대수가 예전에 살았던 동네에 대수와 미도가 함께 찾아가도록 만들고, 금은방 주인으로 하여금 대수의 딸이 입양되었다고 말하도록 설정한 것 역시 이우진이 연출한 시나리오였다. 그런데 우진의 의도대로 고향 학교에 가서 생활기록부를 뒤지던 대수는 자신이 왜 우진에게 복수의 대상이 되었는지 비로소 감지하기 시작한다. 마침내 대수는 예전의 그 기억을 되살려내고 우진이 제시한 문제를 풀어냈다는 확신을 갖고 펜트하우스로 가 우진을 만난다.

그러나 대수는 우진이 넘겨준 앨범을 한 장 한 장 넘기다가 결국 자기와 몸을 섞은 미도가 자신의 친딸이라는 것을 확인하게 된다. 즉 남매간의 근친상간에서 출발한 사건은 부녀간의 근친상간이라는 복수로 이어지게 된 것이다.

최면에 의해 대수와 미도가 부녀간의 근친상간을 행하게 된 것과 비슷한 사건이 성경에서도 잘 언급이 되고 있다. 동성애 등 성적 방종이 창궐하였던 소돔과 고모라가 하나님의 불심판에 의해 멸망당한 후 롯은 두 딸과 함께 산속 굴에 거하고 있었는데 그 딸들은 자기들이 결혼할 수 없으므로 대신 아버지의 씨를 보존하겠다는 미명하에 롯에게 포도주를 마시게 한 후 롯이 기억하지 못하는 사이 아버지 롯과 몸을 섞어 각기 모압(Moab: from father)과 암몬(Ammon: son of my people)이라는 아들을 낳았다(창19:29-38).

그러나 이러한 부모자식간의 근친상간도 하나님께서는 다른 어떤 근친상간들에 앞서 철저히 금지하셨다(레18:6,7,29).

"너희 가운데 아무도 가까운 친족에게 다가가서 그들의 벌거벗음을 드러내지 말라. 나는 주니라. 너는 네 아버지의 벌거벗음이나 네 어머니의 벌거벗음을 드러내지 말라." (레18:6,7상)

"이는 누구든지 이런 가증한 일 가운데 하나라도 행하는 자 곧 그것들을 행하는 혼들은 자기 백성 중에서 끊어질 것임이라." (레18:29)

7. 니므롯과 그 아내

기독교 변증에 있어서 최고의 책 중 하나로 일컬어지는 알렉산더 히슬롭(Alexander Hislop)의 '두 개의 바빌론' (The Two Babylons)이나 잭 칙(Jack T. Chick)의 '사보타주' (Sabotage)를 보면 노아의 홍수이후 최초의 '근친상간' 은 니므롯(Nimrod, 창10:8,9)과 그의 어미인 세미라미스(Semiramis)에 의해 저질러졌다.

세미라미스는 원래 구스(Cush, 창10:6-8)의 아내였는데 당대의 절세미인이면서도 가장 음란하고 사악한 여자였다. 그녀는 자기 아들 니므롯이 바빌론의 군주가 되자(창10:8-14), 그와 결혼하여 바빌론 군주의 어미이자 왕후가 되었다. 그러다가 니므롯이 셈(Shem, 창10:1,21)에 의해 죽임을 당하게 되자 자신의 입지가 위태해짐을 느낀 그녀는 재빨리 자기가 낳은 니므롯의 아들 담무스(Tammuz, '생명의 아들' , 겔8:14)를 죽은 니므롯이 환생한 것이라고 전파하기 시작했다.

아울러 이 아들이 초자연적으로 잉태되었으며 창세기 3장 15절에서 약속된 씨(seed, 구세주)라고 주장하면서 담무스를 태양신(sun-god)으로 신격화하여 '바알' (Baal, 주인)이라 불렀다. 그리하여 하루아침에 '신의 어머니' 가 된 그녀는 사람들로 하여금 자신을 '바알티' (Baalti, 여주인) 혹은 '레아' (Rhea, 위대한 '어머니' 여신)라 하여 '월신' (mood-god) 곧 '하늘의 왕후' (queen of heaven, 렘7:18; 44:17-19,25)로 숭배하게 하였다. 그리고 그녀는 숭배자들이 죽은 니므롯(담무스)을 위해 애곡하는 것을 바빌론 비밀종교의 중요한 예배의식으로 정해 놓았다(겔8:14).

이러한 사실은 욥기 31장 26-28절에서 이미 족장 시대인 욥의 시대에 태양신과 월신 숭배가 성행했었던 기록으로써도 분명히 이해할 수 있다.

이집트에서 세미라미스는 '이시스'(Isis)로, 니므롯은 아기 '호루스'(Horus)이자 어른이 된 '오시리스'(Osiris)로 둔갑했다. 그리고 이 바빌론의 왕후인 세미라미스는 각 민족의 역사 가운데 아프로디테(Aphrodite), 비너스(Venus), 아스타르테(Astarte), 아스다롯(Ashtaroth, 삿2:13), 다이아나(Diana, 행19:24,27,28,34,35) 등의 다양한 이름으로 퍼져나갔다.

8. 새 시대 운동

본래 사냥꾼(창10:9)인 니므롯이 천하를 장악한 후에 제일 먼저 했던 일은 백성들의 기억 속에서 주 하나님을 없애버리는 일이었다. 그래서 그는 정보와 전략의 전문가인 가나안의 지략을 세미라미스를 통해 전달받고서는 신앙의 자유를 선포하고 새로운 신화들을 만들어서 보급하였다. 즉 성경 전체를 대표하고 진리의 근본이 되며 인간의 모든 문제를 해결하는 근원인 창세기 1장 1절 곧 "처음에 하나님께서 하늘과 땅을 창조하시니라."는 말씀을 없애버리기 시작하였다.

그래서 모든 일에 '시작'과 '끝'이 있다는 (곧 성경의 뼈대인) '창조론'과 '종말론'을 없애기 위해 세미라미스는 니므롯의 신분을 그들의 조상인 노아보다 상위에 놓기 위하여 그를 홍수 이전의 인물인 가인의 환생으로 만들었다. 그러나 이 가인을 아담의 후손이라고 하면 그 위에서 다시 하나님과 만나게 되므로 세미라미스는 이것을 왜곡하려고 창세기의 이야기에 '태양의 신'을 삽입하고 그 빛의 신(Lucifer)이 이브와 동침해서 낳은 아들이 가인이라는 거짓말을 꾸며내었다.

아울러 그 다음 단계로 세미라미스는 '천지가 늘 그대로 있다' 고 하는 또 다른 윤회설의 기반을 만들었는데 이것은 힌두교와 불교의 바탕이 되었고 다윈의 진화론을 만들어낸 씨앗이 되었다.

그런데 지금도 사람들은 이 세미라미스의 거짓말에 속아서 살아간다. 세미라미스의 환생설이란 토대 위에 단일론과 범신론 등이 혼합되어 궁극적으로 하나님을 부정하는 '새 시대 운동' (New Age Movement)은 올드보이의 시종을 주관하고 있는 이우진의 세계 (곧 박찬욱 감독의 세계)에서도 그대로 드러난다.

우진은 자신의 펜트하우스에서 엎드린 상태에서 아주 유연하게 다리부터 온 몸을 들어올리는 고난도의 코브라(Cobra) 자세를 취한다. 루시 리델(Lucy Lidell)의 요가 교과서에 보면 이러한 코브라 자세를 취함으로써 뱀-여신(the serpent-goddess) 곧 쿤달리니 힘(the Kundalini force)이 약동케

되어 신(god)을 의식할 수 있게 된다고 하는데 이는 곧 다름 아닌 마귀의 영과 교통하는 것을 의미한다.

또 우진의 허리에는 십자가 문신이 새겨졌고 그가 소유한 자동 옷장이 십자가 모양으로 갈라지고 다시 닫히기도 하였는데 올드보이의 미술감독이었던 류성희 씨의 인터뷰를 보면 박찬욱 감독은 이것을 매우 중요하게 생각하였다고 한다. 그렇다면 박감독은 뉴에이저들의 관점에서 이우진을 하나의 그리스도로 간주하고 있음에 틀림없다고 하겠다.

더욱이 이우진이 오대수에게 읊어주었던 잠언 6장 4절과 5절("네 눈을 잠들게 하시 발며 네 눈꺼풀이 졸지 말게 하고 노루가 사냥꾼의 손에서 벗어나는 것같이, 새가 새 사냥꾼의 손에서 벗어나는 것같이 네 자신을 건질지어다.")의 말씀은 뉴에이저들에게는 인내천(人乃天)의 구원관을 더욱 강화시켜주는 구절로 호도될 수도 있을 것이다.

9. 올드보이

사전에 나오는 '올드 보이'(old boy)의 의미는 다음과 같다. ① 동창생, 교우, 졸업생(alumnus). ②「친밀히 부르는 말」 여보게. ③ (the ~) 책임자, 고용주, 보스; (the O- B-) 악마. ④ (an ~) (구어) 정정한 노인, 나이 지긋한 남성.

그렇다면 이 영화 올드보이에서는 과연 어떠한 번역이 정답이 될 것인가? 다 나름대로 답이 될 수 있겠지만 최상의 정답은 현재 이 땅이 사탄의 다스림(satanocracy) 하에 놓여 있다는 사실(요12:31; 14:30; 16:11;

고후4:4; 엡2:2)을 나타내 주는 "the Old Boy(惡魔)" 일 것이다.

그렇다. 우리는 정말로 '근친상간' 의 권리(?)와 운명(?)이 예술로 승화되어 성정체성이 혼란에 빠질 수밖에 없는 올드보이(the Old Boy)의 시대를 살아가고 있다. 그렇지만 예수님을 구주로 영접하고 구원받은 성도라면 그리스도의 신부와 아내로서 자신을 예비하며 다시 오실 주 예수님과 만나리라는 복된 소망을 가지고 이 세상을 살아가야 한다(요1:12; 엡5:22-33; 딛2:13; 계19:7,8; 22:20). 아울러 이러한 종말론적 신앙을 소유함으로써 더욱 성결의 삶을 살아가려고 해야 하며 가정에서도 그리스도와 교회의 신비를 매순간 확인하면서 뚜렷한 성정체성을 가지고 생활하여야 할 것이다.

더 나아가 우리는 성정체성을 처참히 붕괴시키는 올드보이와 같은 세속적 인본주의에 호도되어 진리를 분별하지 못하는 우리의 이웃들에게 이 시대를 본받지 말며 이제 곧 주 예수님께서 다시 오실 것이라는 사실을 알려주어야 할 것이다.

"또한 너희는 우리가 이 날 여기에서 행하는 모든 것 즉 무엇이든지 각 사람이 자기 눈에 옳은 대로 행하는 것을 본받아 행하지 말지니라." (신12:8)

"어떤 길은 사람이 보기에 옳으나 그 끝은 사망의 길들이니라."(잠16:25)

"형제들아, 너희 중에 진리를 떠나 잘못하는 자가 있는데 누가 그를 돌아서게 하면 그 죄인을 잘못된 길에서 돌아서게 하는 자가 한 혼을 사망에서 구원할 것이며 허다한 죄를 덮을 것인즉 그로 하여금 이를 알게 할지니라." (약5:19,20)

10. 에필로그

신약성경의 첫 장을 읽어내려 가다 보면 금지된 성(gender)의 파격적인 허용이 눈에 들어온다. 즉 구약의 족보는 창세기 5장, 10장, 11장 등에서 확인되듯이 남성의 계보이고 또 하나님께서도 이스라엘 자손 온 회중의 총수를 성인 남자로만 계수하라고 하셨다(민26:1,2). 그런데 마태복음 1장에는 아브라함부터 그리스도까지 40세대가 기록되는 가운데 남성들의 족보 사이로 다섯 명의 여성이 감히 언급이 되고 있다. 즉 다말(3절), 라합(5절), 룻(5절), 우리야의 아내였던 여자(6절), 그리고 마리아(16절)가 여자임에도 불구하고 예수님의 계보를 설명하는 데 등장하고 있다.

그런데 다말은 창녀로 변장하여 시아버지 유다를 유혹해서 '근친상간' 하여 쌍둥이를 낳았고(창38:12-30), 라합은 여리고의 창녀였고(수2:1), 룻은 롯이 자기 맏딸과 '근친상간' 하여 낳은 모압(창19:36,37)의 후손 곧 모압 여인인데 과부였고(룻1:4,5), 우리야의 아내였던 여자는 밧세바로서 다윗과 간통한 여인이었고(삼하11:2-5), 마리아는 처녀인데 성령님에 의해 아이를 배었기 때문에 율법에 따라 돌로 쳐 죽임을 당할 수밖에 없는 여인이었다(신22:20,21). 그럼에도 불구하고 이들은

'믿음' 으로(히11:31) 하나님께 나아갈 수 있었고 감히 메시아가 오시는 중요한 통로로 사용됨을 받게 되었다.

그렇다면 올드보이 시대 곧 혼돈된 성정체성의 시대를 살아가는 우진과 수아와 대수와 미도 등에게도 소망은 여전히 존재한다. 즉 '예수(Jesus)' 가 '자기 백성을 그들의 죄에서 구원하신다' 는 이름(마1:21)인 것을 믿고 회개하여 예수 그리스도의 보혈을 받아들여서 자기의 죄를 씻음 받으면, (곧 예수님을 구주로 영접한다면) 누구든지 영생을 선물로 받을 수 있으며 또한 새로운 피조물이 될 수 있는 것이다.

"그분의 아들 예수 그리스도의 피가 모든 죄에서 우리를 깨끗하게 하시느니라." (요일1:7하)

"하나님께서 세상을 이처럼 사랑하사 자신의 독생자(Jesus)를 주셨으니 이것은 누구든지 그를 믿는 자는 멸망하지 않고 영존하는 생명을 얻게 하려 하심이라." (요3:16)

"그런즉 누구든지 그리스도 안에 있으면 새로운 피조물(new creature)이라. 옛 것은 지나갔으니, 보라, 모든 것이 새롭게 되었도다." (고후5:17)

말아톤 자폐증 청년 배형진(22)군에 관한 실화를 바탕으로 만들어진 영화 '말아톤'의 열풍이 불고 있다. 지난 1월 27일 개봉된 후 52일 만에 전국관객 500만 명을 돌파한 '말아톤'의 열기가 좀처럼 수그러들지 않고 있다. 문화/2005.3.20

2
말아톤

1. 프롤로그(Prologue)

'말아톤' 의 열풍이 불고 있다. 지난 1월 27일 개봉된 후 52일 만에 전국관객 500만 명을 돌파한 '말아톤' 의 열기가 좀처럼 수그러들지 않고 있다. 방화사상 유래가 없었던 가족영화 '집으로…' 의 기록을 이미 돌파한 데 이어 아마 이 추세대로라면 '실미도' 나 '태극기 휘날리며' 에도 버금갈 기록을 남기지 않을까 예상이 된다.

이미 잘 알려진 대로 자폐증 청년 배형진(22)군에 관한 실화를 바탕으로 만들어진 이 '말아톤' 은 편견 많은 우리 사회에서 자폐증 환자 본인과 그 가족들의 고달픈 삶과, 자폐증 아들을 보통 사람들과 어울려 살아가게 하려는 어머니의 애환, 그리고 자폐증 환자가 어려움을 딛고 마라토너로 성장하는 과정을 한 폭의 수채화처럼 그려내고 있다.

"경기 불황기에는 가족이 유일한 희망이죠. '말아톤'에는 자식에 대한 어머니의 애정과 기대가 잘 녹아 있습니다. 또 순수에 대한 그리움과 동경, 역경을 이겨내는 장애인을 보면서 갖는 관객들의 자기 반성 등이 흥행 요인으로 작용한 듯싶습니다."라는 제작자의 말 맞다나 이 '말아톤'은 디지털 시대에 아날로그적인 감수성을 자극하여 흥행에 성공했다는 것이 영화평론가들의 일반적인 분석이다.

그렇다면 우리 그리스도인들은 이러한 휴머니즘의 관점이외에 이 영화 속에서 제시되는 몇 가지 주요한 의학적 및 성경적 논제들(theses)을 분석해보면서 함께 영적인 유익을 더해보았으면 한다.

2. 시놉시스(Synopsis)

얼룩말과 초코파이를 좋아하는, 겉보기엔 또래 아이들과 다른 것 하나 없는 귀엽고 사랑스럽기만 한 초원(조승우 분). 어느 날 초원은 자폐증이라는 청천벽력 같은 진단을 받게 되고 엄마 경숙(김미숙 분)은 감당할 수 없는 현실 앞에 좌절한다. 그러나 경숙은 초원이가 달리기에만큼은 정상인보다도 월등한 능력을 가지고 있음을 발견하고, 달릴 때만큼은 남들과 다르지 않은 아들의 모습에 희망을 갖고 꾸준히 훈련시킨다.

시간이 흘러 어느덧 20살 청년이 된 초원. 그러나 지능은 여전히 5살 수준에 머물고 있다. 모르는 사람 앞에서 아무렇지도 않게 방귀를 뀌어 대고, 동생 중원에겐 마치 선생님 대하듯 깍듯이 존댓말을 쓰고, 음악만 나오면 아무데서나 특유의 막춤을 선보이기 일쑤이니 어딜 가든 초원이가 있는 곳은 시끄러워지기 마련이다. 하는 짓이나 말투는 영락없는 5살 어린애이지만 어린 시절부터 꾸준히 해온 달리기 실력만큼은 여전히 최고인 초원. 경숙은 자신의 목표를 초원이가 마라톤에서 '서브쓰리' (subthree, 3시간 이내에 완주하는 것)를 달성하는 것으로 정하고 아들의 훈련에만 매달린다.

어느 날 세계대회에서 1등을 한 전력도 있는 전직 유명 마라토너 정욱이 음주운전으로 사회봉사 명령을 받고 초원의 학교로 오게 된다. 경숙은 애원하다시피 해서 기어이 정욱에게 아들의 코치 역할을 떠맡긴다. 도무지 속을 알 수 없는 초원을 성가시게만 생각했던 정욱. 하지만 초원과 함께 시간을 보낼수록 그는 아이같이 순수하고 솔직한 초원에게 조금씩 동화되어 가고, 초원도 정욱에게 마음을 열기 시작한다. 정욱은 매번 속도조절에 실패해 지쳐 쓰러지기는 하지만 지구력이 남다른 초원에게서 마라톤 서브쓰리의 가능성을 발견하고 본격적으로 훈련에 들어간다.

한편 불성실하게만 보이는 정욱이 도통 미덥지 않은 경숙은 어느 날 정욱과 말다툼을 벌이게 된다. "자식 사랑과 집착을 착각하지 말라"는 정욱의 말에 아무 대꾸도 할 수 없는 경숙. 경숙은 정욱의 말대로 이제껏 '좋다', '싫다'는 의사 표현도 할 줄 모르는 아이를 자신의 욕심 때문에 혹사시키고 있는 것이 아닌가 싶은 생각을 떨쳐버릴 수가 없다.

이제껏 쌓아온 모든 것이 무너져 내린 듯한 기분의 경숙. 그녀는 이제 마라톤도, 서브쓰리도 모두 포기하기로 마음먹고는 초원의 마라톤 출전을 포기하지만 경기 당일 초원은 혼자 경기장으로 향한다. 뒤늦게 경숙은 초원의 그림일기에서 '내일 해야 할 일' 에 '말아톤' 이라고 쓰여진 것을 보고는 경기장으로 중원 및 정욱과 함께 달려가 초원을 격려하고 초원은 마침내 완주에 성공한다.

3. 자폐증세(Symptoms of Autism)

이 영화 속에서 주인공 윤초원 역의 조승우가 완벽하게 표현한 '자폐증'(自閉症, autism)은 1943년 미국 존스홉킨스아동정신병원 레오 캐너(Leo Kanner) 박사가 독특한 특징을 보이는 11명의 어린이 환자의 사례를 보고한 논문에서 처음으로 사용되었는데 '자폐'(自閉, 스스로 문을 걸어 닫는다) 증세가 있다고 말하려면 세 가지 범주에서 비정상적인 행동을 보여야 한다.

첫째는 '사회적 상호작용의 장애' (failure to use eye contact, facial expression or gestures to regulate social interaction)다. "초원아, 거울을 보고 엄마처럼 해봐." 라며 엄마는 아들 초원이 웃는 표정을 짓게 만들려고 거울을 앞에 놓고 열심히 가르치지만 초원이는 무덤덤한 표정이다. 이처럼 자폐아는 눈을 맞추기를 피하고 타인과의 관계에 필수적인 얼굴 표정이나 제스처를 제대로 해내지 못한다.

둘째는 '커뮤니케이션의 장애' (impairment of communication)이다. "초원이 다리는?"(엄마) "백만불짜리~."(초원) "몸매는?"(엄마) "끝내줘요~."(초원) 라며 달리기를 하기 전에 엄마는 묻고 초원은 답하지만 이를 대화라고 보기는 어렵다. 자폐아는 말을 배우는 것도 느리지만 진짜 심각한 문제는 매사를 '글자 그대로' 해석하며 '속임수' 또는 '연극'을 할 줄 모르는 것이다.

셋째는 '제한되고 반복적인 관심과 행동' (restricted and repetitive interests and behaviors)이다. 교내 식당에서 여교사와 함께 식사하던 코치는 식판을 들고 오는 초원을 보고 손을 흔들며 옆자리를 가리키지만 초원은 본체만체 건너편 식탁의 자리에 앉는다. 또 얼룩말 무늬만 눈에 들어오는 초원은 얼룩말 무늬 치마를 입은 여자를 보고 다가가 치마를 쓰다듬다가 옆에 있던 여자의 애인에게 두들겨 맞는다. 이처럼 자폐아는 늘 가던 길을 고집하고 특정한 의자에만 앉으려고 하며 특정한 대상에 관심이 쏠려 있는 등 행동패턴이 고정되어 있다.

간혹 특정한 일에서는 정상인보다 우수한 능력을 보이는 경우(idiot savants)도 매우 드물게 있지만 자폐증 환자의 3분의 2는 정신지체 수준의 지능을 나타내며, 나머지 3분의 1도 대개 평균 이하의 지능을 나타낸다.

4. 자폐증의 원인(Etiology of Autism)

자폐아 초원의 마라톤 완주를 통한 인간승리와 깨어졌던 인간관계의 회복을 젖은 눈으로 지켜보던 관객들은 마지막 장면이 끝나고 화면에 자막으로 소개되는 자폐증에 대한 설명을 읽으며 더욱 안타까움을 느끼게 된다.

그렇다. 아동 1만 명당 2~12명에게 나타나는 매우 흔한 질병인 자폐증은 이 첨단과학 시대에 아직도 그 원인조차 정확히 밝혀져 있지 않은 것이 사실이다. 선천적인 유전자 이상, 출생 전후의 뇌손상 또는 감염, 뇌의 구조적 이상 또는 생화학적 이상 등이 원인으로 여겨지고 있지만 어느 것도 자폐증 모두를 설명할 수는 없다. 환자마다 소견이 다르고 치료의 효과도 천차만별이기 때문이다. 그렇지만 자폐증의 실체는 조금씩 밝혀지고 있다. 지난 수년 동안 자폐증의 원인을 규명하는 연구가 상당히 진척됐기 때문이다.

먼저 의사들은 감당하기 어려운 정신적 충격이나 부모의 학대, 무관심 등에 의해 자폐아가 만들어진다고 생각했었다. 그러나 자폐증이 후천적인 질병이 아님을 시사하는 연구결과가 나오기 시작했는데 자폐아의 가계를 조사함으로써 자폐증은 유전적 요소가 확실히 존재한다는 사실이 밝혀졌다. 따라서 자폐증에는 여러 유전자와 환경의 영향이 복합적으로 관여하는 것으로 추측이 되고 있다.

특히 1960년대 기형아 출산으로 큰 물의를 일으켰던 입덧 완화제 '탈리도마이드' (thalidomide)에 노출되어 기형이 된 사람을 추적한 1994년의 한 연구 결과 이들 가운데 약 5%가 자폐증을 보여 평균값의 30배에 달했는데 이들은 임신 후 20일에서 24일 사이에 약물에 노출돼 자폐증이 생긴 것으로 밝혀졌다(Developmental Medicine and Child Neurology 36: 351-356, 1994).

이 연구 결과에 홍미를 느낀 미국 로체스터대 산부인과 패트리시아 로디어(Patricia Rodier) 교수는 자폐증 환자의 뇌간(brain stem)을 자세히 살펴본 후 "모두는 아닐지라도 자폐증의 많은 경우는 임신 초기에 시작되는데 자폐아에서 공통적으로 보이는 현상, 즉 얼굴 표정이 부족하고 접촉이나 소리에 지나치게 민감하고 잠을 잘 못자는 증상도 뇌간의 이상으로 설명할 수 있다" 고 말했다. 또한 그는 "뇌간의 이상은 언어능력처럼 고차원적인 기능을 관장하는 다른 뇌 영역이 발달하는 데도 영향을 미칠 수 있어서 그 결과 자폐아에서 보이는 여러 행동장애가 유발됐을 것" 이라고 하였다(The Early Origins of Autism Scientific American, February 2000 p. 56-63).

5. 자폐증의 치료(Management of Autism)

자폐증을 연구하고 있는 의학자들은 현재까지 HOXA1, WTN2, ENGRAILED2 등 10여 개의 유전자가 자폐증에 관여하는 것으로 추측하고 있는데 이를 모두 규명하면 치료에 큰 도움이 될 것으로 기대하고 있다.

아무튼 임신 초기 신경계 발달에 관여하는 유전자들의 이상이 자폐증을 유발한다면 탈리도마이드처럼 이 시기에 영향을 미칠 수 있는 약물을 피해서 자폐증의 발생을 막아야 함은 물론이다. 그러나 앞서 살펴보았듯이 아직까지는 자폐증의 원인을 미리 제거할 수 없는 것이 현실이므로 이미 자폐아로 드러난 경우 어떻게 구체적으로 이들을 도와줄 수 있을지 모색해보는 것이 중요하다.

영화에서 흉터가 심한 초원의 손등이 클로즈업되는 장면이 있다. "마라톤을 하기 전에 초원이는 자기 손등을 물어뜯었어요. 그런데 달리기를 하고 난 뒤론 그런 증상이 없어졌죠." '엄마가 시켜서 뛰는 거지 초원이가 정말 좋아서 마라톤을 하는 거냐' 는 코치의 빈정거림에 대한 엄마의 이 대답에서 자폐증 치료에 대한 한 줄기 빛을 발견할 수 있다.

그렇다. 외부 세계와의 접촉을 늘리고 관심을 가질 대상을 만들어 활동을 하게 하는 등 행동치료를 하면 증상이 많이 나아질 수 있다. 또한 주위 사람들에게 무관심한 태도도 어느 정도 개선이 가능하다.

초원은 코치와 함께 달린 뒤 물을 마실 때도 옆에서 헐떡대는 코치는 아랑곳 않고 혼자 병을 비웠었다. 그러나 어느 날 한강변을 달린 뒤 초원은 자신이 마시던 물병을 코치에게 건네며 남을 배려할 수 있게까지 되었다.

그러나 자폐증 환자의 뇌는 구조 자체가 다르기 때문에 약물치료나 행동치료로 증상을 완전히 없앨 수는 없다. 따라서 이들이 혼자 세상을 살아가기란 거의 불가능하지만 어린 시절 적절한 행동치료는 커서 좀 더 행복한 삶을 살 수 있는 데 도움이 되며 또한 지속적인 관심과 교육을 통해 증상들이 개선될 여지가 많은 것도 사실이다.

6. 장애(Disability)

자폐증과 같은 장애는 당사자 개인의 문제로 끝나지 않는다. 장애아의 어머니나 때로는 아버지, 또는 두 부모의 헌신적 노력이 다른 가족의 큰 희생과 고통을 초래하기도 한다. '말아톤' 에서도 초원의 아빠가 동생 중원에게 '아빠와 따로 살면 어떨까' 를 물어본다. 어쩔 수 없이 강요된 다른 가족의 희생과 어머니로부터의 상대적 방임이 견디기 힘들어 별거나 이혼을 고려하게 될 수 있는 것이다. 또한 "200시간이 아니라 20년을 벌 받으며 사는 기분을 알아요?" 라며 초원의 엄마가 마라톤 코치에게 울분을 터뜨리며 내뱉는 말에서도 장애인은 온 집안의 고통이

되고 자주 가족붕괴의 위기까지도 제공하는 요소가 될 수 있음을 충분히 헤아리게 된다.

그렇다면 '사랑의 하나님' (요일4:8,16)께서는 왜 이처럼 엄청난 고통을 수반하는 장애를 우리에게 허락하시는 것일까?

이것은 '말아톤' 의 실제 주인공 박미경(46)씨도 배형진 군이 4살 무렵 자폐증(2급 정신장애) 진단을 받고 난 후 "내가 무슨 잘못을 해서 이런 아이를 낳았나?" 라고 자문했던 물음이며 또한 이미 이천 년 전 예수님을 따르던 제자들도 예수님께 여쭈었던, 인류의 원초적인 질문 가운데 하나이다(요9:1-3).

"예수님께서 지나가실 때에 태어날 때부터 눈먼 사람을 보시매 그분의 제자들이 그분께 여쭈어 이르되, 선생님이여, 누가 죄를 지었기에 이 사람이 눈먼 자로 태어났나이까? 이 사람이니이까, 그의 부모이니이까? 하니" (요9:1,2)

7. 하나님의 일들(Works of God)

창조주이신 예수님께서는 '하나님의 일들' 을 나타내기 위해 자신이 직접 장애인을 만드셨다고 대답하신다(요1:1-3; 출4:11; 시139:13, 15,16; 요9:3).

"주께서 그에게 이르시되, 누가 사람의 입을 만들었느냐? 누가 말 못

하는 자나 귀먹은 자나 보는 자나 눈먼 자를 만들었느냐? 나 주가 아니냐?" (출4:11)

"이는 주께서 내 콩팥을 소유하시며 내 모태에서 나를 덮으셨음이니이다. … 내가 은밀한 중에 만들어지고 땅의 가장 낮은 부분에서 묘하게 꾸밈을 받았을 때에 나의 실체가 주께 숨겨지지 못하였나이다. … 나의 실체가 아직 불완전할 때에도 주의 눈이 보셨으며 계속해서 형성되는 나의 모든 지체들이 주의 책에 기록되었사오니 곧 그 지체들 중에 아직 하나도 존재하지 않았을 때에니이다." (시139:13,15,16)

"예수님께서 대답하시되, 이 사람이나 그의 부모나 죄를 짓지 아니하였으며 다만 이것은 그에게서 하나님의 일들을 나타내고자 함이니라." (요9:3)

그렇다. 장애인은 하나님께서 특별히 '하나님의 일들' (욥37:14; 시66:5; 요6:28,29; 행2:11)을 나타내고자 만드신 존재이다.

그렇다면 하나님께서 섭리 가운데 세상에 하나뿐인 존재로 만드신 장애인을 통한 '하나님의 일들' 은 구체적으로 어떠한 것인지 살펴보기로 하자.

"그들이 그분께 이르되, 우리가 어떻게 하여야 하나님의 일들을 하리이까? 하매 예수님께서 그들에게 대답하여 이르시되, 하나님께서 보내신 이를 믿는 것 이것이 곧 하나님의 일이니라, 하시니" (요6:28,29)

8. 구령(救靈, Soul Winning)

그렇다. 하나님의 일은 첫째로 영혼(soul)을 구원하는 일이다(요

6:28,29; 9:4-7,25,35-38; 고전9:1).

"그분께서 땅에 침을 뱉어 진흙을 이겨 그 눈먼 사람의 눈에 바르시고 그에게 이르시되, 가서 실로암 못에서 씻으라, 하시니 (실로암은 번역하면 보냄을 받았다는 뜻이라.) 그러므로 그가 가서 씻고 보게 되어 왔더라. … 그가 이르되, 주여, 내가 믿나이다, 하고 그분께 경배하니라."(요9:6-7,38)

예수님께서 창조의 방법론(창1:2)을 다시 사용하셔서 눈먼 자의 눈을 고치신 것(요9:4-7)은 궁극적으로 그 육체적 장애인이 창조주 예수님을 구주로 영접하여 그 혼(soul)이 구원받게 하시려는 것이었다.

둘째로 장애인은 들러리가 아닌 복음의 주빈(主賓, the guest of honor)임을 선포하여 우리들의 영적 장애를 깨닫게 하는 일이다(겔12:2; 눅14:1-24).

"사람의 아들아, 네가 반역하는 집의 한가운데 거하는도다. 그들은 볼 눈이 있어도 보지 못하고 들을 귀가 있어도 듣지 못하나니 이는 그들이 반역하는 집이기 때문이니라."(겔12:2)

"네가 잔치를 베풀거든 가난한 자와 불구자와 다리 저는 자와 눈먼 자를 부르라. … 빨리 도시의 거리와 골목길로 나가서 가난한 자와 불구자와 다리 저는 자와 눈먼 자들을 여기로 데려오라, 하니라."(눅14:13,21)

하나님께서는 세상에 있는 모든 사람들을 차별하지 않으시고 구원으로 초청하시지만 많은 사람들이 하나님의 초청을 거부한다. 여기에는 다른 어떤 조건도 필요 없고 단지 초청에 응하기만 하면 된다. 그러나 많은 사람들이 거부하자 잔치의 주인이신 하나님은 가난한 자들과 장애인들 곧 초청 받고 감사의 예물을 준비하지 못할 형편이 어려운 사람들을 주빈으로 부르신다. 이것은 하나님께서 조건 없이 베푸시는 은혜의 성격에 꼭 맞는 것이다. 그렇다. 오늘 우리의 비극은 신체의 장애보다 영혼의 장애가 더 심각하다는 데 있는 것이다.

9. 하나님의 도구(Tools of God)

셋째로 능력이 중시되는 경쟁사회에서 지혜로운 자들과 강한 자들을 부끄럽게 만들고 있는 자들을 쓸모없게 하는 일이다(고전1:27-29).

"그러나 하나님께서는 지혜로운 것들을 부끄럽게 하시려고 세상의 어리석은 것들을 택하시고 하나님께서 강한 것들을 부끄럽게 하시려고 세상의 약한 것들을 택하시며 하나님께서 있는 것들을 쓸모없게 하시려고 세상의 천한 것들과 멸시받는 것들을 택하시고 참으로 없는 것들을 택하셨나니 이것은 어떤 육체도 하나님의 눈앞에서 자랑하지 못하게 하려 하심이라."(고전1:27-29)

상대가치의 세계관 속에서 하나님의 섭리를 깨닫지 못한 채 욕망의 노예요 경쟁의 투사가 되어 살아가는 영적 장애인들에게 육신적 장애는 분명 하나님의 거룩한 도구이다.

넷째로 믿음의 훈련을 시키는 일이다(시119:71; 잠3:11,12; 애3:

32,33).

"고난당한 것이 내게 유익하오니 이로써 내가 주의 법규들을 배우게 되었나이다." (시119:71)

"이는 그분께서 고의로 사람들의 자녀들을 괴롭게 하거나 슬프게 하지 아니하시기 때문이라." (애3:33)

하나님께서는 고난을 통하여 당신의 자녀들을 훈련시키신다. 사람의 능력으로 어떻게 할 수 없는 장애와 같은 한계상황에 이르렀다면 그것은 곧 한계상황을 두고 다스리시는 하나님을 바라보라는 뜻이다.

다섯째로 장애인이 나의 이웃임을 알려주는 일이다(눅10:30-37).

사마리아인의 비유를 통해 알 수 있듯이 우리는 "나의 이웃이 누구인가" 라고 묻기보다 "내가 누구의 이웃이 되는가" 라고 물어야 한다. 즉 우리들이 사랑의 실천을 통하여 구원받은 존재임을 확인할 수 있어야 하는 것이다. "이는 영이 없는 몸이 죽은 것같이 행위 없는 믿음도 죽은 것이기 때문이라." (약2:26)

구원받은 그리스도인에게 순수하고 더럽지 않은 신앙심이 요구되는데 이것은 곧 고난 중에 있는 고아와 과부를 돌아보고 자기를 지켜 세상에 물들지 아니하는 것이다(약1:27). 장애인도 고아와 과부처럼 도움을 줘야 할 우리의 이웃임은 너무도 자명한 사실이다.

10. 복(福, Blessing)

이처럼 하나님께서는 '하나님의 일들' 을 나타내시기 위해 장애를 사용하신다. 그런데 성경에 등장하는 믿음의 선진들을 보면 장애는 오히려 복(福)이 된다는 사실이 더욱 분명해진다. 아브라함이 복을 받고 믿음의 조상이 된 배경에는 인간의 힘으로 아기를 가질 수 없는 사라의 장애(disability)가 있었다(창12:1-3, 18:9-15). 이 장애(infertility)는 성경에 언급된 최초의 장애인

데 아브라함은 이를 고쳐주실 하나님의 약속을 믿으므로 믿음의 조상이 되었으며 결국 하나님의 은혜(ability)로 이삭이 출생(fertility)하여 예수님께서 이 세상에 오심이 가능하게 되었다(창21:1-5, 22:1-19; 마1:1; 롬4:16-25; 히11:11).

야곱의 경우도 마찬가지이다. 그는 형 에서를 만나기 전 얍복 강가에서 하나님의 사자와 씨름하다 넓적다리의 뼈가 위골이 되어 지체장애인이 되었는데 바로 이때 이스라엘이란 이름을 새로 받게 되었으며 또한 얼굴을 마주 대하여 하나님을 보았으나 자기 생명을 보존할 수 있는 복을 받게 되었다(창32:13-32).

이밖에 이방신 다곤을 예배하던 블레셋 사람 삼천 명 이상을 한 번에 죽였던 이스라엘의 사사인 시각장애인 삼손(삿16:21-31), 여로보암 시대에 시각장애를 가지고 대언자의 역할을 잘 감당했던 아히야(왕상14:4), 탈모증(alopecia)의 장애를 극복하고 멋있게 쓰임 받았던 엘리사(왕하2:23) 등 구약의 믿음의 선진들이나 또 '육체의 가시' 로 인해 평생 고통을 겪었지만 평생 성령님의 인도하심 따라 순종했던 사도 바울(고후12:7)도 장애가 있었음으로 인해 하나님께로 더 가까이 나아가는

복을 얻을 수 있었다.

특별히 사도 바울은 놀라운 치유의 능력을 소유하였지만 정작 본인의 '육체의 가시'는 고칠 수 없었는데 오히려 이러한 장애가 복인 것을 깨닫고 그의 장애를 크게 기뻐하고 자랑하기까지 하였던 것이다(고후 12:7-10).

"그분께서 내게 이르시되, 내 은혜가 네게 족하도다. 이는 나의 강한 능력이 약한 데서 완전해지기 때문이라, 하셨느니라. 그러므로 내가 오히려 크게 기뻐하며 나의 연약한 것들을 자랑하리니 이것은 그리스도의 권능이 내 위에 머무르게 하려 함이라. 그러므로 내가 그리스도를 위하여 연약한 것들과 치욕과 궁핍과 핍박과 고난당하는 것을 기뻐하노니 이는 내가 약할 그때에 강하기 때문이라."(고후12:9,10)

11. 천국(Heaven)

'말아톤'의 막이 내리고 뭉클한 감동에 젖어 자리를 떠나려던 관객들은 화면에 자막으로 소개되는 '말아톤'의 실제 모델의 놀라운 기록들(마라톤에서 풀코스를 2시간57분7초에 뛰어 '서브쓰리' 달성, 철인삼종경기에서 15시간06분 32초 만에 최연소기록으로 완주 등)을 보면서 더욱 기쁨을 얻게 되며 또한 그를 더욱 자랑하고 싶은 마음을 갖게 될 것이다.

그러나 혹시 구령의 열정을 갖고 있는 그리스도인들 중에는 "초원이가 저보다 하루 먼저 죽는 게 소원이에요."라며 잡지사 기자의 질문에 엄마가 대답하였던 장면을 떠올리면서 초원과 같은 5살 지능의 정신지체장애의 경우나 또 마찬가지로 복음을 전해도 이해하지 못할 어린이

의 경우 예수님을 영접하지 않고 죽는다면 그의 영혼은 천국에 갈 수 없게 되는 것은 아닌가 하여 안타까워할 수도 있을 것이다.

그렇다면 예수님께서 직접 이런 어린아이들에게 하신 말씀을 살펴보자.

"어린아이들이 내게 오는 것을 허락하고 막지 말라. 이는 하나님의 왕국이 이런 자들의 것이기 때문이니라."(막10:14) "너희가 회심하여 어린아이들과 같이 되지 아니하면 하늘의 왕국에 들어가지 못하리라."(마18:3)

즉 어린이는 그 상태로서는 하나님의 왕국 곧 천국에 들어가는 것이다. 그런데 헬라어 상으로 볼 때 성경에서 어린아이인 '파이디온' 이 자라서 더 이상 어린아이가 아닐 때를 '파이다리온'(소년)이라고 기록하고 있는데 하나님의 관점에서 '파이디온' 이 '파이다리온' 으로 변하는 때는 '아이가 자신의 생각과 행동에 대해 하나님께 책임을 질 수 있을 때' 이다.

신명기 1장에서 이스라엘 백성들이 약속의 땅에 들어가지 않음으로 고의적으로 하나님께 대해 죄를 지었을 때, 책임질 수 있는 나이가 되었던 어른들은 모두 요르단 강 저 편에서 죽어 그 약속의 땅을 소유하지 못했지만 선과 악을 알지 못하던 아이들은 그것을 소유할 수 있었다(신 1:34-39). 다시 말해 하나님께서는 분명히 책임질 수 있는 나이를 알고 계셨고 또한 어린아이들은 그 죄악에 대해 책임이 없다고 보신 것이다.

그렇다. 심지어 주님이신 예수님조차도 이 땅에 계셨을 때는 선과 악의 차이를 알 수 있을 때까지 성숙한 상태로 자라나셔야만 했다(사 7:14-16). 물론 그분께서 선을 택하시고 악을 거부하실 것에는 의심의 여지가 없지만 우선 그렇게 될 때까지 자라나셔야만 했다. 예수님께서 전혀 죄를 지은 바가 없다는 점에서 우리와 다르지만 선과 악이 무엇인지 알 수 있는 나이까지 자라나셨다는 점에서는 우리와 다를 바가 없다. 우리가 모두 태어나면서부터 죄인이지만 하나님께서는 우리가 죄를 짓고 있음을 깨닫게 될 때까지 그것에 대해 우리에게 책임을 묻지 않으시는 것이다.

12. 에필로그(Epilogue)

영화 '말아톤'의 제작을 후원한 스포츠화 브랜드 뉴발란스가 영화의 흥행성공으로 인해 매출이 급상승했다고 한다. 또한 이 '말아톤'을 보고나서 마라톤에 관심을 갖고 달리기를 시작한 사람들도 무척 많아졌다고 한다.

그렇다. 우리 그리스도인들도 초원이와 그를 좋아하는 우리 이웃들처럼 자기 몸 관리를 위해 열심히 달리기를 하며 아울러 하나님께서 기쁘 받으실 수 있는 영적인 마라토너로서의 삶을 살아가도록 하자.

"형제들아, 나는 아직 내가 붙잡은 줄로 여기지 아니하고 다만 이 한 가지 일을 행하나니 곧 뒤에 있는 것은 잊어버리고 앞에 있는 것을 잡으려고 나아가 그리스도 예수님 안에서 하나님의 높은 부르심의 상을 받으려고 푯대를 향해 달려가노라." (빌3:13,14)

"경주할 때에 달리는 자들이 다 달릴지라도 상을 받는 사람은 한 사람인 줄을 너희가 알지 못하느냐? 너희도 상을 받도록 이와 같이 달리라." (고전9:24)

반지의 제왕

구랍 17일 개봉된 '반지의 제왕' 3편 '왕의 귀환'의 인기가 대단하다. 세계인 모두가 이 '반지의 제왕'에 열광하는 이유는 무엇일까? 성경적 조명을 통해 이 시대를 진단해 보고자 한다. 문화/2004.1.15

3
반지의 제왕

1. 프롤로그(Prologue)

구랍 17일 개봉된 '반지의 제왕' 3편 '왕의 귀환'은 2004년 새해에 들어서도 그 위력이 꺾일 줄 모르고 지속되고 있다. 아마 이런 추세대로라면 조만간 국내외 영화사의 각종 신기록을 갈아치울 것으로 예상이 된다. 그리고 원작 소설 또한 영화의 인기에 힘입어 더욱 판매부수가 늘어날 것임은 명약관화하다고 하겠다.

잘 알려진 대로 톨킨의 소설 '반지의 제왕'은 이미 30여 개 언어로 번역돼 1억 부 이상 팔렸고 현재 영문학의 가장 중요한 작품 중 하나로 꼽히고 있는데 피터 잭슨 감독에 의해 만들어진 3부작 시리즈 영화는 원작 소설에 담긴 작가의 의도를 훼손시키지 않고 매혹적인 환상의 세계를 구현하는 데 성공했다는 평을 받고 있으며 또한 '탁월한 테크놀로지는 그 자체로 뛰어난 예술' 임을 증명한 걸작으로도 평가되고 있다.

영국의 일간 선(The Sun)지는 '반지의 제왕' 을 세계영화사에 남을 10편의 걸작 가운데 하나로 선정하였고, 통상 예술 및 독립 영화에 상을 주던 뉴욕 영화비평가협회(FCC)에서조차 2003년을 결산하면서 '반지의 제왕: 왕의 귀환' 을 최우수 작품상 수상작으로 선정할 정도였으니 이 '반지의 제왕' 의 위력은 실로 엄청난 것이라 하지 않을 수 없겠다.

그런데 이러한 세상의 평판에 부응하여 우리 기독교계에서도 '반지의 제왕' 에 대한 찬사가 끊이지 않고 있다. 커트 부루너와 짐 웨어가 함께 집필한 '이 반지가 왜 내게 왔을까(Finding God in the Lord of the Rings)' 를 필두로 하여 수많은 기독교 매체들이 앞다투어 이 '반지의 제왕' 을 훌륭한 기독교적 작품이라고 소개하고 있다. 허구인 판타지를 통해서도 인생의 진리를 발견할 수 있다는 것을 보여준 영화라든가 심지어 판타지도 하나님이 인간에게 주신 훌륭한 선물이자 복음의 메시지를 전달하기에 매우 효과적인 도구라는 등의 극찬도 여과되지 않고 쏟아지고 있는 것이 오늘의 현실이다.

그렇다면 정말 신, 불신을 떠나 세계인 모두가 이 '반지의 제왕' 에 열광하게 되는 이유가 무엇이며 또 그 결과가 어떻게 될 것인지 살펴보는 것이 그리스도인으로서 마땅히 해야 될 일일진대 이 글에서는 '반지의 제왕' 이 표방하는 몇 가지 주요한 점들에 대해 성경적 조명을 해봄으로써 함께 이 시대를 진단해 보고자 한다(마16:2,3).

2. 시놉시스(Synopsis)

요즈음 세상 사람들을 새롭게 두 부류로 나눌 수 있다고 한다. 즉 '반지의 제왕' 을 이미 소설이나 영화로 감상한 자들과 앞으로 감상하게 될 자들로 분류할 수 있다고 하는데 후자에 속하는 독자들을 위해 먼저 '반지의 제왕' 의 줄거리를 간략히 소개한 후 성경적 관점에서 이를 고찰해보도록 하겠다.

사우론의 암흑군대에 맞서 싸우던 인간과 엘프 연합군은 패전 직전 사우론의 힘의 원천인 절대반지를 빼앗아 세상(중간계)을 구한다. 하지만 탐욕에 눈이 먼 이실두르에 의해 반지는 파괴되지 않고 남겨진다. 이실두르가 살해당한 뒤 세월은 흘러 반지는 골룸과 호빗인 빌보의 손을 거쳐 빌보의 조카 프로도의 손에 전수된다. 사우론은 암흑탑에 은거하면서 반지를 찾기 위해 암흑기사들을 호빗의 땅으로 보내고, 프로도는 이를 피해 친구인 샘과 함께 리벤델로 간다.

그러나 엘프의 땅 리벤델 역시 반지를 지킬 힘이 없다. 사우론을 막을 수 있는 유일한 방책은 반지가 만들어진 운명의 산 불구덩이에 반지를 던져버리는 것. 프로도와 샘을 비롯한 피핀, 메리, 마법사 간달프, 기사 아라곤, 곤도르의 전사 보르미르, 요정(Elf) 레골라스, 난장이(Dwarf) 김리는 임무를 수행하기 위해 반지원정대를 결성하고, 사우론의 군대는 반지를 빼앗기 위해 위협을 가해온다.

그리하여 반지원정대의 길고 긴 여정이 시작되는데 이후 수많은 우여곡절과 반전이 거듭되면서 마침내 절대반지는 파괴되고 중간계에는 평화가 도래하게 된다.

3. 톨킨(John Ronald Reuel Tolkien, 1892–1973)

톨킨(J. R. R. Tolkien)

예술적인 노력이 다 그렇듯이 톨킨이 믿는 바가 그대로 그의 작품 속에 드러나는 것은 너무도 당연한 이치이다(마12:34,35).

그런데 앞서 인급하였던 '이 반지가 왜 내게 왔을까' 의 공저자이며 '포커스 온 더 패밀리(Focus on the family)' 의 부총재인 커트 부루너는 톨킨이 C. S. 루이스가 신앙을 갖도록 도와줄 정도로 신실한 기독교 신앙의 소유자였기 때문에 '반지의 제왕' 에는 기독교 세계관이 훌륭하게 표현될 수 있었다고 말하고 있다.

또한 공상소설 작가인 스티븐 로헤드도 그 두꺼운 '반지의 제왕' 속에서 그리스도를 인유(引喩)하는 문장을 찾아볼 수 없음에도 불구하고 거의 모든 페이지에서 그리스도의 얼굴을 볼 수 있다며 톨킨의 신앙심을 높이 평가하고 있다.

그렇다면 톨킨은 정말로 예수 그리스도의 생명을 소유한 하나님의 자녀였던 것인지, 또는 올바른 성경적 교리를 믿고 거듭난 리얼 크리스천이었는지를 구체적으로 살펴보지 않을 수 없다. 왜냐하면 예수 그리스도의 생명을 소유해야 진정한 성령의 열매를 기대해 볼 수 있는 것이기 때문이며 아울러 이러한 단초(端初)에 의해 방대한 분량을 자랑하는 '반지의 제왕' 에 대한 영적 판단의 방향이 올바로 세워질 것이기 때문이다.

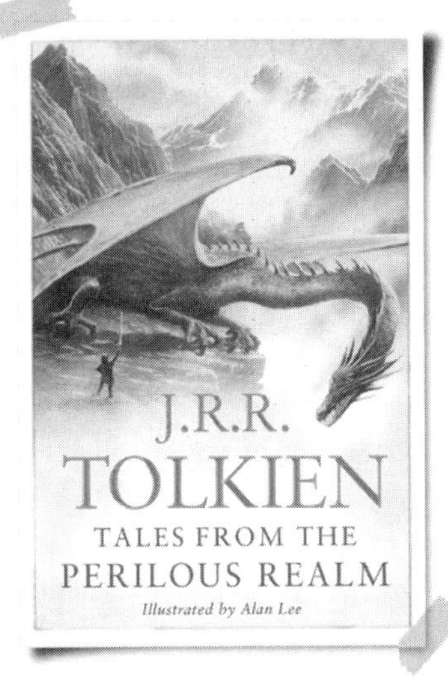

마이클 화이트가 쓴 '톨킨-판타지의 제왕(Tolkien: a biography)' 이나 조세프 피어스가 쓴 '톨킨-인간과 신화(Tolkien-Man and Myth)' 를 보면 톨킨은 자신이 독실한 카톨릭 신자임을 고백한다. 톨킨의 장남으로서 사제 서품을 받은 존 톨킨도 카톨릭 신앙이 아버지의 사고와 모든 요소에 스며들어 있었으며 아버지가 철저한 천주교인임을 강조한다.

톨킨은 영국국교회(성공회)를 증오하였다. 그래서 영국국교회에 다니고 있었던 사랑하는 연인인 에디스 브랫이 기독교의 신앙을 버리고 카톨릭으로 개종하도록 강요하였는데 결국 그녀가 완전히 천주교로 개종한 이후에야 약혼을 발표할 정도였다.

또 1931년 가을 톨킨은 자기와 긴 신앙적 토론을 한 지 얼마 되지 않아 C. S. 루이스가 단순한 유신론자에서 회심하여 자기가 바라던 천주교인이 아니라 아일랜드 기독교도로 돌아간 것을 알게 되자 루이스를 '적' 으로 생각하기 시작하였고 따라서 이후 둘 사이의 우정도 산산이 부서지기 시작하였다.

4. 카톨릭(Catholic)

누구나 잘 알고 있는 사실이지만 우리는 장로교인이 침례교인이 되었다거나 감리교인이 성결교인이 되었다고 해서 '개종' 이란 말을 사용하지 않는다. 그러나 기독교인이 천주교인이 되거나 또는 이와 반대의 경우 우리는 정확히 '개종' 이라고 표현하게 된다. 왜냐하면 천주교는 기독교와 완전히 다른 종교이기 때문에 그런 것이다.

'세 가지의 오직(Three Solas)' 곧 '성경' 과 '은혜' 와 '믿음' 만을 주장하는 기독교의 구원론은 이미 16세기 개혁자들이 주장하기 전 초대교회 시대로부터 지금까지 모든 성경신자들에 의해 일관되게 고백된 내용이었다. 그러나 바빌론의 신비주의에 뿌리를 둔 카톨릭의 교리는 성경의 최종권위를 부정하면서 그들의 전통을 따를 것을 가르치며 행위에 의한 구원을 선포하고 있다.

마틴 로이드 존스의 표현대로 '저주받을 더하기' 로써 무려 삼백 가지도 넘는 비성경적인 교리를 종교개혁 이후에도 계속해서 지금까지 만들어 오고 있는 것이 바로 로마 카톨릭인 것이다.

우리는 오직 '믿음' 으로만 의롭게 되어 구원을 받을 수 있다(합2:4, 롬1:17, 갈3:11, 히10:38). 그리고 이 믿음의 대상은 오직 예수 그리스도뿐이다(요14:6, 행4:12). 그런데 믿음(faith)은 그 정의상 '행위와 상관이 없어야' (without work) 믿음인 것이며(롬3:28) 또한 그 믿음의 창시자요 완성자인 예수님(Jesus)을 개인의 인격적인 구주로 모셔 들여 영원히 단번에(once for all) 구원 받는다고 믿어야만 참된 믿음인 것이다(히10:10-14; 12:2).

그러나 톨킨은 이러한 성경적인 믿음을 소유하지 못했다. 머레이 신부에게 보낸 편지에서 톨킨은 반지에 유혹되지도 않으며 드러나지 않게 프로도를 도와

로스로리엔의 여왕 갈라드리엘

주는 로스로리엔의 여왕 갈라드리엘을 묘사할 때 마리아에 대한 생각을 많이 포함하였다고 인정하였듯이 그는 마리아를 중보자로 간주하였다. 그리고 그는 고해성사를 계속함으로써 죄사함을 받는다고 믿었고 또 그의 자전적 성격이 가장 분명한 작품인 '니글 옆의 이파리' 를 통해 자신이 연옥의 존재를 확실히 믿고 있음을 고백하고 있다.

그렇다면 1973년 작고한 그의 영혼(soul)은 현재 어디에 가 있는지 진정 거듭난 독자들께서는 아실 수 있을 것이다.

아울러 원래 고대 점성술 용어인 '카톨릭' 의 의미가 '하늘 제신(諸神)들의 집합체' 인 사실을 보더라도 독실한 근본주의 카톨릭 신자인 톨킨이 '반지의 제왕' 에서 표현하게 될 세계에 이교적인 사상이 다양하게 나타날 수 있음은 쉽게 예측될 수 있을 것이다.

5. 판타지(Fantasy)

오늘날 가장 판매량이 많고 가장 많은 독자층을 확보하고 있는 문학 장르는 판타지이다. 대부분의 판타지 작가들은 판타지 장르가 이처럼

뚜렷한 자리를 차지하게 된 데는 톨킨의 역할이 아주 컸다는 점을 인정한다. 특히 '반지의 제왕' 을 '판타지 소설의 제왕' 이라고 부르는 것을 주저하지 않고 있다.

그런데 판타지란 원래 '형식에 구애됨이 없이 악상이 떠오르는 대로 자유로이 작곡한 작품' 을 일컫는 말인 데서 알 수 있듯이 상상(imagination)과 거의 동의어로 사용될 수 있다고 하겠다. 물론 사실주의(realism) 예술에서도 상상력이 필요하지만 판타지는 초현실적인 내용 곧 이 세계에서 일어날 수 없는 이야기를 다룬다고 하는 점에서 사실주의와 구별이 되는 동시에 그럼으로써 더욱 상상이 강조되는 장르라 할 수 있겠다.

또 츠베탕 토도로프를 위시해 수많은 이들이 나름대로 판타지에 대한 정의를 다양하게 내리고 있지만 어찌되었든 판타지의 기본 메커니즘은 '상상' 이며 그 구성은 마법사와 요정 등이 등장하는 초현실적인 내용이 될 수밖에 없음은 주지의 사실이다.

그렇다면 성경은 이러한 판타지에 대해 어떠한 평가를 내리고 있는지 살펴보도록 하자.

"하나님께서 사람의 사악함이 땅에서 커지고 또 그 마음에서 생각하여 상상(imagination)하는 모든 것이 항상 악할 뿐임을 보시고" (창6:5)

그렇다. 하나님을 떠나 있으며 구원받지 못한 인간의 상상이란 항상 악할 뿐이다. 비록 사랑이나 평화나 각종 미사여구로 포장을 하여도 인본주의의 결국은 의로운 것이 결코 될 수 없는 것이다(롬3:10-18).

톨킨은 '판타지란 가장 높고 순수한 형태며 예술과 신학과 인간의 기본 욕망이 만나고 교차하는 장' 이라고 말한다. 그 말대로 인간의 기본 욕망이 분출되는 판타지는 결코 생명의 길로 향할 수 없는 것이 또한 사실이다(약1:15).

성경은 분명히 우리에게 우리의 모든 헛된 상상을 버리라고 말씀한다(렘23:16-18, 고후10:5).

"우리는 상상하는 것(imaginations)과 하나님을 아는 지식을 거슬러 스스로를 높이는 모든 높은 것을 무너뜨리고 모든 생각을 사로잡아 그리스도께 순종하게 하며" (고후10:5)

6. 마법(Magic)

'반지의 제왕' 을 여러 각도에서 음미할 수 있겠지만 어떤 경우라도 이 소설(영화)의 가장 중요한 플롯 중 하나가 바로 간달프와 사루만이라고 하는 두 마법사의 대결 구도임을 쉽게 이해할 수 있을 것이다.

그런데 앞서 정의한 대로 판타지가 현실에서 일어나지 않는 것을 다루는 것이라고 한다면 마법은 실제로 우리의 삶과 아무런 관련이 없다고 할 수 있을까?

그렇지 않다. 실제로 우리 주위에 마법을 신봉하며 또 그 마법의 능력을 체험하며 사는 사람들이 이 21세기 첨단과학 시대에도 존재하고 있다. 인터넷 검색엔진을 사용해 조사해 보면 마법과 연관된 수십만 개의 사이트를 발견할 수 있고 아마존에서도 수천 종의 마법에 대한 책이 팔리고 있는 것을 알 수 있다. 심지어 1999년 클린턴이 대통령으로 재임하고 있을 때 미국 군대 내에서 마법은 하나의 합법적인 종교로서 인정되어 그들만의 종교활동이 공식적으로 가능하게 되지 않았던가.

반지의 제왕에 등장하는 두 마법사, 간달프와 사루만

그런데 마법의 종교성은 받아들이지만 마법에는 실제적인 능력이 없다고 하면서 마법을 우습게 보는 사람이 있다면 그는 마법에 연루된 자들의 주장과 하나님의 말씀 두 가지를 다 부인하는 것이 된다. 그리고 이와 반대로 마법에 능력이 있다고 인정하는 경우라면 마법사들이 얘기하듯 마법은 악한 것이 아니라고 하든가 아니면 하나님께서 말씀하시는 대로 사탄으로부터 오는 악한 능력이 모든 마법(white magic & black magic)에 있다고 동의하여야 할 것이다(신18:9하-11; 사8:19; 47:12-14상; 갈5:19-21; 계9:21; 21:8).

하나님께서는 어떤 형태의 마법도 엄격하게 금하시며 마법사들은 둘째 사망의 심판을 받고 불과 유황으로 타는 못에 영원히 들어가게 된다고 말씀하신다.

"사람들이 너희에게 말하기를, 부리는 영을 지닌 자들과 슬쩍 엿보고 중얼거리는 마술사들에게 물으라, 하거든 백성이 마땅히 자기들의 하나님께 구하여야 하지 아니하겠느냐? 산 자를 위하여 죽은 자에게 구하겠느냐? 하라" (사8:19)

"이제 육신의 행위들은 명백하니 … 우상숭배와 마법과 … 이런 일들을 행하는 자들은 결코 하나님의 왕국을 상속받지 못하리라."(갈 5:19-21)

7. 신화(Myth)

톨킨이 신화가 없는 영국인들을 달래려고 창작했다는 이 '반지의 제왕' 은 21세기 들어 3부작 영화의 성공적 개봉으로 말미암아 이미 '21세기 위대한 신화' 로 전세계인들의 평가를 받고 있다.

10여개 언어의 구조와 문법 그리고 이와 관련된 고대 북유럽 신화에 정통했던 톨킨은 자신의 이론적 입장을 밝힌 '동화에 관하여' 라는 글의 결론에서 '진실의 신화' 인 그리스도 신앙이 모든 하위신화를 진실에 일치하게끔 이끈다고 강조했다. 아울러 그는 성경에 씌어진 복음서는 한 편의 동화이며 모든 동화의 총화가 한꺼번에 들어있다고 생각했다.

톨킨은 물론 하위신화가 성경의 신화처럼 완벽할 수 없지만 하위신화는 본래의 신화로부터 흘러나온 위대한 진실을 언뜻 보여줄 수 있다는 점에서 여전히 위대하다고 생각했다.

그렇다면 톨킨의 신화에 대한 견해는 반은 맞고 반은 틀린 것이다. 즉 신화(神話)의 일반적 정의상 '옛날부터 전해 내려오는 일정한 구조를 지닌 꾸며낸 이야기의 한 가지' 란 면에서 그가 기독교 신앙을 하나의 신화로 표현한 것은 틀린 말이다(딤전1:4; 4:7; 딛1:14; 벧후1:16).

그러나 각 민족의 여러 신화들이 위대한 진실을 어느 정도 보여줄 수 있다고 한 점은 옳은 표현이라 생각된다. 왜냐하면 고대 근동 지역 신화와 서양 3대 신화(북유럽 신화, 그리스 신화, 켈트 신화) 및 우리 민족의 근원 신화들 간에는 분명 유사성이 있으며 이들의 원형은 고대 메소포타미아 문명에 있다는 사실이 여러 문헌들에서도 발견되기 때문이다.

그런데 톨킨이 '반지의 제왕' 에 차용한 북유럽 신화는 '해리 포터' 나 각종 판타지 문학과 게임에도 지대한 영향을 주었기 때문에 여기서 이를 잠깐 소개한 후에 다음 장에서 신화의 원형에 대한 성경적 접근을 해보고자 한다.

북유럽 신화는 정교하게 짜인 아홉 세상에서 지내는 신들과 세상을 멸망시키려는 거인속의 대립과 갈등이 주요 내용이다. 신들은 '악의 축' 인 거인족에 맞서 세상을 지켜낸다. 특히 신들의 지혜와 용기, 모험, 희망, 열정은 너무나 인간적이다. 모든 신과 인간을 다스리는 지혜의 신 오딘과 그의 여전사 발퀴리, 사랑과 미의 여신 프레이야, 벼락망치를 휘두르는 천둥신 토르, 신과 인간들을 괴롭히는 데 앞장서는 사고뭉치 로키 등 수많은 신과 거인, 요정이 등장해 아찔아찔한 모험을 벌인다. 급기야 신들과 거인은 서로의 죽음을 예고하며 최후의 전쟁을 치르게 되고, 세상은 완전히 파멸한다. 마지막 살아남은 남녀 한 쌍. 이들이 인류의 후손을 남기며 지금의 세상을 이룬다.

8. 거인(Giants)

톨킨이 '전설과 신화는 대개 진실로 만들어졌다' 고 했듯이 우리가 알고 있는 각 신화들에는 중요한 성경적 진실이 숨어 있다.

노아의 홍수가 국지적인 천재지변이 아니라 지구 전체를 뒤엎었던 대홍수였다는 사실이 각 민족의 고대문헌들 속에서 드러나는 것과 마찬가지로 노아의 홍수를 유발시켰던 타락한 천사들에 대한 이야기도 여러 민족의 신화나 기록들에서 발견할 수 있다.

즉 이미 소개된 북유럽 신화나 그리스 로마 신화 및 대부분의 고대국가들의 신화 속에서 인간을 아내로 취해서 반신반수의 괴물이나 혹은 거인들을 낳은 신들에 대해 언급이 되고 있는 것이다.

우리는 이런 사실을 대수롭지 않은 전설 정도로 여기지만 성경은 그것에 대해 분명한 증거를 제시하고 있다.

사무엘상 17장에는 골리앗의 키가 정확히 여섯 큐빗 한 뼘(six cubits and one span)으로 적혀 있다. 1큐빗이 대략 45-50 cm이고 한 뼘이 반 큐빗 정도인 것을 감안하면 골리앗은 그 키가 3 미터가 넘는 것을 알 수 있다. 또 신명기 3장에는 바산왕 옥이 길이가 아홉 큐빗 넓이가 네 큐빗이나 되는 침대 위에서 잠을 잔 것으로 기록되어 있는데 바산왕의 키와 그의 침대를 비례적으로 생각해서 그의 키를 계산해 보면 적어도 4 미터인 것을 알 수 있다.

그렇다면 도대체 키가 3-4 미터씩이나 되는 거인들은 어떻게 생기게 된 것인지 그 실마리를 풀어 나가기 위해 성경에 처음으로 거인(giant)이 기록된 창세기 6장부터 자세히 살펴보도록 하자.

"사람들이 지면에 번성하기 시작하고 그들에게 딸들이 태어나매 하나님의 아들들(the sons of God)이 사람의 딸들(the daughters of men)과 또 그들이 아름다운 것을 보고 자기들이 택한 모든 자를 아내로 삼으니라. 주께서 이르시되, 내 영이 항상 사람과 다투지는 아니하리니, 이는 그도 육체이기 때문이라. 그럼에도 불구하고 그의 날들은 백이십 년이 되리라 하시니라. 당시에 땅에는 거인들(giants)이 있었고 그 뒤에도 있었으니 곧 하나님의 아들들이 사람들의 딸들에게로 들어와 사람들의 딸들이 그들에게 아이들을 낳았을 때더라. 바로 이들이 옛적의 용사들(mighty men)이요, 명성 있는 자들(men of renown)이더라. 하나님께서 사람의 사악함이 땅에서 커지고 또 그 마음에서 생각하여 상상하는 모든 것이 항상 악할 뿐임을 보시고" (창6:1-5)

9. 반신반인(Demigods)

성경은 '하나님의 아들들' 과 '사람의 딸들' 이 성적 관계를 맺음으로 거인들이 태어났고 또 그들은 골리앗과 같이 힘세며 사악한 자들이라는 사실을 말해주고 있다. 그러면 '하나님의 아들들' 은 누구인가? 그들은 정상적인 인간, 예를 들어 경건한 셋의 후손일 수가 있는가?

결코 그럴 수 없다. (이에 대해서는 필자와 다른 견해를 가지고 계실 신실한 크리스천도 많을 줄 생각된다. 그러나 필자의 견해를 좀더 자세히 이해하길 원하신다면 졸저 '성경으로 세상보기' 중 '성경에 나타난 성장이상' 을 읽어보시기를 바란다.)

'하나님의 아들들' 은 바로 타락한 천사들이다(벧후2:4-6, 유5-7). 그러므로 하나님께서는 이런 불법적인 결혼에 의해 출산된 자들을 쓸어버리기 위해 노아의 대홍수를 내실 수밖에 없으셨던 것이다(창6:11-14).

그리고 거인들은 그들의 힘과 명성으로 인해 인간들에게는 신적인 존재(gods)로 여겨지게 되었을 터인데 이들의 정체에 대해 시편기자는 다음과 같이 기록하고 있다(창6:4, 시82:1,5-7).

"하나님께서 강한 자들의 회중 안에 서시며 그분께서 신들(gods) 가운데서 심판하시는도다. … 그들은 알지도 못하고 깨달으려 하지도 아니하며 어둠 속에 다니니 땅의 모든 기초가 궤도를 벗어났도다. 내가 말하기를, 너희는 신들(gods)이라. 너희는 다 지극히 높으신 이의 자녀들이라, 하였으나 너희는 사람들같이 죽을 것이요, 통치자들의 하나같이 넘어지리로다." (시82:1,5-7)

만일 이 신들이 죽을 수밖에 없는 사람들처럼 죽게 된다면 그들은 분명히 사람들이 아니다. 또 이들은 창세기 6장의 '타락한 천사들' 도 될 수 없는데 그 이유는 성경이 분명하게 천사들은 죽을 수 없다고 말하기 때문이다(눅20:34-36). 따라서 이 신들은 타락한 천사들의 자손이며 비

록 창세기 6장에서 사람들이라 불리고 있지만 단지 반쪽만이 사람이고 다른 반쪽은 신들(타락한 천사들)인 존재 곧 반신반인(半神半人, demigods)인 것이다. 하나님께서는 우리에게 이 신들이 땅의 모든 기초가 흔들렸을 때 즉 노아의 대홍수시에 사람들처럼 죽었다고 시편 기자를 통해 말씀하시는 것이다.

그래서 홍수 이전 세상을 주름잡던 이 반신반인들에 대한 이야기는 (물론 골리앗과 바산왕 옥의 경우에서 보듯 홍수 이후에도 거인은 잠시 존재하였지만) 홍수 이후 메소포타미아 지역에서부터 야벳, 셈, 함 등 노아의 후손들이 각 민족들을 이루어 세상 곳곳으로 퍼져나가면서 함께 신화의 형태로 전해지게 되었던 것이다.

10. 창조물(Creatures)

이러한 반신반인인 거인에 대한 이야기는 '반지의 제왕' 에서도 차용이 되고 있다. 즉 반은 인간이고 반은 나무인 거인족 '엔트' 들이 악의 지도자 사우론에 의해 숲이 황폐화되는 데 분노해 악의 소굴 아이센

가드로 몰려가 공격하는 모습이 나온다. 이는 곧 인간의 생태계 파괴에 대한 강력한 '자연의 경고'를 담은 메시지일 수밖에 없는데 톨킨은 원래 기술문명을 싫어하여 텔레비전도 집에 들여놓지 않았고 라디오도 가끔 들을 정도로 생태학적 신념이 철저하였기 때문에 이런 캐릭터를 등장시켰을 것으로 짐작이 된다.

또 하나 '반지의 제왕'에서 차용한 거인의 예로서 (키가 1 미터 정도밖에 되지 않는) 호빗족인 주인공 프로도의 관점에서 본 타종족들(우르크하이 등)을 들 수 있겠다. 근육질도 미남형도 아니며 가장 약한 종족인 호빗족의 프로도가 반지원정대와 함께 하면서 자기보다 키가 두 배나 큰 인간, 엘프, 마법사 등 다양한 종족들과 도움을 주고받는 모습에서 우리는 영화촬영기법에 대한 궁금증과 함께 거인이란 신화적 요소를 전달받게 된다.

그런데 이처럼 '반지의 제왕' 속에서 엔트나 호빗, 엘프, 드워프, 오르크, 마법사 등과 함께 대화하고 인격적인 교제와 삶을 나누는 인간은, 곧 여러 종족 중 욕심 많은 평범한 한 종족에 불과한 인간은 과연 성경에서 말씀하는 바와 같은 존재일까?

아니다. 하나님께서는 결코 인간 외에 다른 어떤 변형된 종족도 이 세상에 두지 않으셨다. 모든 하나님의 창조물 가운데 오직 인간만이 하나님 앞에 책임을 지는 영혼(soul)을 소유하였으며 오직 인간만이 하나님께 위임받아 만물을 다스릴 수 있는 존재일 뿐이다(창2:7, 롬14:12, 창1:26-28).

오히려 이처럼 인류가 아닌 다른 생명체와의 인격적 만남이 있고 하나님이 아닌 다른 신적 존재들과의 교제가 있다고 하는 설정은 가이아

(Gaia) 가설이나 힌두이즘 또는 UFO과학 등을 포함하는 뉴에이지 사상에 다름이 아니다.

11. 선과 악(Good and Evil)

'반지의 제왕' 에 등장하는 거의 모든 캐릭터들은 '반지의 유혹' 으로부터 자유롭지 못하다. 주인공 프로도도 최종적으로 실패한 인물이며, 절대반지가 파괴되는 것은 악한 골룸 때문이라는 것을 독자들께서도 잘 아실 것이다.

따라서 '반지의 제왕' 은 이자벨 스마쟈('반지의 제왕, 혹은 악의 유혹' 의 저자)가 잘 지적했듯이 선과 악이 교차하는 단순한 이분법을 구사하는 판타지가 아니다. 처음에는 선의를 따랐지만 반지의 힘을 탐낸 '반지원정대' 보르미르의 행동이나 악한 마법사로 변신한 사루만의 배신 등에서도 엿볼 수 있듯 선과 악은 따로 존재하는 것이 아니다.

그리고 이미 G 포노('판타지 문학에 나타난 광기' 의 저자)가 '판타지 문학의 작가들은 연관된 두 가지 애매한 의미들을 능수능란하고 교활하게 다루고 있다' 고 말한 대로 일반적인 판타지 문학에 내재하는 완전한 '모호함의 전략' 이 '반지의 제왕' 에서도 잘 드러나고 있다.

그러므로 선악의 구분이 모호하게 처리됨으로써 궁극적으로 선과 악은 존재하지 않으며 선과 악은 상황에 따라 또 자기의 판단에 따라

달라질 수 있다는 뉴에이지의 메시지를 암묵적으로 던져주고 있는 것이 바로 '반지의 제왕' 이다.

그러나 하나님께서는 말씀하신다.

"화 있을진저, 악을 선하다 하며 선을 악하다 하고 어둠으로 빛을 삼으며 빛으로 어둠을 삼고 쓴 것으로 단 것을 삼으며 단 것으로 쓴 것을 삼는 자들이여! 화 있을진저, 자기 눈에 지혜로운 자들과 자기가 보기에 분별 있는 자들이여!" (사5:20,21)

선과 악을 알게 될 것이라며 선악과를 따서 먹으라고 에덴동산에서 이브에게 유혹하였던 사탄은 오늘날도 계속해서 빛의 천사로 우리에게 나타나 선악을 판단하는 기준이 하나님의 말씀이 아니라 우리 각자에게 있다고 '반지의 제왕' 을 통해서도 속삭이고 있는 것이다(창3:5; 고후11:14).

12. 죽음(Death)

성경에 의하면 아담과 이브가 하나님의 말씀에 불순종하여 선악을 알게 하는 나무에서 나는 것을 먹은 결과 이 세상에는 죽음이 초래되었다(창2:17; 3:6,19).

그러나 '반지의 제왕' 에서는 인간의 죽음은 타락에 의한 형벌이 아니라 '에루' 라는 존재의 선물로 묘사되기도 한다. 또한 헬름 협곡의 혈전이나 펠렌노르 전투에서의 수많은 죽음을 비롯한 인간들의 죽음에 대한 영적인 해석이 없고 오히려 복음으로 말미암지 않은 영생이 소개되고 있다. 게다가 아르곤의 요청에 의해 연합군에게 최종적인 승리를 가져다주는 '육신이 없는 강력한 사자(死者)들' 까지도 등장하고 있다.

즉 앞서 언급하였던 완전한 '모호함의 전략' 이 '죽음' 에 대해서도 잘 드러나고 있는 것이다. 따라서 우리들에게 가장 중요한 명제 곧 죽음이후 영원한 시간을 어디서 보내게 될 것이냐에 대한 성경적 접근이 완전히 차단될 수밖에 없는 것이 바로 '반지의 제왕' 의 세계관이다.

그러나 성경은 사람은 누구나 다 죄인이며 죄로 인한 형벌은 영원한 죽음 곧 지옥불못임을 확실하게 밝히고 있다(롬3:10-12,23; 6:23; 계20-22장).

또한 죽음 이후에는 바로 심판이 있고 그 이후에는 구원의 기회가 없음을 명확히 선포하고 있다. "한 번 죽는 것은 사람에게 정하신 것이요, 그 뒤에는 심판이 있으리니" (히9:27)

그래서 하나님께서는 우리의 죄 문제를 해결하기 위해 예수님을 이 세상에 보내셔서 우리가 단지 예수님을 구주로 믿기만 하면 영생을 (은혜로) 받을 수 있다고 약속을 하셨다(롬6:23, 벧후3:9, 롬5:8, 요3:16, 롬10:9-10).

"하나님께서 세상을 이처럼 사랑하사 자신의 독생자를 주셨으니, 이는 누구든지 그를 믿는 자는 멸망하지 않고 영존하는 생명을 얻게 하려 하심이라." (요3:16)

"네가 만일 네 입으로 주 예수님을 시인하고 하나님께서 그분을 죽은 자들로부터 일으키신 것을 네 마음속으로 믿으면 구원을 받으리니, 사람이 마음으로 믿어 의에 이르고 입으로 시인하여 구원에 이르느니라." (롬10:9-10)

13. 절대반지(The One Ring)

프로도의 집에 찾아온 마법사 간달프가 반지를 불 속에 내던졌는데도 반지는 뜨거워지지도 않고 녹지도 않는다. 다만 다음과 같이 새겨진 불의 글자가 드러난다.

'모든 반지를 지배하고 모든 반지를 발견하는 것은 절대반지. 모든 반지를 불러 모아 암흑에 가두는 것은 절대 반지.'

그렇다. 이 시구(詩句)대로 '반지의 제왕' 시리즈의 진정한 주인공은 '반지' 자체라고 할 수 있다. 반지의 힘을 거부하지 못하는 존재들은 반지의 사슬에 묶이고 만다. 이는 모든 사건의 발단인 반지가 절대 권력의 상징이기 때문이다(비교: 창41:42, 에3:10,12; 8:2,8,10).

그런데 이러한 절대 반지가 아이러니컬하게도 지배를 받아야 할 자들에 의해 결국 파괴가 되고 만다. 이는 '가장 아름다운 이미지들이 양면성의 중심에 있다'는 철학자 바슐라르의 언급에서 알 수 있듯이 절대반지가 죽음과 불멸, 권력과 복종, 선과 악의 이항대립 위에 놓여 있는 진정한 '양면성'의 근원이기 때문이다.

영국하면 왠지 음습한 느낌이 들지만 온도와 시간과 위치의 절대 기준이 있는 곳이 바로 영국이다. 즉 온도는 켈빈 경(William Thomson Kelvin)에 의한 절대온도 K(-273.16), 시간은 영국의 그리니치 세계 표준시, 경도 기준인 본초자오선도 그리니치를 기준으로 하고 있는 것이 주지의 사실이다.

그런데 이러한 절대의 기준들이 있는 나라 영국을 누구보다도 사랑하여 신화가 없는 영국인을 위해 '반지의 제왕' 을 창작한 톨킨은 영국인을 위한 이 신화에서 결국 '절대' 를 없애 버리고 말았다. 즉 절대자 하나님은 톨킨에게는 필요가 없는 존재가 되어버린 것이다.

"어리석은 자는 마음 속으로 이르기를, 하나님은 없다, 하는도다." (시14:1상)

"참으로 사람은 최선의 상태에서도 헛될 뿐이니이다. 셀라. 참으로 모든 사람은 헛된 모습 속에서 걷나니 참으로 그들은 헛되이 소동하나이다." (시39:5하,6상)

14. 제왕(The Lord)

'반지의 제왕' 에서 그리스도 예수 우리 주님의 모습이 나타난다고 주장하는 이들의 의견을 모아보면 다음과 같이 세 가지로 대별할 수 있을 것이다.

첫째로, 그들은 회색의 마법사 간달프가 다리에서 발록과 싸우다 죽었지만 다시 백색의 마법사로 부활한 것이 예수님의 부활을 나타내 주는 것이라 한다. 그러나 이미 살펴보았듯이 예수님께서는 마법을 금하신 장본인이시며 간달프와 달리 우리의 구원주(빌3:20)일 뿐 아니라 창조주(요1:3)와 심판주(롬14:12)로서 우리가 경배를 드려야 할 하나님이시다.

둘째로, 그들은 호빗인 프로도가 반지의 유혹과 싸우며 선을 행하는 것이 예수님이 광야에서 마귀의 유혹에 대해 싸운 것과 같다는 주장을 한다. 그러나 이것도 역시 완전히 틀린 이야기다. 프로도는 샘의 진실된 충언도 받아들이지 못했고 반지를 불구덩이에 던지기 직전 욕망의 포로가 되었던 죄인일 뿐이다. 그러나 예수님께서는 말씀으로 능히 마귀의 시험을 물리치셨고 모든 점에서 우리와 똑같이 시험을 받으시되 죄는 없으신 분이셨다(마4:1-11, 히4:15).

셋째로, 그들은 기사 아라곤이 절대반지가 파괴되어 세상의 평화가 도래한 뒤 왕의 신분으로 돌아와 아르웬과 결혼하며 곤도르를 다스리는 것이 예수님의 재림을 나타낸다고 한다. 그러나 성경은 그렇게 주님의 재림을 말씀하지 않는다.

아담의 범죄로 인해 무질서도가 날로 증가하는 '열역학 제2법칙' 이 시작(창3:16-19)되면서 이 세상은 사탄의 다스림(satanocracy) 하에 놓이게 되었다(요12:31; 14:30; 16:11; 고후4:4; 엡2:2). 그래서 세상은 날로 악이 창궐하게 되지만 성도들은 대환난이 있기 전 공중들림을 받아 주님의 신부로서 어린양의 혼인 잔치에 참여하게 된다(살전4:16,17, 계19:7-9). 그리고 나서 주님은 성도들과 함께 이 세상에 다시 오셔서 사탄을 내어 쫓으시고 이 땅을 회복시키시며 친히 성도들과 함께 다스리시는 신정(theocracy) 왕국을 이루시게 된다(롬8:17; 딤후2:12; 계5:10; 20:4,6).

15. 에필로그(Epilogue)

영국인들의 창의력(?)은 세계를 흔든다. 비틀즈는 말할 것도 없고 세계적으로 선풍을 일으킨 TV 유아프로그램 '텔레토비' 와 '트위니스' 도 영국이 만들어냈다. 또 최근 출판계의 각종 기록을 갈아 치우고 있는 '해리 포터' 도 영국의 여류 작가 조앤 롤링의 상상력이 빚어냈다. 그러나 이들 모두에 앞서 영국에는 '반지의 제왕' 의 작가 톨킨이 있다.

톨킨이 '반지의 제왕' 을 '신앙 여행에서 자란, 근본적으로 종교적인 작품' 이라고 고백했듯이 이제 '반지의 제왕' 은 영국인을 위한 신화의 차원을 넘어서 21세기 디지털 시대를 살아가는 전세계인들에게 하나의 '종교(Religion)' 로 자리매김을 하고 있다.

가인은 하나님의 말씀을 떠나 자신을 드러낼 수 있고 인간의 관점에서 더 멋있게 보이는 방법으로 하나님을 예배하였지만 가인의 예배는 하나님께 열납되지 못했다(창4:3,5). 왜냐하면 가인의 예배는 아벨처럼 영과 진리로 하나님을 경배하며 드리는 '믿음의 제사' 가 아니라 죽은 '종교적 제사' 였기 때문이다(히11:4; 히9:22; 요1:29).

사탄은 한 영혼이라도 더 지옥불못에 자기와 함께 들어가길 원하고 있다(마24:24, 25:41). 따라서 '믿음' 을 변질시키기 위해 사탄은 '종교' 라고 하는 인내천(人乃天)의 길들(many ways)을 우리에게 제시하며 무수한 영혼들을 믿음의 창시자(Author)요 완성자(Finisher)이시며 또한 길(Way)과 진리(Truth)와 생명(Life)되신 예수님께 나아가지 못하도록 하는 것이다.

이제 전세계인들이 '반지의 제왕' 이란 '꾸며낸 이야기(fables)' 에 열광하고 있는 시대를 살아가는 우리에게 성경은 다음과 같이 말씀하고 있다.

"이제 성령께서 밝히 말씀하시기를 마지막 때에 어떤 사람들이 믿음에서 떠나 유혹하는 영들과 마귀들의 교리에 주의를 기울이리라 하셨으니" (딤전4:1)

"정신을 차리라. 깨어 있어라. 너의 대적(對敵) 마귀가 울부짖는 사자같이 두루 다니며 삼킬 자를 찾나니" (벧전5:8)

"이는 때가 이르리니 사람들이 건전한 교리를 견디지 못하며 귀가 가려워 자기 욕심대로 선생들을 쌓아 두고 또 진리로부터 귀를 돌이켜 꾸며낸 이야기들(fables)을 따를 것임이라." (딤후4:3,4)

밀양 지난 5월 28일 폐막된 제60회 칸 국제영화제에서 주연 배우 전도연에게 여우주연상을 안겨준 '밀양'의 흥행 속도에 불이 붙고 있다. 6월 2일 현재 전국 303개 영화관에서 상영 중인 '밀양'은 개봉 2주차를 지나면서 오히려 상영관을 40개나 더 늘리는 등 기염을 토하고 있다. 문화/2007.6.2

4

밀양(密陽)

1. 프롤로그(prologue)

지난 5월 28일 폐막된 제60회 칸 국제영화제에서 주연배우 전도연에게 여우주연상을 안겨준 '밀양'의 흥행 속도에 불이 붙고 있다. 6월 2일 현재 전국 303개 영화관에서 상영 중인 '밀양'은 개봉 2주차를 지나면서 오히려 상영관을 40개나 더 늘리는 등 기염을 토하고 있다.

또 전국 스크린의 절반에 가까운 상영관을 점령하다시피 한 할리우드 블

록버스터 '캐리비안의 해적 3편' 과 경쟁을 벌이고 있는 '밀양' 은 주요 영화 예매 사이트 집계 예매율도 꾸준히 올라가고 있어서 장기상영에 돌입할 것이 예측되고 있다.

이는 칸 국제영화제 여우주연상 수상작이라는 프리미엄뿐 아니라 미국에서 가장 영향력 있는 독립영화전문 온라인매체 인디와이어가 '밀양' 을 '올해 칸 영화제에서 꼭 봐야 할 10편의 외국어 영화' 로 선정하였다는 보도와 함께 영화 자체에 대한 관객들의 호평과 입소문 등에 의해 많은 관객들이 찾아들고 있기 때문이라 여겨진다.

그러나 일부 기독교인들(?)을 비롯한 많은 관객들의 찬사에도 불구하고, 심지어는 적지 않은 기독교인들이 기꺼이 촬영에 협조하였음에도 불구하고 '밀양' 의 메시지는 너무나도 교묘하게 왜곡된 반성경적인 것이어서 이 영화를 통해 수많은 영혼들이 더욱더 진리의 길로부터 멀어지게 될 것임은 명약관화하다고 하겠다.

따라서 본 칼럼에서는 '밀양' 의 줄거리를 먼저 소개한 후 이 영화 속에서 뒤틀려 나타나는 몇 가지 중요한 영적인 주제들을 점검하면서 마지막 때를 살아가는 지혜를 구해보고자 한다(딤후3:1-5).

2. 시놉시스(synopsis)

구름 몇 점이 한가로이 떠 있는 하늘로부터 영화는 시작이 된다. 집에서 극심히 반대하던 결혼을 했던 신애(전도연 분)는 남편이 바람을 피우고 교통사고로 죽어버리자 자신을 아는 사람이 없는 남편의 고향 밀양으로 아들 준과 함께 내려온다.

그런데 밀양 외곽의 낯선 도로에서 차가 고장이 나는 바람에 정비사인 종찬(송강호 분)의 도움을 받게 된다. 또 종찬의 소개로 피아노 학원과 안채가 붙어 있는 작은 집을 구해 피아노 학원을 운영하고 아들 준을 유치원에 보내면서 그녀는 새로운 삶을 꿈꿔가기 시작한다.

그리고 이런 그녀의 곁에는 언제부터인지 종찬이 붙어 다닌다. 이웃들은 남편이 죽었는데 남편 고향으로 아들을 데리고 왔다고 이상한 여자라고 손가락질하지만 아들과 함께 있는 그녀는 행복하기만 하다.

그러다 그녀의 아들은 유치원 원장에 의해 유괴되어 살해된다. 남편에 이어 아들까지 잃은 신애는 가슴에서 터지는 극심한 고통에서 괴로워하다 교회에서 하나님(神)을 만나 그 아픔을 극복하고 신실한 신자가 된다.

그 신실한 마음으로 자신의 아들을 죽인 유괴범을 용서하러 교도소로 면회를 갔는데 그 살인자는 편안한 얼굴로 하나님(神)이 이미 자신을 용서해서 행복하게 살아가고 있다고 이야기한다. 자신보다 먼저 그 살인자를 용서한 하나님(神)에 대한 분노로 신애는 하나님(神)에 대한 복수를 시작한다. 장로를 유혹하기도 하고, 도둑질을 한 CD로 야외 예배를 방해하기도 하고, 또 그녀를 위해 철야기도를 하고 있는 사람들에게 돌을 던지기도 한다. 그리고는 결국 자신의 손목을 칼로 긋고는 병원으로 실려 간다.

퇴원 후 머리를 다듬고 싶어 종찬과 함께 들어갔던 미용실에서 그녀는 범인의 딸과 마주친다. 소년원에서 미용기술을 배워 미용실보조로 일하고 있는 그 아이의 손에 맡겨져 머리를 자르던 중 그녀는 갑자기 자리를 박차고 나와 버린다. 집으로 돌아와 다시 가위를 집어 들고 스스로 머리카락을 잘라내는 그녀 옆에서 종찬은 묵묵히 거울을 받쳐 들어준다. 그 잘려진 머리카락들은 바람에 날려 볕이 드는 마당 구석으로 향한다.

3. 아이의 죽음(death of children)

영화에서 가장 중요한 플롯은 신애의 아들 준의 죽음이다. 그런데 만약 죽은 아들 준이 지금 어디에 가 있는지 정확히 알았더라면 신애는 진정한 평강을 누릴 수 있었을 것이다.

그러나 독실한 기독교인인 약사는 아들이 유괴되어 죽은 상황을 하나님 입장에서 설명해 달라는 신애의 요청을 받자 "모든 일에는 주님의 뜻이 있다. ~ 저 햇살 한 줌에도 주님의 뜻이 있다." 고만 말한다. 아마도 관객들에게는 '주님의 뜻' 이 '인샬라' 와 혼동되었을 터인데 어찌되었든 신애에게 정확한 성경적 진리가 선포되지 못했기 때문에 그녀는 아들의 죽음 이후 안타까운 몸부림을 계속할 수밖에 없었다.

그렇다면 뜻하지 않게 어린아이를 잃어버린 신애와 같은 우리 이웃들에게 우리는 어떠한 말을 해주어야 할까? 무엇보다도 성경 말씀대로 슬피 우는 자들과 함께 슬피 울고 그들과 고통을 함께 나누면서 죽은 아이가 지금 어디에 가 있는지 정확히 알려주어야 할 것이다(롬12:15; 고전12:26; 요8:32).

먼저 복음서에서 예수님께서 직접 어린아이들에게 하신 말씀을 살펴보자.

"그들이 어린아이들을 그분께 데려와 그분께서 그들을 쓰다듬게 하매 그분의 제자들이 그들을 데려온 자들을 꾸짖거늘 예수님께서 그것을 보시고 심히 기뻐하지 아니하사 그들에게 이르시되, 어린아이들이 내게 오는 것을 허락하고 그들을 막지 말라. 하나님의 왕국은 그런 자들의 것이니라. 진실로 내가 너희에게 이르노니, 누구든지 어린아이와 같이 하나님의 왕국을 받아들이지 아니하는 자는 그 안에 들어가지 못하리라, 하시며 팔로 그들을 안고 그들에게 안수하시며 그들을 축복하시니라." (막10:13-16)

"바로 그때에 제자들이 예수님께 나아와 이르되, 하늘의 왕국에서는 누가 가장 크니이까? 하매 예수님께서 어린아이 하나를 불러 그들 가운데 세우시고 이르시되, 진실로 내가 너희에게 이르노니, 너희가 회심하여 어린아이들과 같이 되지 아니하면 하늘의 왕국에 들어가지 못하리라. ~ 너희가 이 작은 자들 중 하나라도 업신여기지 않도록 조심하라. 내가 너희에게 이르노니, 하늘에서 그들의 천사들이 하늘에 계신

내 아버지의 얼굴을 항상 바라보느니라. ~ 이와 같이 이 작은 자들 중의 하나라도 멸망하는 것은 하늘에 계신 너희 아버지의 뜻이 아니니라." (마18:1-14)

우리가 너무나 잘 알고 있는 이러한 구절들은 단지 어린이처럼 순수함을 갖고 살라는 비유만이 아니라 실제 사실을 예수님께서 직접 말씀하신 것임을 간과해서는 안된다. 즉 어린이는 그 상태로서는 하나님의 왕국 곧 천국에 들어가는 것이다.

4. 선악의 구별(knowing good and evil)

그런데 여기서 한 가지 의문이 생길 수 있다. 어린이와 어른의 기준이 무엇이냐, 다시 말해서 몇 살까지는 죽으면 천국에 가고 몇 살 이후에는 죽어서 지옥에 가는가 하는 문제가 야기될 수 있다.

그러나 성경은 이 점에 대해서도 아주 명확하게 언급하고 있다. 헬라어 상으로 볼 때 성경에서 어린아이인 '파이디온' 이 자라서 더 이상 어린아이가 아닐 때를 '파이다리온' 이라고 기록하고 있는데 하나님의 관점에서 '파이디온' 이 '파이다리온' 으로 변하는 때는 '아이가 자신의 생각과 행동에 대해 하나님께 책임을 질 수 있을 때' 이다.

신구약 여러 곳에서 이 사실들을 확인해 볼 수 있지만 신명기 1장과 이사야 7장 정도만 살펴보더라도 이해가 되리라 생각한다.

"주께서 너희 말소리를 들으시고 노하사 맹세하여 이르시되, 분명히 이 악한 세대의 이 사람들 중에는 내가 너희 조상들에게 주기로 맹세한 그 좋은 땅을 볼 자가 하나도 없으리라. 다만 여분네의 아들 갈렙은 온전히 주를 따랐은즉 그는 그 땅을 볼 것이요, 그의 밟은 땅을 내가 그와 그의 자손들에게 주리라, 하시고 주께서 너희로 인하여 내게 분노하사 이르시되, 너도 거기에 들어가지 못하리라. 그러나 네 앞에 서는 눈의 아들 여호수아는 거기에 들어가리니 그의 용기를 북돋으라. 그가 이스라엘로 하여금 그 땅을 상속하게 하리라. 또한 너희가 탈취물이 되리라 하던 너희의 어린것들과 그 날에 선악을 분별하지 못하던 너희의 자녀들은 거기에 들어가리니 내가 그 땅을 그들에게 줄 것이요, 그들이 그것을 소유하리라." (신1:34-39)

신명기 1장에서 모세는 이스라엘 백성으로 하여금 그들이 광야에서 불신의 죄를 지은 것을 기억나게 한다. 그들은 약속의 땅에 들어가지 않음으로 고의적으로 하나님께 대해 죄를 지었다. 이스라엘 민족 전체가 하나님께 대해 죄를 범했을 때 책임질 수 있는 나이가 되었던 어른들은 모두 요르단 강 저 편에서 죽어 그 약속의 땅을 소유하지 못했지만 선과 악을 알지 못하던 아이들은 그것을 소유할 수 있었다(민14:29-31).

다시 말해 하나님께서는 분명히 책임질 수 있는 나이를 알고 계셨고 또한 어린아이들은 그 죄악에 대해 책임이 없다고 보신 것이다.

"그러므로 주께서 친히 한 표적을 너희에게 주시리라. 보라, 처녀가 수태하여 아들을 낳고 그의 이름을 임마누엘이라 하리라. 그가 버터와 꿀을 먹겠고 이로써 악을 거절하며 선을 택할 줄 알리니 이 아이가 악을 거절하고 선을 택할 줄 알기 전에 네가 몹시 싫어하는 그 땅이 자기의 두 왕에게 버림을 받으리라." (사7:14-16)

그렇다. 심지어 주님이신 예수님조차도 이 땅에 계셨을 때는 선과 악의 차이를 알 수 있을 때까지 성숙한 상태로 자라나셔야만 했다. 물론 그분께서 선을 택하시고 악을 거부하실 것에는 의심의 여지가 없지만 우선 그렇게 될 때까지 자라나셔야만 했다. 예수님께서 전혀 죄를 지은 바가 없다는 점에서 우리와 다르지만 선과 악이 무엇인지 알 수 있는 나이까지 자라나셨다는 점에서는 우리와 다를 바가 없다.

우리가 모두 태어나면서부터 죄인이지만 하나님께서는 우리가 죄를 짓고 있음을 깨닫게 될 때까지 그것에 대해 우리에게 책임을 묻지 않으시는 것이다.

5. 천국(Heaven)

구체적으로 욥과 다윗의 경우를 통해 어린이가 죽으면 천국에 간다고 하는 사실을 한 번 더 확인해 보도록 하겠다.

"어찌하여 내가 모태에서부터 죽지 아니하였던가? 어찌하여 내가 배에서 나올 때에 숨지지 아니하였던가? 어찌하여 무릎들이 먼저 가서 나를 받았던가? 어찌하여 젖가슴이 먼저 가서 내가 빨게 하였던가? 그리하지 아니하였더라면 이제는 내가 가만히 누워 평온히 지내고 잠들어 안식하였을 것이요, 자기를 위해 황폐한 거처를 세운 땅의 왕들과 조언자들과 함께 있었을 것이며 혹은 금을 가진 통치자들 곧 은으로 자기 집을 가득히 채운 자들과 함께 있었을 것이요, 혹은 남모르

게 유산된 자같이 내가 존재하지도 아니하였겠고 전혀 빛을 보지 못한 어린아기들 같았으리라. 거기서는 사악한 자가 소란을 그치고 거기서는 피곤한 자가 안식을 얻으며" (욥3:11-17)

극심한 고통 가운데 있었던 욥은 자신이 태아나 신생아나 유아의 상태로 죽었더라면 자신의 혼(soul)이 '거기' 에 가게 되었을 것이라고 말한다. 그곳은 표현된 상황으로 볼 때 예수님 부활 이전이므로 스올(Sheol), 그 중에서도 낙원(Paradise)임을 확실히 알 수가 있다.

"다윗이 나단에게 이르되, 내가 주께 죄를 지었노라, 하거늘 ~ 그러나 이 행동으로 인하여 왕이 주의 원수들에게 신성 모독의 큰 기회를 주었으니 왕에게 태어난 아이 또한 반드시 죽으리이다, 하니라. ~ 우리야의 아내가 다윗에게 낳은 아이를 주께서 치시매 아이가 심히 앓더라. 그러므로 다윗이 그 아이를 위하여 하나님께 간청하되 금식하고 안에 들어가서 밤새도록 땅에 엎드렸더니 ~ 빵도 먹지 아니하더라. 일곱째 날에 그 아이가 죽으니라. ~ 그들이 이르되, 죽었나이다, 하매 이에 다윗이 땅에서 일어나 몸을 씻고 기름을 바르고 의복을 갈아입고 주의 집에 들어가 경배하고 ~ 그 앞에 빵을 차려 놓으니 그가 먹으므로 이에 그의 신하들이 ~ 왕께서 일어나서 빵을 드시니 도대체 왕께서 행하신 이 일이 무엇이니이까? 하매 그가 이르되 ~ 내가 그를 다시 돌아오게 할 수 있느냐? 나는 그에게로 가려니와(I shall go to him) 그는 내게로 돌아오지 아니하리라, 하니라." (삼하12:13-23)

다윗은 자기 아이가 앓다가 죽었을 때 가까이서 모시던 신하들도 이해할 수 없을 정도로 자식을 잃은 부모로서의 일반적인 행태와는 정반대의 태도를 보였다. 왜냐하면 그 아이는 이미 천국에 가 있다고 하는 사실을 알고 있었기 때문이었다.

즉 엄청난 죄악을 저질렀음에도 불구하고 다윗이 현재 천국에 있을 것을 의심하는 크리스천들은 아무도 없을 것이다. 그럼 난 지 일주일 만에 죽은 다윗의 아이가 어디에 가 있을 것인가 하는 물음에 대한 답은 명확해진다. 다윗과 그의 아이는 분명 같은 장소에 있을 것이라고 성령님께서는 다윗의 입을 통해 말씀해 주고 계시기 때문이다.

다시 한번 강조하거니와 신애의 아들 준과 같은 어린아이들이 죽으면 천국으로 간다. 그러나 선과 악을 알고 자신의 생각과 행동에 대해 하나님께 책임을 질 수 있는 신애와 같은 어른들은 예수 그리스도를 각자 개인의 인격적인 구원자와 주님으로 영접하여야만 천국으로 들어가는 것이다(마1:21; 요1:12).

6. 치유(healing)

아들의 사망신고를 하고 나온 신애는 괴로움에 구토를 연발하다가 눈을 치켜뜨면서 '상처받은 영혼을 위한 치유 집회' 를 알리는 현수막을 발견한다. 교회 안으로 들어간 그녀는 손들고 노래하는 사람들, 잔잔하게 깔리는 음악, 여기저기서 흑흑대는 분위기 속에서 결국 오열하고 만다.

처참하게 울부짖는 신애의 머리 위에 목사의 손이 얹어지고 나자 신애의 흐느낌이 잦아든다. 신애에게 하나님(神)이 찾아와 그녀를 어루만져 준 것이다. 그리고 나서 신애는 아들의 죽음에 대해 초연해하며 평안과 기쁨에 들떠 변화된 자신을 간증한다.

그렇다면 정녕 신애의 상처 받은 영혼은 하나님의 손길로 치유된 것일까?

결코 그렇지 않다. 열매로 나무를 알 수 있듯이 신애는 다만 위장된 치유를 경험하고 있을 뿐이었다(마7:16; 12:33; 약3:12). 소위 오늘날 기독교계 내에서 행해지는 영적치유의 메커니즘이 상당부분 인본주의에 근거하고 있음은 잘 알려져 있지 않은데 신애가 진정한 치유를 얻으려면 먼저 진정한 치유자(Wonderful Counsellor)를 만나야 했었다(사9:6).

"이는 한 아이가 우리에게 태어났고 한 아들을 우리에게 주셨는데 그의 어깨에는 정권이 놓이고 그의 이름은 놀라우신 이(Wonderful), 계획자(Counsellor), 강하신 하나님, 영존하는 아버지, 평화의 통치자라 할 것이기 때문이라." (사9:6)

그러나 신애는 인본주의 심리학의 틀 속에 빠져서 우리의 진정한 치유자시요, 생명의 주인이시요, 유일한 구원자이신 예수 그리스도를 만나지 못했다(출15:26; 사53:4-9; 벧전2:24; 요14:6; 행4:12; 롬3:10,23; 5:12; 6:23상; 5:8; 6:23하; 10:9,10,13).

이것은 비단 신애에게만 국한된 상황이 아니다. 많은 기독교인들(?)이 성령집회, 치유집회 등을 좇아다니며 나름대로 큰 은혜를 받았다고 말하지만 그들 중 적지 않은 이들이 신애와 같이 위장된 치유를 경험하고 있다.

7. 신앙의 심리학화(psychologizing of the faith)

그렇다면 인본주의 심리학의 갖가지 테크닉으로 인해 교회 내에서 어떠한 문제가 생기고 있는지 좀 더 구체적으로 살펴보도록 하자.

첫째, 인간이 지니고 있는 모든 문제의 근원은 '죄' 이다(롬3:23; 5:12; 6:23상). 그리고 이 죄를 근본적으로 해결하기 위해 하나님께서 마련해 주신 유일한 해결책은 예수 그리스도이다(요14:6; 행4:12; 롬5:8; 6:23하; 10:9,10,13).

그러나 오늘날 세련되고 우아한 많은 교회 내에서 기능결손(dysfunctionalism), 피해자화(victimization), 병이나 장애(disorder) 등의 개념이 죄(sin)의 자리를 대신하고 있다. 예를 들어 "모든 사람이 죄를 지어 하나님의 영광에 이르지 못하더니" (롬3:23)는 "모든 사람들의 기능이 결손 되어 그 기능이 '사람들이 바라는' 수준에 이르지 못하더니" 로 대치되고 있다. 따라서 이의 해결책 또한 인본주의 방법론일 수밖에 없는 것이다.

둘째, 예수님은 제자들에게 자신을 따라오려거든 '자기를 부인하고' '날마다' '자기 십자가를 지고' 자신을 따르라고 하셨다(눅9:23).

그러나 신앙이 심리학화되어 가고 있는 교회에서는 자기를 부인하는 대신 자기를 귀하게 여기라고 부추기고 있다. 따라서 '자신에 대한 긍지' (self-esteem)가 강조되다 보니 요즈음 교회 안에서 주님의 제자가 되기로 헌신하는 사람들이 줄어들고 있는 것이다.

셋째, 우리의 신앙은 그리스도로 족해야 하고 또 하나님의 말씀으로 족해야 한다(골2:9,10; 3:4,11; 빌1:21; 딤후3:16,17; 요8:31,32; 17:17).

그러나 자기 개선 테크닉, 자기 계발 코스, 자기 활성화 원리 등이 그리스도로 족함을 무시하고 있고, '모든 진리는 하나님이 주신 진리다'라는 그럴듯한 인본주의 슬로건 또한 하나님의 말씀의 권위를 무너뜨리고 있다.

넷째, 예수님은 "영생은 유일하신 참 하나님인 아버지와 아버지께서 보내신 자 예수 그리스도를 아는 것"이라고 말씀하셨다(요17:3). 그래서 바울이나 베드로나 전 인생에 걸쳐 하나님을 아는 것을 지상목표로 하였다(빌3:8-10; 벧후1:2,3).

그러나 신앙이 급속도로 심리학화되어 가는 오늘날 우리는 '하나님을 알라' 대신 갖가지 새로운 목회 도구들을 통해 '네 자신을 알라' 라는 외침을 더 많이 듣게 된다(호6:3).

8. 자기 사랑(lovers of their own selves)

다섯째, 하나님께서 우리에게 주신 첫째 명령은 우리의 모든 것을 다해 주 하나님을 사랑하라는 것이다(마22:37,38). 그리고 둘째는 우리가 우리 자신에게 하고 있는 것처럼 다른 사람도 그와 같이 사랑하라는 것이다(마22:39).

"그때에 그 중의 한 율법사가 그분을 시험하려고 그분께 질문하여 이르되, 선생님이여, 율법에서 어느 명령이 크니이까? 하매 예수님께서 그에게 이르시되, 너는 네 마음을 다하고 혼을 다하고 생각을 다하여 주 네 하나님을 사랑하라, 하셨은즉 이것이 첫째가는 큰 명령이요, 둘째 명령은 그것과 같은 것으로서, 너는 네 이웃을 네 자신과 같이 사랑하라, 하신 것이니 모든 율법과 대언자들의 글이 이 두 명령에 매달려 있느니라." (마22:35-40)

그러나 오늘날의 심리학화된 많은 교회는 하나님과 이웃을 사랑하고 자신을 사랑하지 않도록 가르치는 대신에 '자기 사랑' 을 힘써 선포하고 있다(딤후3:1,2). 먼저 자기 자신을 사랑하는 법을 배워야 다른 사람도 사랑할 수 있게 된다는 아주 그럴듯한 논리로 포장을 하면서 말이다.

그러면 어떻게 해서 이러한 자기 사랑의 신화가 예수 그리스도의 교회 안으로 침투해 들어올 수 있었는지 살펴보도록 하자.

먼저 사기꾼들은 하나님과 이웃을 사랑하라는 성경구절을 읽고 나서 다음과 같은 교묘한 해석을 붙인다. "우리가 그동안 이웃을 내 몸과 같이 사랑할 수 없었던 까닭은 바로 우리가 우리 자신을 제대로 사랑하는 방법을 모르고 있었기 때문이다. 자기를 제대로 사랑하지 못하는 사람이 어찌 이웃 사랑하기를 제 몸 사랑하듯 할 수 있겠는가? 우선 제 몸 사랑하기를 바로 하고 나서야 이웃 사랑도, 또 나아가 하나님 사랑도 가능한 것이다!"

그러면 이 말을 듣는 대부분의 사람들은 수긍을 하게 마련이다. 왜냐하면 우리는 정도의 차이는 있겠지만 인생살이에서 나름대로의 상처가 있고 또 무거운 짐에 억눌려 있기 때문이다. 그래서 이러한 메시지를 듣는 사람들은 자기 마음속을 가득 메운 정서적인 문제들이 올바른 해결책을 찾을 수 있게 될 것이라 여기며 그 다음 단계의 논리에 쉽게 빠져들게 된다.

즉 우리가 자기 자신을 제대로 사랑할 수 있게 되려면 시간과 공을 들여야 한다는 주장을 순순히 받아들여 전문가의 특별 지도를 받거나 특별한 프로그램 등에 참가하게 되는 것이다.

그런데 이러한 자기 사랑 예찬론자들의 주장은 그들이 인용한 성경 구절을 숙고해 볼 때 두 가지 점에서 반성경적인 속임수라는 사실이 명백해진다. 첫째는 본문 안에 나오는 두 명령에다 자신들이 만든 명령을 추가한다는 점이고, 둘째는 하나님이 주신 명령의 순서를 뒤집어 놓았다는 점이다.

9. 용서(forgiveness)

그래서 심리학화된 신앙을 통해 하나님(神)을 만나 자기 사랑을 이루었다고 생각한 신애는 그 다음 단계인 이웃사랑을 실천하기 위해, 곧 아들 준을 죽인 유치원 원장을 용서하기 위해 그를 면회하러 가기로 한다.

그런데 면회실에서 유리창을 사이에 두고 마주한 살인범의 모습은 어린아이를 유괴해 살해한 사람이라고는 믿기지 않을 정도로 너무나 평온해 보였다.

'하나님을 만난 내가 당신을 용서하기 위해 왔다.' 는 신애의 내면의 목소리는 이내 다음과 같은 살인범의 신앙간증에 묻혀버리고 만다. "나는 이미 주님께 죄를 회개하고 용서를 받았습니다. 아주머니도 주님의 품에서 지내는 걸 보니 참 다행입니다."

어떻게 보면 자신의 기도로 신애가 하나님을 만나게 되었다는 뉘앙스까지 풍기면서 말하는 유괴살인범의 온화한 모습에 신애는 심한 배신감을 느끼며 다음과 같이 절규한다. "용서? 하나님이 벌써 용서했대. 그런데 내가 어떻게 용서를 해?" "내가 그 인간을 용서하기도 전에 어떻게 하나님이 먼저 용서할 수가 있어요?"

영화 '밀양' 에서 가장 중요한 반전인 이 장면을 보면서 가장 먼저 드는 생각은 준이를 살해한 유치원 원장이 진실로 뉘우치고 회개하여 크리스천이 된 것일까 하는 의구심이다. 진정 거듭난 크리스천이라면 자기가 죽인 아이의 엄마 앞에서 그렇게 평안한 얼굴로 당당하게 용서받았다고 얘기할 수 있었을까?

진정 하나님의 긍휼로 죄사함 받은 자라면 준이 엄마 앞에서 당당한 모습을 보이는 것이 아니라 울면서 매일매일 눈물로 회개하고 있다고 말했어야 하지 않았을까? 또 용서받았다고 자랑하는 것이 아니라 내 죄 값을 달게 받겠다고 말하며 신애에게 용서를 구해야 하지 않았을까(마5:23,24)?

"그러므로 네가 네 예물을 제단에 가져오다가 거기서 네 형제가 너를 대적하는 일이 있음을 기억하거든 네 예물을 제단 앞에 두고 네 길로 가서 먼저 네 형제와 화해하고 그 뒤에 와서 네 예물을 드리라." (마5:23,24)

아울러 중생하지 못하여 진정한 치유를 받지 못한 신애, 그래서 이웃사랑에 실패한 그녀에게도 끊임없이 이웃을 용서해야만 한다는 것과 죄의 용서는 예수님만이 하실 수 있다는 진리가 그녀 주변의 크리스천들에 의해 선포되었어야 하지 않았을까(마9:6상; 18:21,22)?

"그때에 베드로가 그분께 나아와 이르되, 주여, 내 형제가 내게 죄를 지으면 내가 몇 번이나 그를 용서하리이까? 일곱 번까지 하리이까? 하매 예수님께서 그에게 이르시되, 내가 네게 이르노니 일곱 번까지가 아니라 일흔 번씩 일곱 번까지 하라." (마18:21,22)

"그러나 사람의 아들이 땅에서 죄들을 용서하는 권능을 가진 줄을 너희가 알게 하려 하노라, 하시고" (마9:6상)

10. 구원(salvation)

이창동 감독이 그린 하나님께 용서 받은 살인자는 회개 전과 회개 후가 별 차이 없는 뻔뻔하기 이를 데 없는 사람이었다. 또 영화 속에 등장하는 다른 기독교인들의 모습도 대부분 가식적으로 보이고 있다.

손을 들고 고래고래 '주여'를 외치는 모습이나 만트라(mantras)처럼 터져 나오는 목사나 성도의 기도도 그러하지만 특별히 담임 목사를 비롯한 약사부부나 교인 모두가 신애의 슬픔에 직접적으로 다가가지 않고 있다.

함께 모여 신애를 위해 기도하는 것도 필요하겠지만 성숙한 크리스천이라면 신애의 손이라도 잡아주고 함께 슬피 울며 고통을 함께 나누어야 했었다(롬12:15; 고전12:26). 그러나 '밀양' 속의 교인들은 그저 이 모든 것이 하나님의 뜻이니까 따르라 말할 뿐이었다.

이건 이창동 감독이 철저히 의도한 부분이다. 그렇지 않고서는 '밀양'이 말하는 하나님(神)을 만날 수 없기 때문이다.

그렇다. '밀양'은 성경적 진리를 통한 구원을 이야기하는 것이 결코 아니다(마1:21; 요1:12; 3:16; 14:6; 행4:12; 롬3:10,23; 5:12; 6:23상; 5:8; 6:23하; 10:9,10,13). 신애가 자기 손으로 머리카락을 잘라내는 마지막 시퀀스에서 명확하게 드러났듯이 이 영화는 보편적인 신(神)을 받아들임을 통한 '스스로의 구원'을 이야기한다.

그래서 '밀양'(secret sunshine)으로 동일시되는 '하나님'이나 '교회'가 가해자로 인식되는 반면 고통의 순간마다 신애의 곁에 있어준 보통 사람 종찬이 뿜어내었던 따뜻한 사랑이 진정한 '밀양'(secret sunshine)으로,

곧 구원의 메시지로 관객들에게 선포되고 있는 것이다.

11. 다른 복음(another gospel)

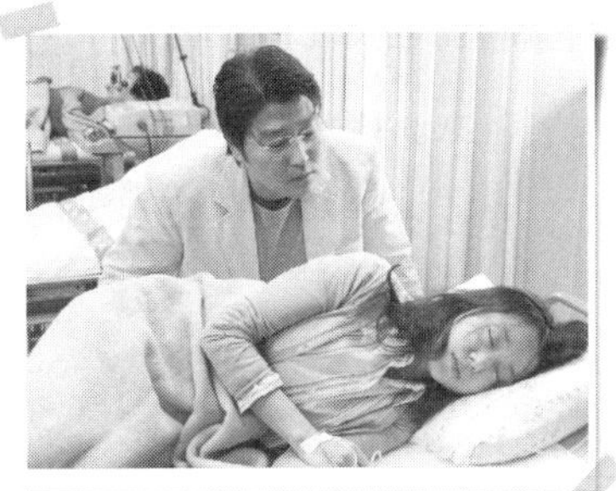

즉 기독교의 하나님이 하지 못하는 사랑을 오히려 속물인 종찬과 같은 사람이 할 수 있다는 '복음' 이 '밀양' (secret sunshine) 속에 비밀스럽게 녹아 있다.

이것은 이창동 감독이 인터뷰를 통해 " '밀양' 은 하늘에서 시작되어 우리가 사는 땅 위에서 맺어지는 이야기이며 신에 관한 영화가 아닌 인간에 관한 영화" 라고 규정한 사실에서도 확인이 된다.

그러나 이것은 성경이 말하는 복음(gospel)과는 완전히 다른 복음(other gospel)이다(갈1:6-10).

하나님께서는 아담이 타락하자마자 곧바로 인간을 구원해 주시기 위해 한 구원자를 보내주실 것을 약속하셨다(창3:15). 가인이 태어나기도 전에 선포된 원형복음(protoevangelium) 곧 여자의 씨(the woman's seed)를 구원자로 보내주신다고 하는 하나님의 말씀은 이후에도 계속 대언자들을 통해 선포되었고 마침내 예수님께서 오심으로 그 약속의 말씀은 성취되었다(마5:17).

자기 백성을 죄에서 구원하기 위해 오신 예수님은 갈보리 십자가에서 우리의 모든 죄를 깨끗하게 할 수 있는 무죄(無罪)한 피를 흘려 돌아가셨다(마1:21; 27:4; 눅23:33,46; 요19:34; 요일1:7). 그리고 정확히 삼일 만에 예수님께서는 사망과 지옥의 권세를 이기시고 부활하셨다(눅24:1-12).

따라서 그리스도 예수님 안에만 있게 되면 누구든지 부활하여 영생의 복을 받게 된다(고전15:12-22). 즉 자신의 입으로 예수님을 구주로 시인하고 하나님께서 그분을 죽은 자들로부터 일으키신 것을 마음속으로 믿으면 구원을 받게 되는 것이다(롬10:9,10).

그런데 세상 사람들은 왜 예수님만이 구원자가 될 수 있느냐고 한다. 석가나 마호메트나 공자나 하다못해 극심한 고통 가운데 있는 신애나 속물근성으로 살아가는 종찬과 같은 보통 사람들 스스로도 구원자가 될 수 있지 않느냐 하며 어느 종교나 신앙에서도 다 구원의 길이 있다고 믿고 싶어 한다. 즉 다원주의와 상대주의가 진리이지 유일주의나 절대주의는 진리일 수 없다는 사고가 일반인들에게는 물론 교계 내에서도 목소리가 날로 커지고 있는 현실이다.

12. 에필로그(epilogue)

그래서 이를 반영하듯 요즈음 기독교계 내에서도 '밀양' 이 뜨거운 감자가 되고 있다. 영화 속에서 기독교의 현실적이고 진솔한 모습을 다분히 객관적이고 사실적으로 표현하고 있다는 평가가 대세인 가운데 여러 교회에서 '밀양' 을 설교의 주제로 다루기도 하고, 교회 공동체 소모임 등에서 나눔의 소재로도 활용한다는 보도를 접하게 된다.

그러나 우리가 정말 주의해야 할 점은 '밀양' 에서 기독교 내부고발

자의 시선을 통한 순기능이 있다 하더라도 그 궁극적인 목표는 오래전 뱀이 에덴동산에서 행했던 대로 하나님의 말씀을 왜곡되게 한다는 사실이다(창3:1-5). 그래서 이미 살펴본 바와 같이 기독교인이건 비기독교이이건 간에 성경적 진리로부터 멀어지게 만드는 것이 바로 '밀양'의 현주소이다.

그렇다. '밀양' (secret sunshine)에서 비치는 빛은 '참 빛' (the true Light, 요1:9; 요일2:8)이 아니라 루시퍼(Lucifer, helel, light bringer, 사14:12)의 빛인 것이다.

"그것은 결코 놀랄 일이 아니니 사탄도 자기를 빛의 천사(an angel of light)로 가장하느니라. 그러므로 그의 사역자들 또한 의의 사역자로 가장한다 하여도 그것은 결코 큰 일이 아니니라. 그들의 마지막은 그들의 행위대로 되리라." (고후11:14,15)

사랑하는 독자 여러분, 이제 '참 빛' (the true Light)이신 예수님의 초청에 응하지 않으시겠습니까?

"그때에 예수님께서 다시 그들에게 말씀하여 이르시되, 나는 세상의 빛이니 나를 따르는 자는 어둠 속에 다니지 아니하고 생명의 빛을 얻으리라, 하시니라." (요8:12)

"또 너희가 진리를 알리니 진리가 너희를 자유롭게 하리라." (요8:32)

패션 오브 크라이스트

드디어 우리나라에서도 '패션 오브 크라이스트'가 개봉이 되었다. 그리고 예상대로 교계의 엄청난 호응과 매스컴의 지대한 관심 속에 현재 전국 극장가에서 흥행 1위를 질주하고 있다.

문화/2004.4.11

5 패션 오브 크라이스트

1. 프롤로그(Prologue)

드디어 우리나라에서도 '패션 오브 크라이스트' 가 개봉이 되었다. 그리고 예상대로 교계의 엄청난 호응과 매스컴의 지대한 관심 속에 (4월 2-11일) 현재 전국 극장가에서 흥행 1위를 질주하고 있다.

이미 잘 알려진대로 예수님이 십자가에서 돌아가실 때까지의 12시간을 생생하게 그린 이 영화는 독실한 전통보수파 카톨릭 신자 멜 깁슨(Mel Gibson)에 의해 제작, 감독되었는데 그는 할리우드에서 이 영화에 대한 투자를 받는 데 실패하자 사재 약 3,000만 달러(약 350억 원)를 쏟아부어 영화를 완성했다고 한다.

물론 반(反)유대정서를 부추길 여지가 많았기 때문에 투자자를 확보할 수 없었겠지만 오히려 유대인들이 막강한 세력을 행사하고 있는 뉴욕타임스와 USA투데이 등에 의해 '유혈이 낭자한 난도질 무비' 라고 폄하되는 등 논쟁거리가 됨으로써 역설적으로 더욱 많은 홍보효과도 얻을 수 있었기에 미국에서 개봉된 지 수주가 지난 지금도 박스오피스 1위라는 놀라운 성공을 거두게 되었으리라 여겨진다.

아무튼 멜 깁슨이 '패션 오브 크라이스트' 로 엄청난 대박을 터트리면서 수많은 세계인들에게 '멜 깁슨 필름(a Mel Gibson film)이 선사하는 예수 그리스도' 를 감상할 기회를 제공하고 있는데 특히 국내외의 수많은 기독교 지도자들에 의해 역사상 가장 뛰어난 종교영화로까지 평가되면서 평소 문화생활이란 것을 모르고 살던 크리스천들도 멜 깁슨이 제시하는 그리스도의 수난에 열광적으로 동참하고 있는 것이 작금의 현실이다.

그렇다면 '패션 오브 크라이스트' 는 진정 '그리스도의 수난' (행1:3)을 성경적으로 올바르게 다루고 있는 영화인지 제한된 지면을 통해서 진단해보고 아울러 지구촌을 강타하고 있는 이 시대의 표적을 통해 우리의 영적 좌표가 어디에 놓여 있는지 확인해보도록 하자(마16:2,3).

2. 멜 깁슨(Mel Gibson, 1956~)

'패션 오브 크라이스트' 는 '멜 깁슨의 영화' (a Mel Gibson film)이다. 그러므로 그가 어떠한 철학과 세계관과 신앙관을 가지고 이 영화를 만들었는지 먼저 살펴보는 것이 순서일 것이다(마12:34,35).

멜 깁슨은 매드 맥스(Mad Max), 랜섬(Ransom), 러셀 웨폰(Lethal Weapon), 패트리어트(Patriot), 브레이브 하트(Brave Heart) 등의 영화들로 우리에게 잘 알려져 있다. 그는 뉴욕의 보수적인 카톨릭 신앙의 가정에서 태어났는데 14살 때 가족과 함께 호주로 이주하였고 뉴 사우스 웨일즈 대학에서 영화를 전공했다. 호주에서 매드 맥스에 출연함으로써 스타덤에 오른 후 다시 미국 할리우드에 본격적으로 진출하여 세계적인 배우와 감독으로 명성을 얻은 명실상부한 세계적인 수퍼스타이다.

깁슨은 17살부터 약 18년 동안 방황하며 매우 힘든 시절을 보냈지만 다시 카톨릭 신앙(traditionalist Catholic)을 회복하면서부터 그리스도의 수난에 대한 영화를 만들어야겠다는 마음을 갖게 되었다고 한다. 그러나 십여 년간 제작을 시도하지 못한 이유 중의 하나는 라틴어와 아람어로만 영화를 찍고 영어 자막도 넣지 않을 것이라는 깁슨의 고집 때문이었다.

왜냐하면 그는 가장 전통적이고 신비적인 라틴어 미사가 행해지는 경우에만 미사에 참여하는 (그리고 금요일에는 고기를 먹지 않으며 에큐메니즘(ecumenism)을 비롯한 제2바티칸공의회에서 새롭게 바뀐 여러 결정사항들을 거부하는) 근본주의 천주교인으로서 이 '패션 오브 크라이스트' 영화를 카톨릭 신앙에 봉헌(dedication)하기 위해 제작하려 했기 때문이었다.

따라서 그가 한 인터뷰에서 “로마 카톨릭 교회에 속하지 않아도 구원받을 수 있느냐”는 질문을 받고는 “카톨릭 교회 밖에는 구원이 없다”고 말한 것은 너무도 당연한 그의 신앙고백일 수밖에 없는 것이다(Peter Boyer, “The Jesus War” The New Yorker, Sept. 15. 2003).

3. 앤 캐서린 에머리히 (Anne Catherine Emmerich, 1774~1824)

이 영화를 사실에 가능한 한 가깝게 만들기 위해 깁슨은 오랜 시간 동안 관련 자료를 연구하고 여러 분야의 전문가들을 만났다고 하였지만 그가 이 ‘패션 오브 크라이스트’를 만드는 데 결정적인 영향을 받은 (그리고 영화의 시나리오로 사용한) 책은 바로 ‘앤 캐서린 에머리히’가 쓴 ‘우리 주 그리스도의 슬픈 수난’(‘패션 오브 크라이스트’ 〈집사재〉 간, ‘The dolorous passion of our Lord Jesus Christ’ 〈TAN books and publishers〉 간)이다.

외신 보도에 따르면 신비주의 작가인 앤 캐서린 에머리히가 쓴 이 책이 우연히 자신의 집 선반 위에서 떨어지자 깁슨은 이것을 ‘운명’이라고 생각하여 이 에머리히의 책을 영화화하기 위해 십여 년을 준비해 왔다고 한다.

이 책은 에머리히가 본 예수님의 수난에 대한 환영(visions)을 기록한 것인데 한 네티즌이 언급한 대로 ‘신앙 이상의 것을 교화하고 고무시키기 위해 대단히 상세하게 기술하고 있으며, 매우 놀랍고도 가슴이 찢어질 듯한 비통한 내용을 담고 있고, 또 그리스도의 구원에 대한 성모 마리아의 역할에 대해서도 자세하게 나와 있는' 전형적인 카톨릭 교리를 담고 있는 비성경적인 신비서(神秘書)이다.

에머리히는 독일 북부 지방의 가난한 가정에서 태어나서 침모 겸 하녀로 일하다가 28살에 성 아우구스티노 수도회의 수녀가 된 후 건강 악화로 인해 병상에 계속 누워 있어야 했는데 그녀의 몸에는 소위 '성흔(聖痕)' (예수님의 손과 옆구리 쪽의 상처)이 생겼고 예수님의 삶에 대한 환영을 보게 되었다고 한다. 그리고 에머리히가 죽고 난 뒤 그녀가 보았다는 환영의 기록은 '그리스도의 수난' (1833년), '성모 마리아의 삶' (1852년), '그리스도의 삶' (1858~1880년) 등 세 권의 책으로 출판이 되었다.

그런데 에머리히의 환영(visions)에 따르면 기독교인들(Protestants)도 연옥에 가게 되지만 아무도 그들을 위해 미사를 드려주지 못하기 때문에 기독교인들은 천주교인들보다 더 고통을 받게 된다고 한다.

4. 사순절(四旬節, Lent)

카톨릭 교회로부터 가경자(可敬者, venerabilis) 칭호를 받은 에머리히의 책을 근간으로 하여 독실한 천주교인인 깁슨이 제작 및 감독한 '패션 오브 크라이스트' 가 그 개봉일을 사순절이 시작되는 '재의 수요일' (Ash Wednesday)에 맞춘 것은 충분히 예견될 만한 일이었다.

왜냐하면 카톨릭 교회에서 사순절은 재의 수요일부터 부활절 전야(Easter Eve)까지의 40일 간인데 깁슨이 그리스도의 수난을 주제로 하여 카톨릭 신앙에 봉헌코자 하였던 이 영화를 탄식과 참회를 행함으로

'주님의 고난에 동참' 하도록 독려하기 위해 사순절 시작과 더불어 개봉하지 않을 이유는 없어 보였기 때문이다.

그런데 주후 6세기경 로마 카톨릭 교회에 의해 공식적으로 시행되기 시작한 이 사순절 절기는 (물론 성경 어디에서도 발견할 수 없지만) 유감스럽게도 종교개혁 이후에도 기독교 내에 유입되어서 오늘날도 많은 크리스천들에게 그리스도의 고난과 십자가의 죽음을 되새기는 기간으로 강조되고 있다.

그렇다면 성경에 나와 있지도 않은 이 사순절은 대체 어디서 유래된 것인지 랄프 우드로우(Ralph Woodrow)가 쓴 '바빌론 신비 종교' (Babylon Mystery Religion) 등을 통해 살펴보도록 하자.

고대 전설에 따르면 태양신인 담무스(Tammuz, 겔8:14)는 살해당한 후에 지하세계로 내려갔으나 그의 어머니 '이슈타르' (Ishtar, Easter, 행12:4)의 통곡으로 인해 신비하게 봄에 살아났다고 한다. 이슈타르의 고통으로 인한 담무스의 부활은 매년마다 극적으로 재현되었는데 이것은 농작물의 다산과 사람들의 다산을 확보하기 위한 것이었다. 아울러 매년 여자들뿐 아니라 남자들도 이슈타르와 함께 담무스의 죽음을 애통해하며 신(god)의 귀환을 축하했는데 이것은 그 여신(goddess Ishtar, Easter)으로부터 새로이 호의와 은덕을 얻기 위함이었다.

새로운 식물이 싹을 내며 나올 때 고대 사람들이 자기들의 '구원자'가 지하세계로부터 나와서 겨울을 끝내고 봄을 새롭게 시작하는 것으로 믿었던 사실은 성경의 기록에서도 확인할 수 있다. 즉 대언자 에스겔이 "거기에 여자들이 앉아서 담무스를 위하여 슬피 울고 있더라." (겔8:14)고 말하는 것을 볼 때 심지어 이스라엘 백성도 매년 거행되는 이교도들의 봄 축제 의식과 교리들을 받아들였음을 알 수 있다.

로마 카톨릭과 바빌론 신비종교의 혼합을 파헤친 고전 중의 고전 알렉산더 히슬롭(Alexander Hislop)의 〈The Two Babylons〉.

히슬롭(Alexander Hislop)은 이 40일(四旬日)에 대해 언급하면서 - 전설에 따르면 담무스는 40세가 되었을 때에 멧돼지에 의해 죽었다고 하는데 여기서 40일은 담무스가 땅에서 살았던 40년을 나타낸다. - 이 기간이 '담무스를 위해 우는 날' 로 정해졌다고 지적한다. 즉 이교도들은 이 사순절(四旬節)을 태양신 담무스의 죽음과 부활을 기념하는 연중 대축제에 없어서는 안 될 예비 기간으로 생각하였던 것이다.

따라서 이 태양신 숭배와 관련된 이교의식이 바빌론 신비주의에 뿌리를 둔 카톨릭에서 발견되고 또한 '패션 오브 크라이스트' 의 개봉일에까지 영향을 미치며 강조되는 것은 너무도 자연스럽고도 타당한 일이라 하겠다.

5. 성경에 첨가함(adding to the Bible)

사순절과 같은 절기뿐 아니라 앞서 언급된 '패션 오브 크라이스트' 의 대본(script)이 된 앤 캐서린 에머리히의 책을 포함한 수많은 카톨릭 교회의 가르침들의 공통점은 성경을 언급하면서도 결코 성경에 최종 권위를 두지 않는 데 있다.

이는 '멜 깁슨의 패션 오브 크라이스트에 관한 100가지 질문' 이란 부제가 붙은 책 '그리스도의 수난' (톰 알렌 외 지음, 〈다른 우리〉 간; a guide to the

Passion, by Tom Allen, etc; 이하 '100가지 질문' 이라 약함) 중 제3부 '계속되는 이야기' 에 나오는 다음의 구절로써 잘 요약이 될 수 있을 것이다.

"이 간략한 글들(신약성경)은 사도들이 그분과 함께 한 삼 년 동안 예수님으로부터 배운 모든 것을 전달할 의도에서 쓰이지 않았습니다. 많은 진실들 곧 입으로 전해진 말, 사례, 산 체험으로 전달된 많은 진실들은 '거룩한 전통' 으로 알려지고 있습니다."

따라서 '패션 오브 크라이스트' 영화 속에 성경에 없는 장면들이 상당히 많이 나오는 것은 로마 카톨릭 교회가 성경보다 그들이 인정하는 '전통' 에 더 권위를 두고 있는 사실로써 이해가 될 수 있을 것이다. 그런데 여기서 이러한 비성경적인 내용들 곧 성경에 첨가된 것들이 단지 성경에 반(反)하지 않기 때문에 성경의 메시지를 훼손시키지 않는 것이라 할 수 있을 것인지 한 번 생각해 보자.

예를 들어, 끝까지 회개하지 않는 예수님 우편에 달린 강도의 눈을 까마귀가 쪼는 장면은 정말 관람객들에게 성경과 하나님에 대해서 올바른 인식을 갖게 해주는 것이라고 볼 수 있을까? 아니다. 어찌 아무런 영향이 없겠는가. 이 장면뿐 아니라 모든 첨가된 내용들이 정도의 차이는 있겠지만 하나님의 말씀에 분명 잘못된 영향을 끼칠 수 있는 것이다.

그러므로 주님께서는 성경의 마지막 장에서 다음과 같은 경고의 말씀을 하시는 것이다.

"내가 이 책의 대언의 말씀들을 듣는 모든 사람에게 증언하노니 만일 누구든지 이

것들에다 더하면 하나님께서 이 책에 기록된 재앙들을 그에게 더하실 것이요," (계22:18)

6. 성경에 반(反)함(contrary to the Bible)

그러면 이제 성경과 완전히 상반되는 영화의 장면들 중 일부를 열거해 보도록 하자.

먼저 깁슨의 영화는 아람어와 라틴어로 구성이 되었지만 신약성경은 다수사본이건 소수사본이건 다 그리스어로 기록이 되어 있음은 주지의 사실이다.

모니카 벨루치가 연기한 막달라 마리아는 간음 현장에서 붙잡힌 여인으로 그려졌지만 성경에 명시된 증거는 없는 내용이다(요7:53-8:11).

사탄은 남자 목소리를 하는 여자로 묘사되지만 성경에서 사탄을 포함한 영계의 모든 피조물들의 성(性)은 남성이다. 그리고 사탄이 겟세마네에서 예수님을 유혹하지만 성경에서 예수님이 마귀로부터 유혹을 받으신 것은 공생애를 처음 시작하실 때뿐이었다(마4:1-11; 눅4:1-13). 사탄은 또한 예수님께서 고난 받으실 때 수없이 나타나지만 성경은 그렇게 증언하고 있지 않다.

최후의 만찬에서 예수님과 제자들은 기대어(reclining, leaning) 있지 않고 다 앉아 있었지만 성경에서는 적어도 요한은 예수님의 품에 기대어 있었음을 분명히 밝히고 있다(요13:23). 그리고 베드로가 예수님 바로 옆에 앉아 있었지만 성경은 그가 예수님과 떨어져 식사했음을 기술하고 있다(요13:24,25).

예수님을 배반한 유다가 목을 매고 죽는 것은 소위 '마귀 들린' 어린이들 때문인 것으로 묘사되고 있지만 성경은 그렇게 증언하고 있지 않다(마27:3-5).

예수님이 체포되실 때에 여러 명의 제자들이 싸우는 장면이 있지만 성경은 오직 베드로만을 언급하고 있다(요18:10).

로마 군인들은 매우 잔인하고 고통 주는 것을 즐기는 자들로 설정되어 있지만 성경에는 (백부장을 포함하여) 긍휼이 많은 로마 군인들도 소개가 되고 있다(마8:5-8; 27:54; 행21:32; 23:10,27; 27:43; 28:16).

예수님이 시몬과 함께 십자가를 지고 가셨지만 성경은 시몬이 십자가를 대신 졌다고 기록하고 있다(마27:31,32; 눅23:26).

예수님이 십자가를 지고 가실 때 로마 군인들과 유대인들 사이에 심한 싸움과 소요가 일어났지만 성경은 이와 관련된 어떠한 소동도 언급

하고 있지 않다. 오히려 예수님께서는 슬피 울고 애통하며 따라오는 무리들에게 짧지 않은 위로의 말씀도 하실 수 있을 정도였다(눅23:27-31).

지진이 일어나 성전의 지성소 마루가 갈라지며 성전이 손상되는 장면이 있지만 성경에서는 지진시에 성전이 손상되지 않았으며 성소와 지성소 사이의 휘장이 둘로 찢어졌던 것은 예수님께서 "다 이루었다"고 말씀하실 때인 것을 증언하고 있다(마27:50,51; 요19:30).

예수님의 몸이 로마 군인들과 두 마리아 및 요한 등에 의해 십자가에서 내려졌지만 성경에서는 아리마대 사람 요셉과 니고데모 등이 예수님의 몸을 가져가는 것으로 기록하고 있다(눅23:46-53; 요19:38-40).

부활 장면에서 예수님이 무덤에서 나오시기 전에 무덤을 막았던 돌이 굴려지며 태양 빛이 비췄지만 성경은 돌이 굴려진 것은 제자들이 들어가도록 하기 위함이었으며 날이 밝기 시작할 때에는 이미 무덤은 비어 있었고 예수님은 그 이전에 부활하셔서 무덤을 떠나신 사실을 밝히고 있다(마28:1-6).

7. 예수 그리스도(Jesus Christ)

'패션 오브 크라이스트' 에서 예수님을 연기한 배우는 짐 카비젤(James Caviezel)이다. 대사가 절제된 이 영화에서 그는 거의 마임에 가까운 연기로 예수님의 고통과 번민을 매우 잘 표현했다는 평가를 받고 있다.

그리고 '예수' 가 아니라 '예수 역' 이었지만 그도 가혹한 고난을 겪었다고 한다. 특수분장에 매일 7시간이 넘는 시간이 걸렸고, 로마병사역을 맡은 배우의 잘못으로 실제 갈고리 채찍을 맞기도 했다. 심지어 영화를 촬영하다 벼락을 맞고, 십자가의 무게를 이기지 못해 어깨가 탈골되기도 했다.

'패션 오브 크라이스트'의 예수 역: 짐 카비젤

매일 마리아에게 묵주기도를 드릴 정도로 독실한 카톨릭 신자인 카비젤은 영화를 찍을 당시 극중 예수님의 나이인 33살이었다고 하는데 이 카비젤이 열연한 예수님과 관련되어서도 반(反)성경적인 내용들이 잘 나타나고 있다.

예수님은 카비젤에 의해 (그리고 에머리히에 의해) 키가 크고 핸섬한 코카서스인(전형적인 백인, 야벳의 후손)으로 그려지고 있지만 당시는 유대인들의 디아스포라가 이뤄지기 전이었고 기껏해야 다른 셈족이나 함족의 피가 간혹 섞였을 정도였기 때문에 예수님을 포함한 유대인들은 코카서스인과 매우 다른 모습이었을 것이다. 그리고 성경도 분명히 예수님이 셈의 후손인 유대인으로서 인간적으로 볼 때 할리우드 스타 카비젤과 같은 미남이 아니라 오히려 볼품이 없는 분으로 증언하고 있다(마1장; 사53:2). "그에게 고운 모양도 없고 우아함도 없으니 우리가 보기에 그를 흠모할 만한 아름다움이 없도다." (사53:2하)

예수님은 여자와 같은 긴 머리를 하였는데 이는 주님 자신이 제정하신 남자의 표준(고전11장)과 어긋나는 것이다. 예수님께서는 머리에 삭도를 대지 않는 '나사르 사람' (Nazarite, 삿13:5)이 아니라 단지 나사렛 출신인 '나사렛 사람' (Nazareth, 마2:23; … 행26:9)이셨을 뿐이다.

겟세마네 동산에서 예수님이 "내가 그로다" 라고 말씀하셨지만 영화에서는 아무도 성경에 나온 대로 뒤로 물러가 쓰러지지 않았다(요 18:6).

또한 겟세마네 동산에서 예수님은 뱀의 머리를 발로 밟으셨지만 성경은 창세기 3장 15절의 성취가 그렇게 이루어졌다고 하지 않는다(히 2:14). "이것은 죽음을 통하여 죽음의 권능을 가진 자 곧 마귀를 멸하시고" (히2:14)

예수님은 십자가를 지고 가면서 여섯 번이나 넘어지셨으며 같이 십자가를 지고 가던 시몬에 의해 계속 격려를 받았지만 성경은 결코 그리스도의 수난 가운데 이러한 그리스도의 유약함을 증언하고 있지 않다.

십자가를 지고 가던 중 예수님은 마리아에게 "보라, 내가 모든 것을 새롭게 하노라." 고 말씀하셨지만 이 말씀은 예수님이 돌아가시고 부활승천하신 후 50여 년이 지나 기록된 요한계시록에서 언급이 되고 있다(계:21:5).

8. 고난(Sufferings)

성경의 사복음서는 결코 독자의 연령에 제한을 두고 있지 않지만 이 영화는 17세 이상 관람가인 R등급으로 제한을 받고 있는데 그 이유는 유혈이 낭자한 장면이 계속되기 때문이다. 아울러 신, 불신을 떠나 이 영화의 잔인성에 대한 혹평이 많이 나오고 있는 데서 알 수 있듯이 이 '패션 오브 크라이스트' 의 포커스는 그리스도의 '육체적' 고난에 맞춰져 있는 것이 사실이다.

성경은 예수님께서 몇 대인지는 모르나 오직 한 번만 채찍질 당하셨던 것으로 기록하고 있지만 이 영화에서 예수님은 채찍으로 각각 39대를 두 번에 걸쳐서 맞고 난 후 또 십자가를 지고 가는 길에서도 계속 채찍질 당하시는 것으로 묘사되고 있다(마27:26; 막15:15; 요19:1).

깁슨은 관람자들에게 예수님이 그들을 대신해 당한 고난을 느낄 수 있도록 사실적으로(?) 잔인하게 만들었다고 했지만, 정말 냉정하게 의사의 입장에서 생각해 볼 때 만약 예수님께서 영화 속에서와 같은 매질(trauma)을 당하셨다면 아마 십자가에 달리지 못하고 그전에 돌아가셨을 수밖에 없었을 것이란 생각이 든다(히4:15).

어찌되었든 이 영화의 포커스와 달리 성경은 그리스도께서 담당하신 십자가 사건의 중요성은 그분의 '육체적' 고난에 있는 것이 아니라 그분께서 영원히 단번에 우리의 죄들로 인하여 '하나님의 진노의 화해헌물' (propitiation of God' s wrath) 곧 '우리를 위한 죄' (sin for us) 자체가 되신 사실에 있는 것이라고 말씀한다(요일4:10; 고후5:21; 롬5:9,10).

사실 예수님께서 받으신 육체적 고난은 그분에게 전가된 온 인류의 죄로 인한 고통과 비교해 볼 때 아무것도 아니라 할 수 있을 것이다. 역사상 수많은 그리스도인들이 예수님께서 당하신 것 이상의 육체적 고난을 당했지만 그들의 고난을 주님의 고난에 견줄 수 없는 것은 바로 하나님의 의를 만족시킬 만한 '영적인' 고난은 오직 그리스도의 고난뿐이었기 때문이다.

즉 '패션 오브 크라이스트' 에는 예수님께서 하나님의 법에 완전히 순종함으로써 우리의 의(義)를 이루신다고 하는 '그리스도의 적극적인 순종' 이란 개념이 결여되어 있는 것인데 이는 바로 로마 카톨릭 신학이 그러하기 때문이다.

그러나 성경은 말씀한다.

"하나님께서 죄를 알지도 못하신 그분을 우리를 위하여 죄가 되게 하신 것은 우리로 하여금 그분 안에서 하나님의 의가 되게 하려 하심이라." (고후5:21)

9. 미사(Mass)

천주교인들이 사용하는 십자가에서 우리는 여전히 예수님이 고통 중에 달려 있는 모습을 볼 수 있다. 즉 로마 카톨릭 교리로 볼 때 우리의 의(義)를 이루시는 예수님의 수난은 아직 '다 이루어진 것' (요19:30)이 아니라 계속해서 재현이 되어야 하는 것으로 정의된다.

그렇기 때문에 그리스도의 '육체적' 고난이 영화 '패션 오브 크라이스트' 에서 뿐 아니라 모든 천주교 의식과 기도와 성물들에서 반복적으로 강조되고 있는 것이다.

깁슨은 예수님께서 십자가에서 희생하신 것과 미사(Mass)의 희생이 동일한 것이라는 카톨릭 교리를 철저히 신봉하고 있기 때문에 이 영화를 하나의 '미사'로 봉헌한 것인데 우리는 '100가지 질문'에서 이를 확인해주는 설명을 볼 수 있다.

"지금 우리는 그분의 몸이신 빵과 그분의 피의 잔인 포도주를 먹고 마심으로써 영원히 죽음으로부터 구원 받습니다."('100가지 질문'의 머리말 중)

"십자가형 중 최후의 만찬 회상 장면이 등장하는 이유는 뭔가요? … 그분은 유월절 빵이 그분의 몸이며 포도주가 그분의 피임을 선포합니다. 그분을 기억하며 이 새로운 제사를 실행할 것을 우리에게 명하십니다. 오늘날 우리는 성만찬이나 카톨릭의 영성체를 통해 이것을 알고 있습니다. … 모두를 위해 단 한 번 십자가 위에서 그분 몸을 희생하심은 제대 위의 희생-빵과 포도주가 그분의 몸과 피로 변하는-으로 이 땅 위에 명백하게 재현됩니다. (필자 주: 이것이 바로 화체설〈化體說, transubstantiation〉이다.) … 유월절 음식을 그 새로운 형식을 통해 먹고 마심은 생명을 여러분 안에 갖기 위해 꼭 필요한 일입니다."('100가지 질문'의 83번째 질문과 답 중)

그러나 성경은 말씀한다.

"바로 이 뜻으로 말미암아 예수 그리스도의 몸이 단 한 번 모든 사람을 위해 드려짐을 통해 우리가 거룩히 구별되었노라. 제사장마다 날마다 서서 섬기며 자주 같은 희생물들을 드리되 그것들은 결코 죄들을 제거하지 못하거니와 오직 이 사람은 죄들로 인하여 한 희생물을 영원히 드리신 뒤에 하나님의 오른편에 앉으사 그 이후부터 자기 원수들이 자기 발받침이 될 때까지 기다리시나니 이는 그분께서 거룩히 구별된 자들을 단 한 번의 헌물로 영원토록 완전하게 하셨음이라." (히10:10-14)

10. 마리아 숭배(Mariolatry)

깁슨은 '마리아가 예수님과 함께 우리의 대속주와 중보자가 됨을 믿는다' 고 하였다(David Neff, "Mel, Mary, and Mothers," Christianity Today online, Feb. 20, 2004).

그리고 영화 '패션 오브 크라이스트' 의 근간이 된 에머리히 책 '우리 주 그리스도의 슬픈 수난' (The dolorous passion of our Lord Jesus Christ)의 헌사는 다음과 같이 씌어 있다.

"하나님의 어머니이시며, 하늘과 땅의 여왕이시며, '매괴' (the Most Holy Rosary)의 여인이시며, 그리스도인들의 도움이시며, 인류의 피난처이신 동정녀 마리아의 순결하신 심장에 이 책을 바칩니다."

또한 '100가지 질문' 의 머리말에서 톰 알렌은 다음과 같은 중요한 언급을 하였다. "그리스도교 신앙의 참된 모범이신 마리아를 이해하지 않고서는 누구도 영화 안에서 그녀의 중요한 역할을 이해할 수 없습니다."

따라서 이 영화가 시종일관 마리아 숭배를 부추기고 있음은 명약관화한 사실일 수밖에 없는데 여기서는 지면 관계상 '100가지 질문' 에서 마리아 숭배와 관련된 내용만 발췌하여 요약해보도록 하겠다.

"왜 감독은 베드로가 마리아의 발치에 쓰러져 '어머니! 저는 그분을

유럽 등 카톨릭 국가에서 흔히 볼 수 있는 '십자가에 달린 마리아' 像.
❶ '마리아' 가 아기 예수를 안고 십자가에 달린 모습(로마) ❷ 십자가 상의 '마리아' (에콰도르) ❸ 십자가에 달린 '마리아' (폴란드).
위 자료 사진들은 왜 카톨릭이 마리아를 "공동 구속자"로 부르는지 설명해준다.

부정했나이다.' 라고 울부짖도록 한 거죠? 이 장면은 여러분이 하나님께 불경하였을 때 예수님의 어머니에게 간구하면 받아들여진다는 카톨릭의 가르침을 묘사하려는 의도로 보입니다." (46번째 질문과 답)

"마리아가 어떤 곳으로 들어가서 돌바닥 위에 엎드립니다. 그 돌바닥 밑에 방이 있고, 이 돌바닥의 아래 부분은 예수님이 쇠사슬에 묶여 매달려 있는 천정이었습니다. 이 장면의 더 깊은 의미는 무엇인가요? 감독이 이 장면에서 예수님과 그분의 어머니 사이에 영원한 연결을 묘사하려고 노력했다고 생각할 수 있습니다. 고대의 예언의 완결자이며 구세주인 예수님과 하나님의 뜻에 따라 예수님의 탄생에서 죽음까지 자신을 포기한 마리아는 영원히 결합되어 있습니다." (47번째 질문과 답)

"그리스도의 수난에서 마리아가 능동적인 참여자였다고 가정하는 것은 확대해석인가요? 전혀 그렇지 않습니다.…" (48번째 질문과 답)

"예수님이 그분의 십자가를 지고 걸어가실 때, 감독은 악마와 마리아가 서로 반대편에서 그분을 따라 걷는 장면을 교차 편집합니다. 그러다가 서로의 눈이 놀랍도록 조용하게 마주치는데요. 무슨 일이 벌어진 건가요?… 갈보리 언덕으로 향하시는 예수님에 대한 장면은 마리아와 악마 사이에 전투가 있었음(그리고 지금도 여전히 있음)을 묘사하고 있습니다. 악마는 마리아를 혐오합니다. … 하나님 앞의 중재자로서의 역할과 그녀의 완전한 신앙심 때문입니다." (68번째 질문과 답)

"영화 후반부에 마리아가 십자가 아래에서 그녀의 죽은 아들을 안은 채로 우리를 똑바로 바라보는 장면은 마음을 뒤흔들 정도로 감동적입니다. 이 장면에는 어떠한 의미가 담겨있나요? 혹자는 이 장면이 아름다움과 신랄함에 있어 미켈란젤로의 '피에타' 에 필적한다고 주장하기도 합니다. 우리는 상처 받았음에도 자애로운 마리아의 눈길을 통해 우리의 모든 죄로 인해 자신의 아들이 죽었고 그분의 죽음이 인류에게 희망을 가져다주었음을 절실히 깨닫고 느끼게 해줍니다." (98번째 질문과 답)

11. 마리아와 예수(Maria & Jesus)

1) 마돈나와 아기(Madonna & Child)

마리아가 십자가 아래에서 죽은 예수님을 안고 있는 장면이나 예수님이 십자가를 지고 가다가 쓰러지면서 어린 시절 자신이 넘어졌을 때 마리아가 껴안아주던 것을 회상하는 장면에서도 느낄 수 있지만 예수

전세계 카톨릭 성당에서 쉽게 볼 수 있는 '마돈나와 아기(마리아와 아기 예수)' 像

님은 항상 마리아의 품 안에 있는 존재로 '패션 오브 크라이스트' 에서는 묘사가 되고 있다.

또 마리아와 아들 예수님과의 관계를 패러디한 것으로 여겨지는 장면 곧 여성인 악마(사탄)의 품에 안긴 어린 마귀의 등장은 더욱 더 마리아와 '아들' 의 관계를 상대적으로 강화시켜 준다고 볼 수 있다.

따라서 예수님께서 십자가상에서 마지막 말씀을 하시고 돌아가실 때 십자가를 올려다보고 있던 마리아가 "내 살에서 나온 아들이요, 내 영에서 나온 자" (영어원서에는 "the flesh of her flesh, the bone of her bone, the heart of her heart" 로 기술되어 있음)라고 한 독백은 영화 속 여러 장면들에서 나타나는 모자관계를 결론지어주는 표현이라 할 수 있을 것이다.

그런데 이러한 너무나도 반(反)성경적이며 특별한 '마리아와 예수' 의 모자관계는 '마돈나와 아기' 라는 관점에서 보면 충분히 수긍이 가게 된다.

천주교 국가로 알려진 나라에서는 한 여자가 아기를 안고 있는 동상을 어디서나 쉽게 볼 수 있다. 사실 루터의 개혁(Reformation) 이전의 모든 예술 특히 건축, 음악, 미술의 중심은 이 '마돈나와 아기' (Madonna &

세계 도처에서 발견되는 '어머니와 아기' 像

Child)로 가득 차 있다. 천주교도들은 물론 기독교인들까지도 마리아와 아기 예수로 잘못 알고 있는 이 '마돈나와 아기' 의 뿌리는 옛 바빌론으로까지 거슬러 올라간다.

우리는 이 어미(MOTHER, 계 17:5)라는 단어에 유의할 필요가 있다. 로마라는 종교는 늘 '거룩한 어머니' (어미, 聖母, Holy Mother) 교회라고 불렀다. 천주교의 수많은 노트르담(Notre Dame/Our Lady/Maria/Semiramis) 사원(寺院, 절)들은 '아베 마리아' (Ave Maria)로 변신한 이 바빌론의 어미를 위해 건축되고 헌당되었다. 바빌론 종교는 구약에서는 사탄이 니므롯을 통해 여호와(LORD) 신앙을 대적하여 일어난 바빌론 -"바빌론은 주의 손에 있어 온 땅을 취하게 한 금잔이라. 민족들이 그녀의 포도주를 마셨으므로 미쳤도다." (렘51:7) - 이며, 신약에서는 '신비의 큰 바빌론' (계17:5)으로 나타난다.

2) 니므롯과 그 어미(Nimrod & his mother)

니므롯(Nimrod, 창10:8,9)은 구스(Cush, 창10:6-8)의 아들이었는데 '에큐메니즘의 이상과 우상' (구영재 저) 등에 의하면 니므롯의 어미 세미라미스(Semiramis)는 당대의 절세미인이면서도 가장 음란하고 사악한 여자였다. 그녀는 자기 아들 니므롯이 바빌론의 군주가 되자(창10:8-14), 그와 결혼하여 바빌론 군주의 어미이자 왕후가 되었다. 그러다가 니므롯이 셈(Shem, 창10:1,21)에 의해 죽임을 당하게 되자 자신의 입지가 위태해짐을 느낀 그녀는 재빨리 자기가 낳은 니므롯의 아들 담무스(Tammuz, '생명의 아들', 겔8:14)를 죽은 니므롯이 환생한 것이라고 전파하기 시작했다.

아울러 이 아들이 초자연적으로 잉태되었으며 창세기 3장 15절에서 약속된 씨(seed, 구세주)라고 주장하면서 담무스를 태양신(sun-god)으로 신격화하여 '바알'(Baal, 주인)이라 불렀다. 그리하여 하루아침에 '신의 어머니'가 된 그녀는 사람들로 하여금 자신을 '바알티'(Baalti, 여주인) 혹은 '레아'(Rhea, 위대한 '어머니' 여신)라 하여 '월신'(mood-god) 곧 '하늘의 왕후'(queen of heaven, 렘7:18; 44:17-19,25)로 숭배하게 하였다. 그리고 (이미 제2장 '사순절'에서 언급되었지만) 그녀는 숭배자들이 죽은 니므롯(담무스)을 위해 애곡하는 것을 바빌론 비밀종교의 중요한 예배의식으로 정해 놓았다(겔8:14).

이러한 사실은 욥기 31장 26-28절에서 이미 족장 시대인 욥의 시대에 태양신과 월신 숭배가 성행했었던 기록으로써도 분명히 이해할 수 있다.

이집트에서 세미라미스는 '이시스'(Isis)로, 니므롯은 아기 '호루스'(Horus)이자 어른이 된 '오시리스'(Osiris)로 둔갑했다. 그리고 이 바빌론의 왕후인 세미라미스는 각 민족의 역사 가운데 아프로디테(Aphrodite), 비너스(Venus), 아스타르테(Astarte), 아스다롯(Ashtaroth, 삿2:13), 다이아나(Diana, 행19:24,27,28,34,35) 등의 다양한 이름으로 퍼져나갔다.

그래서 A.D. 313년 콘스탄틴 대제의 기독교공인이라는 사탄의 음모가 있었을 때 이 '세미라미스와 니므롯(담무스)' 곧 '마돈나와 아기' 는 로마 교회 안으로 들어와 '마리아와 아기 예수' 로 재포장이 되었다. 따라서 앞 장에서도 언급이 되었지만 천주교의 예수란 거의 언제나 이 어미의 품에 안겨있는 '아기' 로 표현이 되고 있는 것이다.

'마리아를 통해 예수께로(To Jesus Through Mary)' – 미국 워싱톤 DC

그리고 A.D. 431년에 사탄은 에베소공회를 통해 피조물에 불과한 마리아에게 창조주의 어미가 되는 '하나님의 어머니' (Theotokos)라는 신성모독의 칭호를 씌웠다. 아울러 오리겐 이후로 떼오토코스는 헬라의 교부들에 의해 사용되어 '처녀' (동정녀, the Virgin)로 불려졌다.

즉 '위대한 여신 다이아나' (Diana, 행19:24,27,28,34,35)에 대한 에베소 사람들의 열정과 이들에 대한 바울의 권유가 있은 지 400년이 지난 후, 에베소 공회는 마리아로 둔갑한 이 음녀에게 '하나님의 어머니' 라는 가증한 칭호를 선사하게 되었고 이후 이 칭호는 카톨릭의 핵심 교리로 자리를 잡아 2004년 최고의 영화 '패션 오브 크라이스트' 에서도 그 중심 메시지로 선포되고 있는 것이다.

12. 에필로그(Epilogue)

세실 B 드밀 감독의 흑백무성영화 '왕중왕' (1927년작), 니컬러스 레이 감독에 의해 리메이크된 '왕중왕' (1961년작), 피에르 파올로 파졸리니 감독의 '마태복음' (1962년작), 조지 스티븐슨 감독의 '위대한 생애' (1965년작), 노먼 주이슨 감독의 뮤지컬 영화인 '지저스 크라이스트 수퍼스타' (1973년작), 프랑코 제피렐리 감독의 '나사렛 예수' (1977년작), '지저스 필름 프로젝트' 의 '예수' (1979년작), 마틴 스콜세지 감독의 '예수의 마지막 유혹' (1988년작), 알렉산드로 달라트리 감독의 '가든 오브 에덴' (1999년작) 등 지금까지 예수님을 주인공으로 하여 제작된 영화들이 꽤 많았다.

그런데 이 기존의 모든 종교영화들의 아성을 일순간 무너뜨리면서 전세계인들을 열광시키는 '패션 오브 크라이스트' 에서 선포되는 복음은 '지저스 필름 프로젝트' 에 의해 수백 개의 언어로 더빙되어 수많은 천주교인들도 구원받게 한 '예수' (Jesus) 영화에서와 달리 (이미 살펴본 대로) 완벽한 '천주교 복음' (Catholic Gospel) 곧 '다른 복음' (Another Gospel)이다(갈1:6-8).

그러므로 우리는 이제 이 '패션 오브 크라이스트' 를 통해 그리스도의 복음은 더욱 왜곡되고 에큐메니즘은 더욱 증대되는 마지막(digital) 수난의 시대를 목도할 수 있는 것이다(단2:31-35,43-45).

들을 귀 있는 자는 들을지어다(마11:15; … 계3:22)!

"누가 철학과 헛된 속임수로 너희를 노략할까 조심하라. 그것은 사람들의 전통과 세상의 유치한 원리들을 따르는 것이요, 그리스도를 따르는 것이 아니니" (골2:8)

"아무도 어떤 방법으로든지 너희를 속이지 못하게 하라. 이는 먼저 떨어져 나가는 일이 일어나고 저 죄의 사람 곧 멸망의 아들이 드러나기

전에는 그 날이 이르지 아니할 것임이라." (살후2:3)

"그리스도의 은혜 안으로 너희를 부르신 분을 너희가 이렇게 속히 떠나 다른 복음(another gospel)으로 옮겨가는 것을 내가 이상히 여기노라. 그것은 또 다른 참 복음이 아니며 다만 너희를 어지럽히는 어떤 자들이 있어 그리스도의 복음을 왜곡시키려 하는도다. 그러나 우리나 혹은 하늘로부터 온 천사라도 우리가 너희에게 선포한 복음 외에 다른 복음(any other gospel)을 선포하면 저주를 받을지어다." (갈1:6-8)

부록 APPENDIX
선물(Present)

✻ 육적 출생과 영적 출생

✻ 문서선교사로의 초대

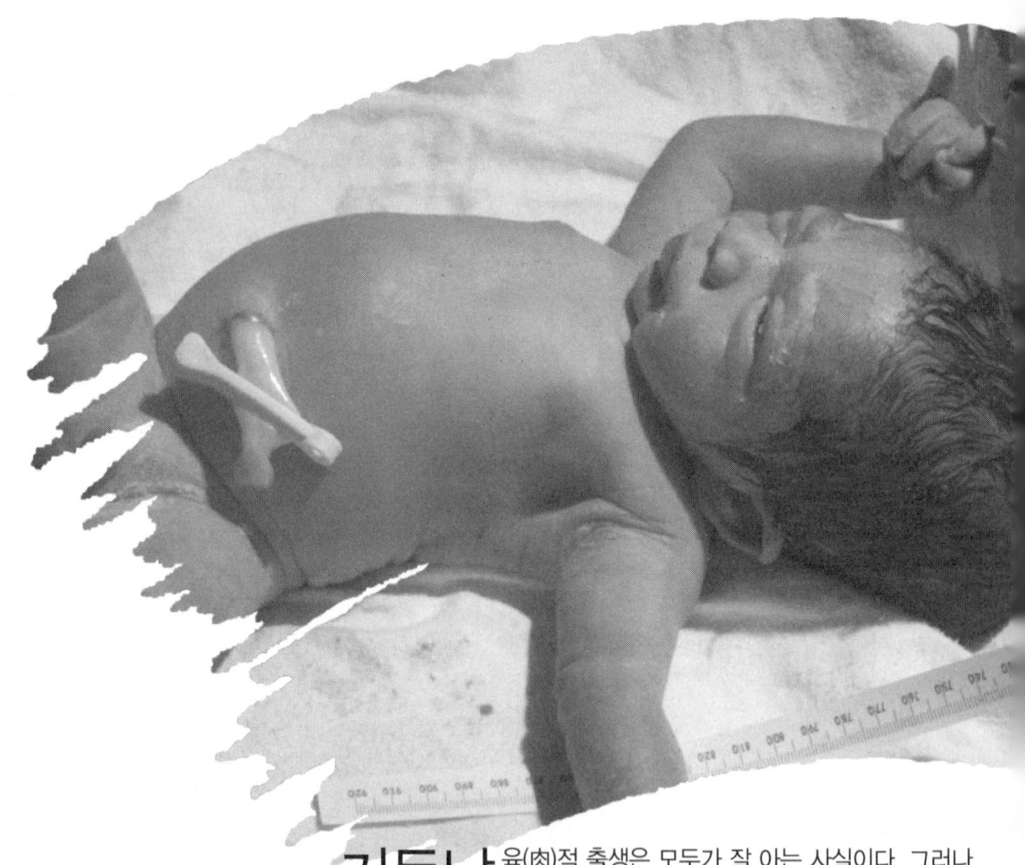

거듭남 육(肉)적 출생은 모두가 잘 아는 사실이다. 그러나 이러한 육(肉)적 출생에 이어서 인간이 '한 번 더 태어나' (born again) 얻게 되는 영(靈)적 출생에 대해서는 너무나 많은 사람들이 모르고 있다. 성경/2007.2.15

육적 출생과 영적 출생

1. 들머리

인간의 정자와 난자가 만나 한 인간의 존재(存在)가 시작된 후 약 40주 정도의 재태기간을 거쳐 출산이 되는 것은 우리 모두가 너무나 잘 알고 있는 사실이다.

그러나 이러한 육(肉)적 출생에 이어서 인간이 '한 번 더 태어나' (born again) 얻게 되는 영(靈)적 출생에 대해서는 너무나 많은 사람들이 모르고 있다. 심지어 교회에 오랫동안 출석하고 있는 기독교인(?)조차도 영(靈)적 출생에 대해 무지하여 영적으로 죽어 있는 경우를 적지 않게 목격하게 된다.

따라서 이 글에서는 영(靈)적 출생이 무엇인지 살펴봄으로써 이 글을 읽는 독자들 모두가 영적 출생에 이를 수 있도록 안내를 하고자 한다.

먼저 인간론에 대한 몇 가지 명제에 대해 함께 생각해 봄으로써 영(靈)적 출생이 무엇인지 알아보도록 하자.

첫째, 인간이란 존재(存在)는 어떻게 정의될 수 있는가?

둘째, 인간은 단지 육(肉)적인 존재인가?

셋째, 인간은 죽음 이후에 어떻게 되는가?

2. 인간(人間)의 존재(存在)

역사 이래 수많은 철학자들과 사상가들이 인간이란 존재에 대해 나름대로 많은 정의를 내려오고 있지만 필자는 존재(存在)라는 한자어 자체만큼 존재(存在)에 대한 정의를 확연히 드러내 주는 말은 없다고 생각한다. 노아의 두 번째 아들 셈(Shem)의 후손인 창힐이 삼황오제(三皇五帝) 시대 때 황제의 사관으로서 만든 존재(存在)라는 한자어는 다음과 같은 내용으로 이루어졌다.

존(存) = 한 일(一) + 사람 인(人) + 아들 자(子),

재(在) = 한 일(一) + 사람 인(人) + 흙 토(土)

즉, 한(一) 사람(人)을 흙(土)으로 만들어 한(一) 사람(人) 남자(子)가 존재하게 되었다는 것이 상형문자인 '존재(存在)' 의 의미이다. 다시 말해서 하나님께서 에덴동산에서 흙(土)으로 첫(一) 사람(人) 아담(子)을 만드신 사건이 바로 인간이 존재(存在)하게 된 이유인 것을 한자어 존재(存在)가 명확히 보여주고 있다(창2:7).

"주 하나님께서 땅의 흙으로 사람을 지으시고 생명의 숨을 그의 콧구멍에 불어넣으시니 사람이 살아 있는 혼이 되니라."(창2:7)

그렇다. 인간을 포함한 모든 우주만물의 존재(存在)는 창조주 하나님으로부터 말미암았다는 사실에 의해서 우리 인간의 존재(存在) 의의와 정체성이 확실케 되는 것이다.

3. 인간(人間)의 구성(構成)

그렇다면 하나님께서는 인간을 단지 육(肉)적인 존재로만 창조하셨는가? 결코 그렇지 않다. 창세기 2장 7절을 다시 보도록 하자.

"주 하나님께서 땅의 흙(肉, body)으로 사람을 지으시고 생명의 숨(靈, spirit)을 그의 콧구멍에 불어넣으시니 사람이 살아 있는 혼(魂, soul)이 되니라."

그렇다. 인간은 하나님의 형상과 모양을 따라 육(肉)과 영(靈)과 혼(魂)으로 이루어진 인격적인 존재(存在)로 창조가 되었다(창1:26; 살전5:23; 히4:12).

그런데 여기서 하나님의 복주심(창9:27)을 좇아 중국 땅에 들어온 야벳(Japheth)의 후손들에게 한자라는 상형문자를 만들어준 창힐이 왜 육(肉)과 영(靈)과 혼(魂)을 이처럼 기록하였는지 잠깐 살펴보도록 하자.

1) 육(肉)

육(肉) = 몸(冂) +〔사람 인(人)〕+ 들 입(入) + 사람 인(人)

즉, 육(肉, body)은 하나님께서 아담의 몸(冂)에 손을 넣으셔서(入) 한 사람(人)을 만드셨고, 이브(人)에게 아담(人)이 들어가(入) 연합(冂, 冂)하여 한 몸(肉)이 된 사실을 말해주는 것이다(창2:21-24).

"주 하나님께서 아담을 깊이 잠들게 하시니 그가 잠들매 하나님께서 그의 갈비뼈(冂) 중에서 하나를 취하시고(入) 그 대신 살로 채우시며 주 하나님께서 남자(人)에게서 취한 그 갈비뼈로 여자(人)를 만드시고 그녀를 남자에게로 데려오시니 … 이러므로 남자(人)가 자기 부모를 떠나 자기 아내(人)와 연합(冂)하여 한 육체(肉)가 될지니라." (창2:21,22,24)

2) 영(靈)

영(靈) = 비 우(雨) + 입 구(口) + 입 구(口) + 입 구(口) + 지을 공(工) + 사람 인(人) + 사람 인(人)

우(雨)자는 위에 덮어씌운 괄호가 있고 그 괄호 안에 수직선 양 옆으로 짧게 둥글하게 가로 그은 선이 둘씩 있는데 그것은 물이 가득 찬 공간을 뜻한다. 그리고 그 물들을 둘러씌운 괄호는 물들의 표면 위에서 이뤄지는 것을 의미한다. 구(口)자 세 개는 말씀으로 천지를 지으신 삼위일체 하나님을 뜻하며 공(工)자와 인(人)자 두 개는 하나님께서 아담과 이브를 만드신 것을 나타내준다(창1:2,27).

"땅은 형태가 없고 비어 있으며 어둠은 깊음의 표면 위에 있고 하나님의 영(靈)은 물들의 표면 위에 운행하시니라." (창1:2)

따라서 영(靈, spirit)은 삼위일체(口+口+口) 하나님께서 창조의 클라이맥스로 아담(人)과 이브(人)를 만드시기(工) 위해 물들(雨)의 표면 위에 운행 하시는 창세기 1장 2절의 내용을 표현하는 것이다.

3) 혼(魂)

혼(魂) = 이를 운(云) + 삐침 별(丿) + 밭 전(田) + 사람 인(人) + 사사 사(厶)
귀(鬼) = 삐침 별(丿) + 밭 전(田) + 사람 인(人) + 사사 사(厶)

넋을 가리키는 혼(魂)은 '귀신 귀(鬼)' 와 '속삭이다' 를 뜻하는 '이를 운(云)' 으로 이루어져 있다. 그런데 사탄 또는 마귀를 나타내는 귀(鬼)자는 한 곳에서 갈라져 네(十) 개의 강이 흐르던 지역(口)인 에덴동산(田)에 사람(人)처럼 말을 하는 존재가 은밀하게(厶) 들어와 활동하는(丿) 모습을 나타내고 있다(창2:10-14; 3:1).

따라서 혼(魂)은 마귀(魔鬼)가 이브에게 다가와 "너희가 결코 죽지 아니하리라" 고 속삭이는 내용을 말해준다(창3:4). 이 마귀의 말대로 우리의 혼(魂, soul)은 '결코 죽지 않는 존재' 이다.

4. 사후(死後)의 인간(人間)

인간이 살아 있을 때에는 육(肉)과 영(靈)과 혼(魂)을 정확히 구별할 수 있는 경우가 많지 않지만 인간이 죽는 순간 이 셋은 명확히 구분이 되어진다. 즉 육(肉)은 죽음과 동시에 100여종의 원소로 분해 되어 흙으로 돌아간다(창3:19). 영(靈)은 위로 올라가게 되며(전3:21), 혼(魂)은 심판을 받아 천국 아니면 지옥으로 가게 된다(히9:27; 눅16:19-31).

한자어 혼(魂)이 의미하는 대로 우리의 혼(魂)은 죽음 이후에도 영원히 존재하는 것인데 그렇다면 어떻게 하여야 인간의 혼(魂)이 지옥에 가지 않고 천국에 갈 수 있는지 알아보도록 하자.

"의(義)로운 사람은 없나니 단 한 사람도 없으며" (롬3:10),

"모든 사람이 죄(罪)를 지어 하나님의 영광에 이르지 못하더니" (롬3:23)

그렇다. 역사상 존재하였던 인간 모두는 단 한 사람의 예외도 없이 하나님의 관점에서는 의(義)롭지 못하며 또한 죄인(罪人)이다.

그런데 여기서 의(義)와 죄(罪)에 대한 정의는 다음과 같이 내릴 수 있다.

의(義) = 양 양(羊) + 손 수(手) + 창 과(戈)

의(義)란 바로 어린 양(羊)을 자신의 손(手)으로 잡고 창(戈)으로 찔렀을 때 나오는 것(寶血)을 의미한다. 즉 어린양이 되신 예수 그리스도의 피(寶血)로써만 우리가 의로워질 수

있다는 사실을 말해준다(요1:29,36; 벧전1:19; 요일1:7; 계7:14; 12:11).

죄(罪)를 뜻하는 원래의 글자는 자(自) 밑에 신(辛)이 놓인 모양이었다. 그런데 기원전 2세기경 진시황제(秦始皇帝) 때 죄(自 + 辛)자가 임금 황(皇)자와 모양이 비슷하다고 해서 지금의 죄(罪)자로 바꿔 쓰도록 하였다.

원래의 죄(自 + 辛)자 중 먼저 신(辛)자를 보면, 위의 하나님께(亠)(上) 죄를 지은(干) 첫째(一) 사람이 혹독한 고생(辛)을 한다는 뜻이다. 또 신(辛)자는 첫째(一) 사람 또는 한(一) 사람이 하나님의 입(口)에서 나온 말씀(言)을 떠남으로 인간에게 죽음과 같은 혹독한(辛) 고생이 시작된 것을 나타내준다.

따라서 죄(自 + 辛)자는 인간이 스스로(自) 죽음이란 혹독한(辛) 상황을 초래하게 된 사실을 잘 표현해주고 있다.

다시 로마서 3장 23절로 돌아가 보자.

"모든 사람이 죄(罪)를 지어 하나님의 영광에 이르지 못하더니" (롬 3:23)

그렇다. 우리 모두가 죄인이기 때문에 우리가 죄 문제를 해결하지 못하면 그 어느 누구도 죽어서 하나님의 영광이 가득한 천국에 갈 수가 없다.

5. 죄(罪)의 대가(代價)

그런데 이 글을 읽으시는 분 중에 자신은 죄(罪)와는 거리가 한참 멀다고 생각하시는 분이 계실지 모르겠다. 그러나 하나님은 당신의 속 중심을 보고 계신다는 사실을 잊지 않았으면 한다(시44:21; 렘17:10; 히

4:13; 계2:23).

예수님께서 직접 하신 말씀을 보자. "나는 너희에게 이르노니, 누구든지 여자를 보고 그녀에게 음욕을 품는 자는 이미 마음속으로 그녀와 간음하였느니라." (마5:28)

또 요한일서 3장 15절의 말씀을 보자. "누구든지 자기 형제를 미워하는 자는 살인하는 자니 살인하는 자 속에는 영원한 생명이 거하지 아니하는 줄 너희가 아느니라."

당신이 음욕을 품은 적이 있다면, 또 누구를 미워한 적이 있다면 죄 중에서도 가장 큰 죄인 간음죄와 살인죄를 지은 것이라고 하나님께서는 판단하시는 것이다.

그래서 하나님께서 말씀하신 대로 이 글을 읽는 독자 모두는 다 죄인인데 죄(罪)에는 반드시 대가가 따르게 된다.

로마서 5장 12절을 보자. "그러므로 한 사람으로 말미암아 죄(罪)가 세상에 들어오고 죄(罪)로 말미암아 사망(死亡)이 들어왔나니 이와 같이 모든 사람이 죄(罪)를 지었으므로 사망(死亡)이 모든 사람에게 임하였느니라."

아담 한 사람이 하나님께서 금(禁)하신 선악과를 먹음으로 죄가 세상에 들어왔고 아담의 후손인 우리들 모두가 죄 가운데 태어나기 때문에 죄인인데 죄(罪)의 대가는 사망(死亡)이라고 하시는 것이다. 로마서 6장 23절에도 같은 설명이 있다. "죄의 삯은 사망이요" (롬6:23상)

그런데 죄(罪)의 대가인 사망(死亡)은 '육(肉)적 사망' 과 '영(靈)적 사망' 두 가지로 나뉘어 진다. 사람이 죄 문제를 해결하지 못하여 영적으로 죽은 상태에서 육신적으로 죽는다면 그 사람은 불못(계20:10-15; 21:8)

이라고 불리는 '둘째 사망' 곧 '영(靈)적 사망'의 고통을 영원토록 겪어야 한다. 즉 죄인인 사람은 죄의 대가를 치르기 위해 영존하는 불못의 고통을 겪어야만 하는 것이다. 그런데 지옥에서 천국으로 갈 수 있는 기회는 전혀 없다. 한 번 지옥에 가면 영원토록 그곳에 머물며 고통 가운데 있게 되는 것이다(눅16:19-31).

6. 영적(靈的) 출생(出生)

그런데 아주 놀랍고도 복된 소식이 있다. 그것은 예수님께서 그 죄값을 다 치르셨다는 사실이다. 과거의 죄뿐 아니라 현재와 미래의 죄까지 단번에 다 해결하셨다(히10:10).

"우리가 아직 죄인이었을 때에 그리스도께서 우리를 위하여 죽으심으로 하나님께서 우리를 향한 자신의 사랑을 당당히 제시하시느니라."(롬5:8)

그렇다. 예수님께서는 우리 모두를 위해 십자가에서 '보배로운 피(寶血)'를 흘려 돌아가셨다(벧전1:19). 인류의 모든 죄를 다 씻어주실 수 있는 '무죄(無罪)한 피'를 흘리시고 우리가 받아야 할 지옥 · 불못의 영원한 고통을 대신 받으셨다(마27:4; 요일1:7). 따라서 이제 이 모든 사실을 믿고 예수님을 구주로 모셔들이기만 하면 누구든지 구원을 받고 영원한 생명을 얻게 되는 것이다(롬6:23하).

"하나님의 선물은 예수 그리스도 우리 주를 통한 영원한 생명이기 때문이니라." (롬6:23하)

다시 말해 예수님을 자신의 인격적인 구원자와 주님으로 영접하면 그 순간 하나님의 선물인 영원한 생명을 얻게 되어 언제 이 세상을 떠나가든지 지옥에 가지 않고 하나님의 영광이 가득하고 부활하신 예수님이 계신 천국에 바로 들어갈 수 있게 되는 것이다(마1:21; 요1:12; 3:16).

그러할 때 우리는 영적으로 다시 태어나게(born again) 되는 것이요, 하나님의 자녀로 신분이 바뀌게 되는 것이요, 감히 하나님을 아바, 아버지라고 부를 수 있게 되는 것이요, 하나님의 상속자가 되는 것이요, 천국시민권자가 되는 것이요, 어린양의 생명책에 이름이 기록되는 것이요, 하나님의 호적에 새로운 피조물로 다시금 출생신고가 되는 것이다(요1:12; 3:3-7; 롬8:14-17; 고후5:17; 빌3:20; 계21:27; 22:4).

7. 마무리

사랑하는 독자 여러분, 이제 예수님을 구주로 영접하여 구원을 받고 영적으로 다시 태어나고 싶지 않으십니까?

성경은 다음과 같이 '구원받는 방법'(how to be saved)을 우리에게 잘 제시해 주고 있습니다(롬10:9-10).

"네가 만일 네 입으로 주 예수님을 시인하고 하나님께서 그분을 죽은 자들로부터 살리신 것을 네 마음속으로 믿으면 구원을 받으리니 사람이 마음으로 믿어 의(義)에 이르고 입으로 시인하여 구원에 이르느니라."(롬10:9-10)

"누구든지 주의 이름을 부르는 자는 구원을 받으리라."(롬10:13)

독자 여러분 중에 아직도 예수님을 자신의 인격적인 구원자(Saviour)와 주님(Lord)으로 모셔들이지 못한 분이 계시다면 다음의 기도를 드리시기 바랍니다.

"온 우주만물을 창조하신 하나님 아버지, 저는 제가 거룩하신 하나님 앞에서 죄인이며, 영원한 지옥의 형벌을 받아야 마땅한 존재임을 알게 되었습니다. 그리고 저를 사랑하시는 하나님께서 예수 그리스도를 이 세상에 보내셔서 죄인인 저를 대신해서 모든 형벌을 받게 하신 사실도 알게 되었습니다.

부디 저를 불쌍히 여기시며 저의 모든 죄를 용서해 주시기 바랍니다. 또한 저를 도와 주셔서 이 죄들을 미워하여 완전히 떨쳐버리고 새로운 삶을 살 수 있게 도와주시기 바랍니다. 저는 구원받기를 원하나 저의 노력이나 방법으로는 구원받을 수 없음을 인정합니다. 저의 죄를 제거하기 위해 예수 그리스도를 보내 주시고 예수님께서 저를 위해 십자가에서 피를 흘려 돌아가신 뒤 사흘 만에 부활하셨으니 하나님의 은혜에 진심으로 감사를 드립니다.

이제 저는 이 예수님을 신뢰하며 그분께서 부활하신 것을 믿으며 저의 구원자와 주님으로 모셔들입니다. 이제부터 영원토록 주님을 사랑하고 주님의 명령에 순종하며 다른 이들을 예수님께로 인도할 수 있도록 도와주시기 바랍니다.

다시 한번 저를 영원한 지옥의 형벌로부터 구원해 주시고 천국과 영원한 생명을 주신 은혜에 감사를 드리며 이 모든 것을 주 예수님의 이름으로 기도합니다. 아멘."

진심으로 이렇게 기도하셨다면 거짓말하실 수 없는 하나님의 다음과 같은 약속을 신뢰하고 주위의 좋은 크리스천들에게 당신이 구원받은 사실을 알리십시오. 그리고 성경대로 믿고 가르치는 교회를 찾아가십시오. 당신 안에 들어오신 성령님께 당신의 새로운 삶을 인도해 주시도록 기도하십시오. 그분께서 길을 보여주실 것입니다. 이 시간 이후 당신의 삶은 어제까지의 삶과는 전혀 다른 새로운 삶이 될 것입니다.

"너희가 다 그리스도 예수님을 믿는 믿음으로 말미암아 하나님의 자녀들이 되었나니" (갈3:26)

"내가 그들에게 영원한 생명을 주노니 그들이 결코 멸망하지 않을 것이요, 또 아무도 내 손에서 그들을 빼앗지 못하리라." (요10:28)

문서선교사로의 초대 〉〉〉

건강과 생명
THE MONTHLY MAGAZINE
2009년 5월호
특집 | 여성의 암

문서선교사로 여러분을 초대합니다

건강과 생명 보내기 운동 후원신청서

천사가 되어주세요! 매달 1만 원의 후원금으로 4사람에게
건강과 생명을 보내는 천사구원 운동에 여러분을 초대합니다!

월간 《건강과 생명》은 질병으로 고통당하는 환우들과 건강에 관심이 많은 현대인들에게 효과적으로 복음을 전할 수 있는 최상의 복음 전도지입니다!

18년간 《건강과 생명 보내기 운동》을 통해 효과적인 전도의 열매를 맺어온 월간 《건강과 생명》이 새롭게 《건강과 생명 보내기 1491:천사구원 구좌운동》을 펼칩니다. 이 캠페인은 매달 1인 1구좌 1만원의 후원금 약정을 통해 기증 4권(혹은 본인 1권, 기증 3권)을 월간 《건강과 생명》을 필요로 하는 곳(병원, 교도소, 원목실, 호스피스 단체, 장애인 단체, 개척교회, 낙도 오지 등)에 보내는 운동입니다. 한(1)사람이 네(4)권을 기증해 사람을 구원(91)하는 전도사역입니다. 한달 만원의 후원금으로 천하보다 귀한 영혼을 구원하고 낙심과 실의에 빠진 영혼을 일으켜 세우는 귀한 문서사역에 여러분의 많은 참여를 부탁드립니다.

신 청 서

후원금액: 월 ____구좌____만원 (1구좌: 1만원, 2구좌: 2만원, 5구좌: 5만원, 10구좌: 10만원)	
은 행 명: 우리, 국민, 조흥, 신한, 하나, 한미, 제일, 농협, 기업, 우체국, 기타( )	출금 희망일: (셋 중 하나 선택) ☐5일 ☐15일 ☐25일
계좌번호:	주민등록번호:
예 금 주: 예금주와의 관계:	이체 개시일 : 200 년 월 일

신청인(월간지 발송과 추후 확인을 위해 필요한 사항이니 자세히 기입해 주세요)

이 름		성별	남 / 여	이메일	
주 소					
전 화				핸드폰	
기증부수 발송형태	☐ 본인 1부 + 나머지 부수 기증 ☐전체 부수 기증				

위와 같이 후원을 신청합니다.

후원자 이름:________ 서명:________

지금 즉시 신청하세요!

☎ 02-3673-3421

월간 건강과 생명 보내기 운동본부

서울시 종로구 연건동 67번지 1층 월간 건강과 생명 전화: 02)3673-3421 Fax:02)3673-3423 www.healthlife.co.kr

해당 사항에 체크하셔서 우편으로 보내 주세요